佐々田博教

制度発展と政策アイディア

満州国・戦時期日本・戦後日本に
みる開発型国家システムの展開

木鐸社

《目 次》

第1章 序論 …………………………………………………………9
　Ⅰ．はじめに …………………………………………………………9
　Ⅱ．戦後日本の政治経済システム ………………………………13
　　（1）pilot agency（主導的官僚機構） （14）
　　（2）統制会・業界団体 （16）
　Ⅲ．理論的枠組み：歴史的重大局面と経路依存とアイディア …………20
　Ⅳ．本研究の主張 ……………………………………………………25
　Ⅴ．先行研究のレビュー ……………………………………………28
　Ⅵ．対抗仮説 …………………………………………………………31
　　（1）集合行為理論 （32）
　　（2）権力構造の仮説 （33）
　Ⅶ．リサーチ・デザイン ……………………………………………37

第2章 明治・大正期における日本の産業化 ……………………41
　Ⅰ．明治期の産業政策（1868～1912） ……………………………42
　Ⅱ．大正期の日本政治経済システム：自由主義市場経済 ……………44
　Ⅲ．財閥と政党政治家による政治支配 ……………………………48
　Ⅳ．結論 ………………………………………………………………57

第3章 日本占領下の満州における制度発展（1932～1945） ………59
　Ⅰ．歴史背景 …………………………………………………………61
　　（1）満州進出 （61）
　　（2）満州国の建設 （61）
　Ⅱ．満州開発型国家システムの根幹的制度 ………………………62
　　（1）pilot agency：企画処 （62）
　　（2）特殊会社 （66）
　Ⅲ．満州における開発型国家システム構築の説明 ………………69
　　（1）集合行為理論 （69）
　　（2）権力構造の仮説 （74）
　　（3）政策アイディアの仮説 （84）
　Ⅳ．結論 ……………………………………………………………102

第4章　戦時期日本における開発型国家システム
　　　　（1937～1945）……………………………………105
　Ⅰ．戦時期日本開発型国家システムの根幹的制度 …………107
　　　（1）pilot agency：内閣企画院　（107）
　　　（2）統制会　（114）
　Ⅱ．戦時期日本における開発型国家システム構築の説明 ………117
　　　（1）集合行為理論の仮説　（117）
　　　（2）権力構造の仮説　（122）
　　　（3）政策アイディアの仮説　（135）
　Ⅲ．結論 ………………………………………………………158

第5章　戦後日本における改革と
　　　　戦時経済制度の再建（1946～1965）………………161
　Ⅰ．戦後日本の開発型国家システムの根幹的制度 …………162
　　　（1）pilot agency：経済安定本部，通産省　（162）
　　　（2）業界団体　（175）
　Ⅱ．戦後日本の開発型国家システムの発展過程の説明 ………181
　　　（1）集合行為理論の仮説　（181）
　　　（2）権力構造の仮説　（186）
　　　（3）政策アイディアの仮説　（190）
　Ⅲ．結論 ………………………………………………………218

第6章　結論……………………………………………………221
　Ⅰ．満州・戦時期日本・戦後日本における
　　　　開発型国家システムの進化過程 ……………………222
　　　（1）pilot agency　（222）
　　　（2）統制会・業界団体制度　（229）
　Ⅱ．含意 ………………………………………………………232
　　　（1）制度の発展過程における歴史的要素の重要性　（233）
　　　（2）国家統制　（235）
　Ⅲ．今後の研究課題 …………………………………………236

引用・参考文献…………………………………………………241

あとがき……………………………………………………………252

abstract……………………………………………………………256

索引…………………………………………………………………257

制度発展と政策アイディア

満州国・戦時期日本・戦後日本にみる開発型国家システムの展開

第1章
序論

I. はじめに

　第二次大戦後，日本，韓国，台湾など東アジア諸国の経済高度成長は，世界中の研究者の耳目を集め，これまで数多くの研究が発表されてきた。東アジアの発展メカニズムの研究では，いわゆる「開発型国家システム（発展指向型国家システム）」や「東アジア・モデル」などとよばれる政治経済システムが高度成長に大きく寄与したと主張する研究が多く存在する[1]。これらの研究の中には，政治経済システムと経済成長の間にみられる因果関係について分析した優れた研究が多く存在する。しかしこうした先行研究の分析範囲には重大な欠点がある。その欠点とは，制度の起源と発展過程の問題についての検証を欠いているという点である。これは，制度が経済成長に与える因果効果の解明に主眼を置き，政治経済制度を外生的要因ととらえているからである。

　例えば，Evans (1995) は自らの研究目的に関して，「私の目的は，略奪型，開発型，中間型それぞれの国家システムの起源を説明することではない。（こうした分析は）歴史学者の果たすべき課題であり，この研究の意図を遥かに超えたものである。したがって，既存の制度を分析の始点として扱うこととする」(Evans 1995, p.45) と述べていることからわかるように，既存制度を外生的要因として分析を行っている。Waldner (1999) は，この種の研究が制度発展過程の検証を行っていない理由を以下のように説明している。「（既存の）制度研究者は，制度の役割を無視した新自由主義の経済

（1）　Johnson 1982; Anchordoguy 1988; Okimoto 1989; Wade 1990; Gereffi and Wyman 1990; Woo 1991; Evans 1995; Gao 1997; Waldner 1999 など。

学者らを理論的批判対象としてとらえていた。そのため，彼らの主目標は，制度の重要性を論証することで，制度構築の因果効果を論じる手前の段階の研究であった」(Waldner 1999, p.5)。つまり，新自由主義経済学者が制度の役割を無視したのと同じように，既存の東アジア政治経済研究は，制度の起源と制度発展の分析を欠いていると言える。

　政治経済制度が現在の状態に発展した背景と過程を検証せずに，その国の政治経済と経済発展を完全に理解することはできない。また，そうした検証を欠いていれば，既存の政治経済制度が何の目的で構築されたか，その発展過程に影響を与えたものは何か，制度がもたらした因果効果は意図的なものか，偶然の産物かといった重要な問いに対する答えを導き出すことができない。日本経済は，戦時期において自由主義経済から開発型国家システムへと大きな変動を遂げた，そして戦時期に構築された政治経済システムの多くは，戦後日本経済の根幹的役割を果たした。戦後日本の政治経済システムを研究対象とした研究は，過去に数多く行われてきたが，そのシステムがどのような理由で構築され，なぜそのように長期間にわたって機能し続けたかについては満足に説明されていない。本研究は，戦後日本にみられた開発型国家システムの制度起源と制度発展の過程に関連した未解決のパズルに対する答えを導き出すことを主目的としている。そして，歴史的制度論的観点[2]から政治経済制度が構築され発展していく過程を検証し，歴史上の重大局面（critical juncture）において下された制度に関する政策決定が，その後の長期間にわたって因果効果をもたらしたメカニズムを，政策アイディアの因果効果に注目しながら分析する。

　本研究の主要なパズルは以下の通りである。第一に，戦後日本にみられた開発型国家システムの起源はどこにあるかというものである。岡崎・奥野（1993）；米倉（1993）；野口（1995）らによると，戦後日本経済の主な制度の多くは，1930年代半ば以前には存在しておらず，それらが形成されたのは戦時期のことであったという。こうした戦時経済制度の多くは，戦後の急激な環境変化にもかかわらず日本経済の根幹部分として機能し，重要な役割を果たした。この意味で，日本経済システムの発展過程には1930年代に重大な断絶がみられ，戦時期から戦後にわたって連続性がみられる

（2）　Collier and Collier 1991; Steinmo et al. 1992; Thelen 1999 and 2004; Pierson 2004 などを参照。

というのである。本研究もこれらの先行研究の主張と同じ視点から日本経済システムの発展過程を検証する[3]。

　本研究では，戦時期（1937～1945）を日本の政治経済において抜本的な制度変化が起きた「重大局面（critical juncture）」[4]であったと考える。戦時期の日本では，アメリカとの全面戦争に備えて（または戦争遂行のために）数多くの新しい政治経済の制度が構築された。当時の政策決定者らは，全面戦争の遂行には，軍事力の増強だけではなく，経済力を急速に発展・拡大させる必要があると考えた。そのため，まず満州において，統制経済のプロトタイプを構築し，同地を日本の戦争遂行を支える産業基盤として開発した。日本占領下の満州において構築されたこのシステムは，アジアにおける最初の開発型国家システムであったと考えられる。満州の統制経済のシステムは，戦時体制を作り上げようとしていた日本に多少の修正を加えて導入された。そして戦後日本の政治経済システムは，戦時期の統制経済システムの多くを継承した。したがって，本研究は戦後日本の政治経済システムの起源が，日本占領下の満州と戦時期の日本においてとられた産業構造に関する政策決定にあると主張する。

　本研究の第二のパズルは，なぜ日本の政策決定者らが，計画経済と自由経済の両方の特徴を併せ持つ開発型国家システムを採用し，その制度を戦時期から戦後の長期間にわたって維持し続けたのかというものである。明治・大正期の日本に存在した政治経済システムとは根本的に違う特徴を持った開発型国家システムが日本占領下の満州において構築され，その後戦時期の日本に導入された。そして，この戦時経済システムは，戦時体制の解体を望んでいたGHQの強力な反対と圧力にもかかわらず，戦後において再構築された。戦前日本の政策決定者は世界恐慌によって疲弊した日本経済を建て直し，緊迫化していた国際情勢に対応するため，1930年代半ばの政策決定者らは新しい政治経済のシステムを構築する必要性に迫られた。戦後の政策決定者らも，また，戦争で壊滅的な損害を受けた日本経済を復興させるにあたり，戦後の政治経済システムをどのような形にするかとい

---

(3) 先行研究においてはこうした制度が長期間機能し続けた理由について十分な説明を欠いているが，本研究はこの点を経路依存の概念を応用して説明を試みる（この点については以下で詳述する）。

(4) 重大局面とは，歴史的制度論の研究でしばしば使われる概念であるが，その定義についてはⅢ．で行う。

う選択をしなければならなかった。政治経済システムの構築にあたって，当時いくつかの選択肢があった（例えば，自由主義，国家社会主義，マルクス主義など）。だが，満州・戦時期日本・戦後日本の政策決定者らは，開発型国家システムの構築（もしくは再構築）を選択した。

　本研究は，満州・戦時期日本・戦後日本における政治経済システムに関した政策決定に影響を与えた要因には，主に2つのものがあると主張する。第一の要因は，満州・戦時期日本・戦後日本の政府にみられる重要な人的連続性である。満州において開発型国家システムを構築した日本人経済官僚や軍部将校らは，その後戦時期の日本政府においても重要なポジションに就き，政策決定に大きな影響を与えた。戦後占領軍は全ての軍部将校と政党政治家の多くを公職から追放したが，官僚に対してはほとんど手をつけなかった。その結果，満州・戦時期日本で開発型国家システムの構築に携わった官僚らは，戦後の日本政府においても重要な役職を占め，同システムの再構築に大きな影響を与えた。さらに，戦時官僚の中には，戦後政界や財界に進出し，リーダーとして政策決定に大きな影響を持つようになった者もいた。つまり，戦時期から戦後の長期間にわたって，日本の政策決定者の間には人的な連続性がみられる。日本の政治経済システムにおける制度が再構築された背景は，この人的連続性によって部分的に説明されるといえる。

　第二の要因は，アイディアの連続性である。戦時期の政治経済システムが戦後再構築されたことは，人的連続性だけが理由ではない。同じアクターが主義・主張・支持政策を変えることは有り得ないことではなく，同じ権力構造が維持されたからといって必ずしも同じ制度が維持されるとは限らない。日本において開発型国家システムが長い期間にわたって機能し続けたのは，戦時期と戦後の政策決定に携わった人々が，同じアイディアを政策指針として継承していたからである。

　戦時期の政治経済システムは，時として政策決定者らの利益拡大につながらないこともあったにもかかわらず再構築された。この理由は，アイディアの連続性に注目することで説明することができる。戦時期の政治経済システムは，経済官僚や軍部将校らが至上命令として掲げた国内産業の生産力の拡大を達成することに成功したとは言えない。しかしながら，戦後の政策決定者らは，このシステムの再構築を行った。これには2つの大きな理由があるといえる。第一に，満州における同システムの成功体験であ

る。そして第二に、戦前の政策指針であった「統制経済論」に基づいたアイディアが、戦後の政策決定者によって継承されていたことである。こうした理由から、戦後の政策決定者らは戦時期の政治経済システムの再構築が、戦後日本経済を復興に導くと強く信じていたと考えられる。

更に、政策指針としてのアイディアは、次世代の政策決定者に継承され、他のアクター（政党政治家・企業家）に普及することで、ポジティブ・フィードバック効果を生じた。より多くのアクターが政策指針としてのアイディアを受け入れて、支持するようになることで、そのアイディアに基づいて構築された制度に対する抵抗が弱まり、その制度の再構築・維持がより容易になり、制度変化がより起こりにくくなっていったのである。

II．戦後日本の政治経済システム

本研究は戦後日本の政治経済システムの根幹をなした制度のうち経済官僚機構と業界団体制度の2つに焦点をあて、それらの制度の発展過程を分析することを目的としている[5]。したがって、これら2つの制度の発展過程が本研究の従属変数であるといえる。

戦後日本経済の成長過程における経済官僚機構と業界団体制度については、内外の研究者によって広く研究され、その重要性が指摘されている。pilot agency は、日本経済の長期成長計画を作成し、その計画に基づいて国内産業を指導・監督する役割を果たした（Johnson 1982 and 1995; Anchordoguy 1988; Okimoto 1989; Woo 1991; Samuels 1994 などを参照）。業界団体制度は、政府と各業界の間の緊密な協力関係を可能にし、経済政策の作成・執行の面で pilot agency をサポートした（Samuels 1983; Lynn and McKeown 1988; 米倉 1993; Tilton 1996; Schaede 2000 などを参照）。戦時中甚大な被害に遭い、壊滅的な状態にあった日本経済が復興し、高度成長を遂げた理由の1つには、このような制度的要素があったとされている[6]。しかし、戦

（5）　この2つの制度のほかにも、戦後日本経済において重要な役割を果たした制度には、護送船団方式を基本とした金融制度、系列・システム、メインバンク・システムなどがあげられる（岡崎・奥野 1993；小林ほか 1995；野口 1995などを参照）。しかし、ここでは産業統制に直接関連した制度である経済官僚機構と業界団体制度の2つの制度のみに焦点をあてる。

（6）　戦後日本経済の高度成長における政府の貢献に関しては、否定的な見

後日本経済の根幹をなしたこれらの制度の起源と発展過程は十分に研究されていないのが現状である。したがって，本研究は日本における経済官僚機構と業界団体制度の2つの制度の起源と発展過程の分析を通じて，日本政治経済研究に貢献することを目標としている。

(1) pilot agency（主導的官僚機構）

アジアにおける開発型国家システムの最大の特徴は，官僚主導による経済体制である。開発型国家システムにみられた産業政策の成果については，すでに多くの研究がなされている（Johnson 1982 and 1995; Anchordoguy 1988; Okimoto 1989; Wade 1990; Gereffi and Wyman 1990; Woo 1991; Evans 1995; Waldner 1999 などを参照）。

開発型国家システム下では，私有財産権は制限されず，市場も一定の制限は受けるが価格設定の機能を維持する。しかし，官僚機構が経済活動のあらゆる面に介入し，強力な指導・監督を行う。つまり開発型国家システムは，自由主義経済と社会主義経済を微妙なバランスで融合させたものであると考えることができる。この意味で，開発型国家システムは自由主義経済と社会主義経済とも異なったユニークなシステムであるといえる。Johnson (1982) は，戦後日本の開発型国家システムを「計画合理的体制」とよび，アメリカのような自由市場経済を「市場合理的体制」とよんで，その違いを以下のように説明している。「（アメリカのような）規制的あるいは市場合理的な国家は，経済競争の形式と手続き（規制）にかかわりあうが，本質的な事柄にはかかわりあいを持たない。」その一方で日本のような「開発型（つまり計画合理的な）国家は，その顕著な特徴として本質的な社会的，経済的な目標を設定している」（Johnson 1982, p.21）という。また日本のような開発型国家は「経済にたいする戦略的ないし目標指向的な

方も存在する。例えば Calder (1988) や Uriu (1996) は，高度成長のプロセスにおいて民間セクターが果たした役割の方が重要であったと主張している。また，Samuels (1994) は政府の産業政策の貢献を認めつつも，民間セクターの様々な努力や協力が不可欠であったと主張している。戦後日本経済の制度が経済成長に貢献したか否かについて検証することは，本書の目的ではない。本書はなぜこうした制度が何の目的で構築され，戦時期から戦後の長きにわたって存在し続けたのかという問いの解明を目的としている。

取り組み」である産業政策を重要視するが,「市場合理的国家は通常,産業政策をもたない」という (ibid.)。

さらに Johnson は戦後日本の開発型国家システムと社会主義経済の違いについて以下のように述べている。両者は国家エリートが強大な権力を持ち,経済活動に大きな影響を与えるという点では似ている。しかし両者の間には決定的な違いが存在する。ソ連などの社会主義経済の下では「生産手段の国有,国家による計画立案および官僚による目標の設定は,目標を達成するための合理的手段ではない。(中略)それはそれ自体に根本的価値があるのであり,効率的であるかないか,或いは効果的でないかどうかを,証拠をあげて争うべきものではない」(ibid., p.18) という。このように社会主義思想に基づいて,国家に完全に支配されたシステムを,Johnson は「計画イデオロギー主義体制」とよんでいる。これに対して日本の開発型国家システムは市場システムに基づいたものであり,政府は個人・民間企業の私有財産権を保障している。同時に,国家エリートは経済の計画・成長目標を設定し,国内産業の生産性の向上と経済成長を促進する。政府は産業の国有化や国営化を行うことはしないが,企業経営や市場競争は政府の産業政策と規制の枠組みの中で行われる。要するに,日本の経済システムは自由主義市場システムと社会主義計画経済システムの特性を併せ持ったものであるというのである。

東アジア経済の研究者らは,開発型国家システムにおいて経済成長を主導する役割を持っていた経済官僚機構を「pilot agency（主導的官僚機構)」とよび,その重要性を強調し,他の官僚機構と区別している。pilot agency としての経済官僚機構の機能は以下のようなものがあげられる。(1) 業界ごともしくは国家経済全般を対象とした長期経済計画の作成,(2) 業界間の物資・資本の配分の決定,(3) 国内産業の保護・育成,(4) 国内産業を利するマクロ経済政策の作成,(5) 海外からの技術移転に対する援助など[7]。

東アジア経済の研究者の多くは pilot agency が果たした役割を非常に高く評価している (Johnson 1982 and 1995; Anchordoguy 1988; Okimoto 1989;

---

(7) pilot agency は東アジアに固有の制度というわけではない。似たような機能をもつ官僚機構は,ヨーロッパや南米にも存在している。しかしそれらの中で最も効果的に機能したケースのほとんどは,東アジア諸国の pilot agency である (pilot agency の国際比較分析は, Gereffi and Wyman 1990; Waldner 1999 を参照)。

Wade 1990; Gereffi and Wyman 1990; Woo 1991; Hatch and Yamamura 1996)。例えば，日本の通産省の産業政策とコンピュータ産業の成長・発展について分析した著書の中で，Anchordoguy (1988) は以下のように述べている。「1960年代の初めから，日本政府は国際的競争力を持ったコンピュータ産業の育成を計画していた。この計画が成功したのは，各企業の自主性を損なうことなく，国内産業の発展を促進するため，政府が保護貿易，金融支援，(国内企業の) 協力事業などを展開したことが理由である」(Anchordoguy 1988, p.532)。Hatch and Yamamura (1996) も「使用可能な全てのアメとムチを駆使して，官僚らは日本経済の高度成長のなかで中心的な役割を果たした」(Hatch and Yamamura 1996, p.64) と経済官僚機構の貢献を評価している。

日本の支配下にあった満州では，1932年に「企画処」とよばれる経済官僚機構が組織された。企画処は「満州産業開発5カ年計画」を作成し，満州国の工業化と産業発展を指導・監督した。戦時期の日本では1937年に「内閣企画院」が，そして戦後は経済安定本部[8]，そして通商産業省 (以下通産省) が設立され pilot agency としての役割を果たした。経済官僚機構は1960年代・70年代に入って，韓国や台湾でも設立された。韓国には経済企画院や商工部，そして台湾には経済部工業局や経済建設委員会などが組織され，日本の経済官僚機構と同じように経済成長の過程で重要な役割を果たした (台湾と韓国の経済官僚機構については，Wade 1990; Gereffi and Wyman 1990; Woo 1991; Evans 1995; Waldner 1999 などを参照)。

(2) 統制会・業界団体

業界団体は，同じ業界に属する民間企業が組織する団体である。会員企業に対する業界団体の影響力は業界によって多少の差があるが，日本にはほとんどの業界に業界団体が存在する。戦時期の日本や満州でも，鉄鋼，石炭，自動車，鉄道などの重要産業に同様の制度が存在し，それらは「統制会」という名でよばれていた。

---

(8) 経済安定本部は戦争直後の経済危機を克服する目的で1946年に設立された政府機関である。連合軍最高司令官総司令部 (GHQ) の指令を受けて日本政府は，経済復興を主導する強力な権限を経済安定本部に付与した。経済安定本部は1952年まで pilot agency として働き，その後は通商産業省 (1949年設立) が pilot agency として機能した。

業界団体にはいくつかの機能がある。第一に，業界団体は業界の声を政策決定過程に反映するべく，政府や政党にロビー活動を行う。これは欧米に広く見られる圧力団体が担う役割と同様である。しかし業界団体には単なる圧力団体にはない機能がある。それは政府の産業政策の立案と施行を助けることである。業界団体は民間企業の組織であるが，政府の政策ツールとして使われる。業界団体は，会員企業の生産・市場状況，輸出入量などの統計データを集め，政府の政策作成を助けたり，会員企業の意見を調整し，法律や行政指導に対する会員企業の遵守状況を監視し，必要に応じて業界を自主的に規制したりする。この意味で，業界団体は法執行機関としての一面もある。すなわち，業界団体は政府と民間セクターの中間に位置する存在であると言える。そしてそれは，政府が民間との間に人的ネットワークを築くことを可能にしている。こうしたネットワークは Evans (1995) がいう「組み込まれた自律性（embedded autonomy）」の重要な要素である。組み込まれた自律性とは，日本や韓国や台湾で，政府が民間との衝突を避けつつ産業政策を効果的に施行させることを可能にした「政府機関の内外に広がる非公式なネットワーク」（Evans 1995, p.49）のことである。

また Samuels (1983) は，国家の産業に対するコントロールは業界団体の存在なくしてはありえなかったと主張する。「国会における委員会や与党自民党が（政策に関する）専門知識と専門職員を持たないため，政策立案にあたって官僚に大きく依存していたことはよく知られていることであるが，（政策立案能力で）名高い日本の官僚が，同様に業界団体とその会員企業に依存していたことはあまり知られていない」（Samuels 1983, p.499）。例えば，鉄鋼産業では1948年に日本鉄鋼連盟という業界団体が設立されたが，1950年に通産省が鉄鋼産業の合理化計画を策定した時には，通産省の方針をもとに，「各企業が業界団体である鉄鋼連盟に資料を提出し，それを通産省が再び案としてまとめるという双方向型の立案プロセス」（米倉 1993, 200頁）を通して鉄鋼産業の目覚しい合理化を実現した。このようにして，業界団体を通じて築かれた政府と民間との相互依存関係が，効果的な政策策定とスムースな政策施行を可能にしたのである。

日本の業界団体は，以下のように定義される。業界団体は各業界に作られた同業者の組織で，(1) 業界の意見を代表して政府にロビー活動を行う，(2) 会員企業を自主規制することで，政府の政策・行政指導の施行を助ける，(3) 業界や会員企業の情報を収集・分析することで，政府の産業政策や経済

計画の作成を支援する。欧米型の圧力団体は(1)の条件にしか当てはまらないが，本研究では(1)，(2)，(3)全ての特徴を持ち合わせた組織だけを業界団体と呼ぶ。

　戦後日本の高度成長過程において，業界団体は様々な役割を担っていた。Lynn and McKeown (1988) は，業界団体が業界の意見をまとめることで日本の経済システムを柔軟なものにし，公共の利益を実現することを可能にしたと指摘する。さらに1950～1960年代の日本は，経済高度成長に全てのエネルギーを注いできたが，この時期業界団体が「政策作成において顕著な役割を果たした」(Lynn and McKeown 1988, p.174) と述べている。同様に，米倉 (1993) は，「戦後産業政策における業界団体の基本的役割が政府と個別企業の間にあって双方向に情報を伝達し，産業政策をより実効性の高いものにしていた」(米倉1993, 183頁) とその重要性を指摘している。さらに Tilton (1996) によれば，日本政府が物資の安定した国内供給を確保するといった目標を達成する上で，業界団体は重要な政策ツールとして機能した。

　しかし Tilton は，通産省の主導による業界団体を通じたカルテルに関して，カルテルは経済の効率化をもたらすことはなかったと主張する。Tiltonによると，「通産省の政策は，（カルテルの効果で）国内生産による安定供給の確保という目標を達成した」が，「カルテルが始まって10年以上の間，セメント産業や石油産業は，国際的に競争力のある価格を実現することはできなかった」(Tilton 1996, p.21) という。また北山 (1985) も産業政策が業界団体と通産省の相互作用の中から形成されたとしつつ，業界団体のカルテル機能に関しては，個々の企業の抵抗によって政策目標が実現されないこともしばしばあったとしている。もし Tilton や北山が主張するように，業界団体が機能不全な面を持った制度であったとすれば，そうした制度が長期間存在し続けているという点はむしろより興味深く，検証の意義が高いと言えるだろう。

　業界団体のカルテル機能については評価の分かれるところであるが，政策立案や政官間の意思疎通などの点において高度成長期に業界団体が重要な役割を果たしたという点は多くの研究者が認めるところである。しかし業界団体については満足な研究が行われているとは言いがたい。Lynn and McKeown (1988) は，アメリカにおいて「業界団体は主要な研究対象として扱われてこなかった」とし，「業界団体に関連した日本政府の文書は多

数あるが，ほとんどが英訳されていない」ため，日本の業界団体の研究は限られているとしている。さらに，「日本においても，業界団体はあまり研究されていない」(Lynn and McKeown 1988, p.xiii) と述べている。Tilton (1996) も，「日本経済を主導したのは，政府か市場かという議論は，業界団体の重要性を無視していることが多い」(Tilton 1996, p.190) と指摘している。さらに，Schaede (2000) は，「戦後日本の経済成長における産業の役割に関する研究の中で著しく欠けているものは，業界団体による規制機能の制度的分析である。日本経済の歴史において（業界団体が）市場を形成し，取引上のルールを作り上げる重要な役割を果たしてきたことを考えると，これは驚くべき事実である」(Schaede 2000, pp.2-3)。Schaede は，Johnson (1982) らの「開発型国家」理論を以下のように批判している。「開発型国家理論の明らかな弱点の一つは，産業界を独立したアクターとしてとらえず，政府の権力を過大評価し，方程式の片側だけをみていることである」(ibid., p.2)。そして，日本の官僚が産業界と協力的な関係を維持し，法律と規制を効果的に執行できたのは，業界団体の自主規制的機能に依るところが大きいとしている。また Samuels (1983) も，通産省などの pilot agency が日本の高度成長に重要な役割を果たしたのは事実であるが，業界団体の協力抜きにこうした役割を果たすことは不可能であったと主張している。

　例えば前述の鉄鋼連盟の場合，鉄鋼連盟が鉄鋼市場の動向，生産状況，鉄鋼製品の輸出入量，各企業の法令・行政指導に対する遵守状況などについての詳細な情報を収集し，それを通産省に提出していた。こうした業界情報は，通産省が効果的な産業政策や長期計画を立案・作成するのに欠かせないものであった。しかしそうした情報を得るには，相当な人手と時間を必要としていたため，通産省が単独で収集するのは不可能であった。こうした pilot agency と業界団体の協力的関係は，政策立案・執行を効果的かつスムースに行うことを可能にした。したがって，業界団体が果たした役割を分析することは，日本の政治経済システムを理解する上で欠かせない重要なものであるといえる[9]。

　業界団体の起源は，産業統制を目的として戦時期に設立された統制会に

---

(9) 日本の業界団体に関する先行研究には以下のようなものがある。鉄鋼業界 (Lynn and McKeown 1988; 北山 1985; 米倉 1993; Tilton 1996)，製造機械業界 (Lynne and McKeown 1988)，アルミニューム (Samuels 1983;

ある。統制会の設立は、国家総動員体制の一翼を担う組織として1941年8月に制定された「重要産業団体令」に基づいて進められた。そして、「重要産業」として認定された21の業界に、統制会が組織された。これらの業界は、鉄鋼や石炭や自動車など日本の戦争遂行と国防に深く結びついた軍需関連のものがほとんどであった。

統制会制度は、ナチス・ドイツで設立された同様の制度をモデルにつくられた。各業界の統制会会長は、ドイツの「指導者（フューラー）原理」に基づいて、業界のリーダーとしての強大な権力を与えられた。各統制会会長の任務は、業界の現状について詳細な情報を収集すること、原材料や燃料などを業界内の各企業に割り振ること、政府の長期計画に基づいて各企業に生産ノルマを課すこと、業界内の意見集約、非生産的企業の合理化などがあった。統制会から得られた情報をもとに、商工省や内閣企画院などの pilot agency が生産目標を設定し、各企業に対して行政指導を行い、その実行の一端を統制会が担っていた。したがって、統制会は半官半民機関として政府の産業統制政策を支えたといえる。

日本政府はGHQからの強い圧力を受け、1945年に統制会の解散を命じたが、その後各業界が業界団体という名前で同様の制度を再構築することを容認した。例えば、鉄鋼統制会は戦後鉄鋼連盟として再組織されたが、その会員企業は戦前のものとほとんど同じであった。後述するように細部における多少の違いはあったものの、戦後の業界団体も同様に政府をサポートする機能を果たしていた。このように、戦時期の統制会と戦後の業界団体の間には、明らかな連続性がみられるのである。

Ⅲ．理論的枠組み：歴史的重大局面と経路依存とアイディア

日本の政治経済システムにおける制度変化と制度的連続性を説明するにあたって、本研究は歴史的制度論に基づいた説明を提示する。特に歴史的重大局面（critical juncture）と経路依存に関連した先行研究を参考に議論を展開する。

歴史的重大局面とは、ある国の政治制度が体制変換や革命や民主化など

Tilton 1996）、セメント（Tilton 1996）、石油業界（Tilton 1996）、繊維（北山 1985; Uriu 1996）、銀行（Schaede 2000）、エネルギー産業（Samuels 1987）。

といった抜本的な変革を遂げ，歴史の分岐点となった時点のことをいう。歴史的重大局面はしばしば戦争や経済恐慌や政治混乱などといった外的なショックの後に訪れる。そうした外的ショックは，制度変化を誘引する重要な触媒として機能する。外的ショックがもたらした新しい環境に既存制度が上手く対応できない場合，既存制度に対する信用が大きく損なわれ，政策決定者らは新しい制度をつくる必要性に迫られる。この意味で，「制度変化は，既存制度を揺るがし，制度改革の機会を与えてくれる外的ショックの作用によるものだと考えられる」（Thelen 2003, p.212）。

　歴史的重大局面で起きた変化は，その後長期間にわたってその国の政策決定や制度構築に影響を与え続けることがある。そうした局面が「重大」である理由は，「一旦ある選択肢が採用されると，他の選択肢が存在するにもかかわらず，元の状態に戻ることが段々と難しくなる」からである（Mahoney 2000, p.513）。つまり一旦ある政策決定を行い，長い時間が経過すると，政策転換を行うことがますます困難になるというのである。Collier and Collier (1991) によると，歴史的重大局面には3つの構成要素があるという。それは (1) 先行状況 (antecedent conditions)，(2) 断絶 (cleavage)，(3) 過去の遺産 (legacy) である。「先行状況」とは，抜本的な政治的・社会的変革が起こる前の状況を指す。そしてその先行状況がある種の外的ショックによって揺るがされ，抜本的な変化が起きることを「断絶」という。「過去の遺産」とは，重大局面において起きた変化が，その後長期間にわたって影響を与え続けることを意味する。この歴史的重大局面の議論は，制度変化が起こるプロセスを説明するにあたって非常に有用なものであるといえる。

　歴史的重大局面が制度発展に長期間にわたって与える影響は，多くの研究者によって指摘されている[10]。例えば Collier and Collier (1991) はラテン・アメリカ諸国における労働組合の制度化のプロセスを分析している。それによると，それぞれの国において労働運動が組織化された時期が，政府と労働者階級の関係を左右する歴史的重大局面であったという。そして，労働運動が組織化されたパターンが，後の政治情勢に重大な影響を与えたと指摘する。例えば労働者階級が政府系の機関によって組織化された国で

---

(10) Lipset and Rokkan 1967; Collier and Collier 1991; Pierson 2004 などを参照。

は，複数の政党による分極化した政治体制が生まれた。ところが，労働者階級が政党によって組織化された国では，保守的な労働運動が起こり，集約的な政党システムが生まれたという。そしてこうした体制は，長期間にわたってそれらの国の政治情勢に影響を与え続けた。

また Pempel (1998) は歴史的重大局面のことを「均衡の断絶 (punctuated equilibrium)」と呼び，政治的に最も安定した国においても既存の政治的均衡が，急激な変化によって断絶することがあり，その国の歴史に一大転換をもたらすことがあるという (Pempel 1998, p.3)。Pempel は，1990年代後半が日本の政治経済にとって歴史的重大局面であったと主張する。それは長引く不況と選挙制度改革によって，自民党と財界と地方有権者が構成していた保守的政治体制の終焉がもたらされたからだという。彼は1990年代に起こった政治の変化を「体制転換 (regime shift)」と呼び，今後長期間にわたって日本政治に影響を与え続けるだろうと予測した。

歴史的重大局面において起きた変化や出来事が，その後長期間にわたって制度発展の過程を形成し続けることがある。このように，ある政治や経済の制度やシステムや政策の発展のパターンが，偶然の要素を含む歴史の経路に依存し，長期間にわたってその影響を受け続け，制度変化が非常に起こりにくい状態を「経路依存」と呼ぶ (Mahoney 2000b, p.507)。また Pierson (2004) は経路依存について「自己執行の動態とポジティブ・フィードバックのプロセス」である (Pierson 2004, p.10) と言い，ひとたび制度発展過程の経路が「固定 (lock in)」されると，自己執行と再生産の機能が生まれるため，時が経つにつれてそれを逆転することがますます困難になっていくという。

経路依存のメカニズムについての先行研究は，「収穫逓増 (increasing returns)」に注目したもの (North 1990; Arthur 1994; Thelen 1999) や「埋没費用 (sunk costs)」に注目したもの (Keohane 1984; Collier and Collier 1991; Pierson 1994) などがある。制度発展における収穫逓増とは，政治や経済の制度が普及・浸透し，多くのアクターがそれを使用することによってアクターが享受するメリットが増えることを指す。このような状況下では，制度変化が起こりにくく，経路依存が生まれる原因とされている。また制度の埋没費用は，制度構築に費やされた時間や費用や政治的制約など様々なコストのことであり，この埋没費用が大きいほど，新しい制度を作る動機の妨げとなるため，経路依存が起こりやすいと考えられる。例えば

Pierson (2004) によると，アクターは複雑に積み重なった既存の制度的枠組みの「重荷（dead weight）」によって政策決定の余地を制限される，そのため以前は可能であった政策でも，それを選択することによって生じるコストが大きすぎて，現実的には選択不可能になってしまうことがある。既存の制度枠組みが存在している期間が長ければ長いほどそうしたコストは大きくなるという（Pierson 2004, p.152）。

経路依存の先行研究は，過去の出来事や政策決定が長期間にわたって与える影響について説得力のある説明を提示している。例えばThelen (2004) は，日本・ドイツ・イギリス・アメリカの比較分析を通じて，産業近代化初期の歴史背景（伝統的な職人組織の有無，政府の労働政策，労働組合の形態）の相違に注目して，職業訓練制度の発展パターンを説明できると主張する。Pierson (1994) はアメリカのレーガン政権が社会福祉制度の改革に失敗した理由は，アメリカ政府の過去の政策が様々な圧力団体に対して政治的誓約を結んでいたため，この甚大な埋没費用がレーガン政権の政策上の選択肢を制約し，既存の社会福祉制度を改革することを困難にしたからだという。

しかしHall (2009) は，経路依存のメカニズムが依然として十分に解明されていないと主張する。「遠い過去における社会，経済，政治のどういった要素が，その後の行動に影響を与え続けるのか」という問いに対する既存の答えは十分でないとし，「我々は経路依存がどのように機能するのかという点をより正確に概念化する必要がある」と述べ，経路依存のメカニズムについてのさらなる分析の必要性を指摘している。そして，それは「この分野の新しい世代の研究者らにとって価値のある挑戦である」と述べている（Hall 2009, p.247）。

Hallのこうした呼びかけに応えるべく，本研究は制度発展過程の説明と経路依存のメカニズムの解明の新しい試みとして，政策アイディアの作用に注目したポジティブ・フィードバックの議論を展開する。多くの研究者が指摘しているように，政策アイディアは政策決定過程に大きな影響を与えることがある（政策アイディアの影響については，Hall 1989 and 1992; Weir 1989 and 1992; North 1990; Sikkink 1991 and 1993; Haas 1992; Keohane and Goldstein 1993; Goldstein 1993; Halpern 1993; Kier 1995; Gao 1997; 内山 1998; Keck and Sikkink 1998; McNamara 1998; 秋吉 2004などを参照）。こうした先行研究を参照しつつ，本研究は政策アイディアのもう1つの重要な

役割について議論を展開する。それは政策アイディアがもたらすポジティブ・フィードバック効果とそれが制度の発展過程に与える影響についてである。

政治問題は，非常に複雑で，様々な不確定要素が伴うため，合理的な選択をするのに必要な情報が得られない場合が多い。これは，値段や品質で商品の価値を簡単に測定できる経済市場とは違って，政治的なやり取りには明確な測定基準がないからである。こうした不明瞭な状況の下で選択をするにあたって，政策決定者は自らの政策アイディアや信念などに依存する[11]。政策指針としてのアイディアは，政策決定者が自国を取り巻く状況に関する情報を処理する上で，重要な役割を果たす。政策指針は，ある状況が何を意味し，それに対する最善の方法は何であるかを教えてくれる。

例えば，重商主義を指針として状況を判断する場合，輸入の増加は自国産業を脅かす深刻な事態と考えられ，保護政策や補助金などの対策を出す必要があると考えられる。しかし，新古典派自由主義が指針であれば，輸入の増加はむしろ国内市場における競争を促し，経済の効率性を高めると考えられるため，むしろ歓迎されるだろう。つまり政策指針が異なれば，全く逆の政策帰結を生み出す。このように政策指針としてのアイディアは，制度構築を含む政策決定に大きな影響を与えるのである。

以上のように政策アイディアは政策決定に重大な影響を与える，だがそれと同時にアクターの選択の余地を狭める作用も持つ。アクターがある政策アイディアを政策指針として取り入れた場合，アクターらはそのアイディアに基づいた政策をつくるようになり，そのアイディアに反する政策は選択肢から外れることになる。つまり，政策アイディアは政策決定の指針ともなるが，アクターの政策オプションを限定するのである。それゆえに，政策アイディアはアクターがつくる政策を一定の範囲内に固定（lock in）することで，制度的連続性をもたらすことがある（North 1990; Arthur 1994; Hall 1989; Weir 1989; Goldstein 1993; Kier 1995; Pierson 2004）。

例えばWeir (1989)によると，1930年代のイギリスの経済官僚はケインズ理論を政策指針として採用した，その後ケインズ理論は1970年代までイギ

---

(11) こうした政策指針の役割を果たすものには，イデオロギー（North 1990），アイディア（Hall 1989; Goldstein 1993; Gao 1997; 内山 1998），文化（Kier 1995），規範（Haas 1992）などがある。

図1-1 アイディアがもたらすポジティブ・フィードバック効果

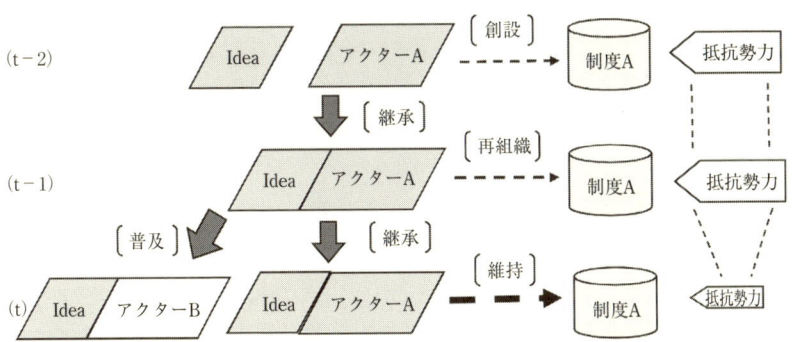

リスの経済政策に影響を与え続けた。これはイギリスの経済官僚がケインズ理論を政策指針として維持し，それに基づいた政策をつくり続けたからだという。これとは対照的に，世界恐慌後にケインズ理論を一旦政策指針として採用したものの，戦後すぐに別のアイディアを導入したアメリカではケインズ理論の影響は短期的なものにとどまった。また Kier (1995) によると，軍内部の組織的文化や慣習がイギリス軍とフランス軍の戦略に重大な影響を与え続けたという。

また政策指針としてのアイディアは，ポジティブ・フィードバック効果を生み出すことで，制度発展の過程に経路依存を発生させる。こうした効果が生じるメカニズムには，2つあると筆者は考える。1つは，政策決定者の政策指針が同じ集団の中で世代を超えて受け継がれている際に起きるものである。世代を超えて受け継がれることで，政策決定者の間で同じ政策指針が維持され，既存の制度が維持・再構築される。そしてもう1つは，政策決定者の政策指針が，他のアクターの間にも受け入れられ浸透していくことで，起きるものである。より多くのアクターが同じアイディアを共有することによって，既存の制度に対する抵抗が弱まり，その維持・再構築が容易になる。それと同時に既存の制度を取り壊し，全く新しい制度を構築することを困難にするのである（図1-1参照）。

Ⅳ．本研究の主張

本研究では，近代日本経済史の中の2つの重大局面（critical juncture）

における制度変化と制度的連続性について分析を試みる。第一の重大局面は，戦時期（1937～1945年）である。このころ日本経済は，自由主義市場経済から開発型国家システムへと移行した。そして，開発型国家システムの根幹的な制度である pilot agency や統制会制度もこの時期に構築された。第二の重大局面は，終戦直後（1946～1960年）である。GHQ は占領下の日本において，民主化や財閥解体や農地改革など数々の改革を推し進めた。この重大局面において，財閥制度や公職選挙法など多くの制度が抜本的な改革を余儀なくされたが，開発型国家システムの根幹的制度である pilot agency や統制会制度は，名称は変わったものの戦時期とほぼ同じ形で再構築され，日本経済の中で中心的な役割を担い続けることとなった。

本研究の主な主張は以下の通りである。日本の影響下にあった1930年代の満州において，関東軍将校と日本人官僚らは，開発型国家システムのプロトタイプともいうべき政治経済システムを構築した。その後，戦時期の日本においても，産業統制と急速な生産力拡大を目的として，同様の政治経済システムがつくられた。pilot agency や統制会制度などの根幹的制度は，戦後日本において再建され，高度成長に大きく貢献した。このことから，本研究は戦後日本の政治経済システムの起源は，1930年代の満州と戦時期日本に求められると主張する。

戦時期日本の政策決定者は，急速な工業化を推進するために pilot agency の制度をつくり，pilot agency の政策立案を助け，産業界の協力体制を築き上げるために統制会制度を構築した。そして，それは1920年代に発展した自由主義市場経済からの抜本的な制度変化を意味した。この制度変化には，1920年代後半に起きたいくつかの出来事が影響を与えた。それらの出来事は，世界恐慌，ソビエト経済の躍進，対米関係の悪化などである。それらは自由主義市場経済の信頼性を揺るがし，経済統制のシステム構築を促した。その後生まれた開発型国家システムの根幹的制度（pilot agency と統制会・業界団体制度）は，戦後の長きにわたって重要な役割を果たした。これを前述の重大局面の3要素に当てはめると以下のようになる。世界恐慌などの外的ショックによって，1920年代の自由主義市場経済（先行状況）の信頼が揺らいだ（断絶）ことで，日本の政策決定者は統制経済論に基づいた新しい政治経済システムを構築し，そのシステムが戦後に再構築され長い期間機能し続けた（過去の遺産）のである。戦時期の経済政策は，満州国政府・戦時期の日本政府・戦後の日本政府の間にみられた人的連続性

とアイディアの連続性によって，長期間にわたって日本政治経済システムに重大な影響を与え続けた．

　第一に人的連続性について説明すると，満州と戦時期日本において開発型国家システムを構築した政策決定者の多くは，戦後の日本政府においても重要なポストを占めていた．戦後 GHQ は全ての軍事関係者と政党政治家の多くを公職から追放したが，官僚のほとんどは公職追放を免れていた．これは，GHQ が日本を占領統治するにあたって，間接的な統治体制を選択し，行政運営にあたって日本人官僚に依存せざるを得なかったからである．そして，戦時期に官僚として経済統制にあたった人物の中には，戦後政界や財界のリーダーになった者も多かった．すなわち，戦時期から戦後にわたって，同じ人物が日本政治の政策決定プロセスを支配していたと言える．この政策決定プロセスにおける人的連続性は，戦時期につくられた政治経済システムが戦後に再構築される要因の1つとなった．

　第二に，人的連続性とともに，政策指針としてのアイディアにも重要な連続性がみられた．戦時期の政治経済システムが戦後再構築されたのは，人的連続性によるものばかりではなく，政策決定者が戦時期から戦後にかけて同じアイディアを政策指針として維持していたからである．人的連続性は，確かに制度の再構築に一定の影響を与えたと考えられる．しかし，それだけでは説明できない点がある．それは戦時期の政治経済システムは，必ずしも政策決定者の利益にかなうものではなかったからである．pilot agency と統制会などの制度が戦時期に設立されたにもかかわらず，軍部将校や官僚らの目標であった国内産業の生産力拡大は実現しなかった．にもかかわらず，このシステムが戦後再構築されたのは，政策決定者らが戦時期のアイディア（統制経済論）の妥当性を強く信じていたからである．彼らが同じ政策指針を維持し続けたのは，満州における彼らの成功体験も一因であるが，それと同時にアイディアがもたらすポジティブ・フィードバック効果の影響が考えられる．つまり，軍部将校と革新官僚らの政策指針としてのアイディアが，戦後の政策決定者に継承され，政党政治家や財界リーダーなどにも普及・浸透するにつれて，開発型国家システムに対する支持が広がると同時に，抵抗・反対が弱まり，同システムの再構築・維持が容易になり，既存制度を新しい制度に置き換えることがより困難になったため，経路依存が生じたのである．

V. 先行研究のレビュー

　ここで先行研究をレビューし，本研究と先行研究との相違点，さらに本研究の意義と学術的貢献について述べたい。前述したように本研究は，先行研究において十分に検証されてこなかった日本政治経済システムの制度的起源とその発展過程に注目し，歴史的制度論の理論的枠組みを用いた新しいアプローチで分析を試みている。しかしながら，先行研究の中にも同じ研究対象に注目したものがある。その意味で，本研究は全く新しいアプローチを展開するというわけではなく，先行研究に新しい分析手法を加えて，説明可能性を高め，より進化させたものであるといえるだろう。

　日本の戦時経済と戦後経済にみられる制度的連続性については，すでにいくつかの研究において指摘されている（Johnson 1982; 岡崎・奥野ほか1993; 米倉 1993; 小林ほか 1995; 野口 1995などを参照）。本研究も，これらの先行研究と同様に戦時期・戦後にわたる制度的連続性を指摘するが，歴史的制度論を基にした制度発展過程の分析を展開することで，日本政治経済研究の分野に貢献することを目的としている。こうした制度の発展過程とそのメカニズムに関する分析は，先行研究にはみられないものである。

　前述の先行研究では，戦時期の日本経済システムと戦後の日本経済システムの間に重要な相似点が存在し，後者の制度的起源が戦時期の政策にあるとする主張と論拠があげられている。しかしながら，これらの先行研究には決定的な弱点がある。それは，戦時期に抜本的な制度変化を起こした要因は何か，なぜ戦後の政策決定者は戦時期のシステムを再構築したのか，なぜ制度的連続性が起こったのかといった重要な問いに対する説得力のある説明を提示していないということである。例えば，Johnson (1982) や野口（1995）は，戦時期に構築された官僚主導の経済体制が，戦後日本の経済システムの原型となり，日本経済の高度成長に大きく貢献したと主張する[12]。これらの研究は，日本経済システム全般に対するものであり，統制会・業界団体制度に直接言及している部分は少ないが，米倉（1993）は，戦時期の統制会と戦後の業界団体制度を比較検証し，両制度の重要な類似点，そして制度的連続性について指摘している。

---

　(12)　その他にも，岡崎・奥野（1993）や小林ほか（1995）などがある。

しかし先行研究の多くは，ただ単に制度的連続性の存在について指摘するだけで，制度的連続性が起こった背景について十分な分析をしていない。これらの先行研究の中には，戦時期・戦後にわたる人的連続性が，制度的連続性を生んだと説明しているものもある (Johnson 1982; 米倉 1993)。すなわち，戦時期に統制経済体制を構築した経済官僚らが，戦後も政府の重要ポストを占めたことで，戦時期の経済制度の多くが維持されることとなったというものである。しかしこれらの研究ではこうした主張の妥当性を検証しておらず，人的連続性と既得権益が制度的連続性をもたらしたという論証も提示されておらず，対抗仮説の提示・検証は全くされていない。

つまり先行研究においては，戦時期・戦後にわたって日本経済システムに制度的連続性は認められることは示されているが，なぜ制度的連続性が生じたかについては十分に解明されていない。したがって，本書は統制会・業界団体制度の発展段階にみられる経路依存の構造を分析することを主目的とする。

また，本研究は政策指針としてのアイディアが制度発展に与えた影響についての分析を目標としている。同じように，アイディアと日本政治経済システムの関係に着目した研究に，Gao (1997) や内山（1998）がある。Gao によると，日本の産業政策はある政策決定者のアイディアに大きく影響されていたとし，そのアイディアを「開発主義（developmentalism）」とよんでいる。Gao の主張と本研究の主張には相似点があるが，両者の間には重要な違いがある。Gao の研究は，戦時期から60年代にかけて，日本における経済に関連したアイディアの変節がもたらした政策の変化に注目している。逆に，本研究は同じアイディアが継続して政策決定者に影響を与えることで生じた制度的連続性を研究対象としている。

これは戦時期から戦後にわたって経済アイディアに全く変化が起きなかったということではない。Gao によると，戦後日本経済は世界経済に組み込まれたことで，政府は新しい環境に順応すべく，統制経済（戦時期）から輸出促進（1950年代）そして高度成長・自由化（1960年代）へと政策転換を行った。その背景には，政策決定者のアイディアに変化があったからだと Gao は主張する。確かに戦時期から戦後にわたる長い期間，政策決定者のアイディアが全く不変であったわけではない。本研究でも後述するように，政策決定者のアイディアは時を経て経験と知識が蓄積されていくことで発展・進化していった。しかしこうした変化は微調整のレベルにとど

まり，アイディアの根幹部分には，1930年代から1960年代にかけて抜本的な変化はみられなかった。これは，政策レベルでは多少の変節があったものの，制度レベルでは他の先行研究でも指摘されているように顕著な連続性がみられることからも推測される。政策レベルの変化は起こりやすいが，制度レベルでは政策指針としてのアイディアが他のアイディアと入れ替えられるようなことがなければ変化が起こらない。その意味では，Gao はこの時期の日本政治経済システムにみられる制度的連続性を過小評価しているといえるだろう[13]。

同様の研究に内山 (1998) がある，内山も1970年代の日本で起こった産業政策の転換について，政策アイディアの変化に注目して分析している。本研究はアイディアの根幹部分が維持されたことによって生じた制度的連続性に注目しているという点で，先行研究とは異なり，またその点が本研究の新規性であると言える。

本研究のもう1つの着眼点は，日本の政策決定者（経済官僚・軍部将校ら）の満州における経験が，戦時期・戦後日本の政策決定に与えた重大な影響である。上記のように戦時期から戦後にわたる人的・制度的連続性について検証した先行研究はいくつかあるが，満州にまでさかのぼるものは限られている。岸信介や椎名悦三郎ら戦後日本のリーダーとなった人物らは，戦前日本国官僚として満州に渡り，開発型国家システムのプロトタイプともいえる経済システムを構築し，経済統制を経験していた。彼らのこうした経験が，後に戦時期・戦後の日本経済政策に大きな影響を与えたことは，多くの研究者が指摘していることである[14]。しかしその重要性が指摘されながら実際に満州が，戦後日本経済にどのような影響を与えたのか詳細に分析した研究はほとんどない。Johnson (1982) や Gao (1997) にしても，簡潔に言及したのみで，直接満州のケースを検証してはいない[15]。本

---

(13) さらに Gao は，国家エリートの間に存在した理論的対立について十分に検証をしていない。例えば，1930年代半ばごろ軍部内には統制経済論を支持した統制派と国家社会主義を支持した皇道派が存在し，お互いに自派の理論の優位性を主張していた。本書第4章で述べるように，こうした理論的対立の趨勢もアイディアと制度の発展に重要な影響を与えた。

(14) 例えば，Johnson (1982) chap. 4；小林 (1995)；Gao (1997)；Werner (2003) など。

(15) 例外としてあげられるのは，経済史研究者の小林英夫による著書であ

研究では，満州・戦時期日本・戦後日本の産業政策と政治経済制度を詳細に検証し，相似点・相違点を探る。そして，3つのケースの政策と制度にみられる進化と修正の過程を示し，過去の政策決定が後の制度発展に長期間にわたって影響を与え続けること，そしてその背景にはアイディアがもたらすフィードバック効果があることを明らかにする。

つまり本研究は，満州，戦時期日本，戦後日本にわたる政治経済システムの制度発展過程，政府と民間アクターが果たした役割と双方向的関係，政策指針としてのアイディアが制度発展に与えた影響についての分析を目標としている。先行研究の中にも同様の研究対象をもったものがあるが，それらは深刻な問題点を抱えていたり，十分な分析を欠いている。したがって本研究が提示する歴史的制度論を基にした制度変化と制度発展に関する分析は，日本政治経済システムの研究に大きく寄与するものと考える。

VI. 対抗仮説

本研究では，制度変化と制度発展に関連した2つの対抗仮説をとりあげる。これら2つの対抗仮説は合理的選択論に基づいている。合理的選択論は，各アクターは常に自らの利益を最大化するオプションを選択すると想定する個人合理性の仮定に基づいた理論である。合理的選択論では，政治や経済の制度はアクターの利益を拡大するために構築されると考えられるが，制度変化の制度発展に関しては2つの見方があり，そこから2つの仮説を導くことができる。第一の仮説は，集合行為論を応用したものである。集合行為理論よると，複数のアクターが協力して相互利益を得ることを可能にするために，制度はつくられると考えられる。したがって，日本の開発型国家システムもアクター間の共同行動を通じて相互利益を得るためにつくられたとする仮説が導かれる。第二の仮説は，アクター間の権力構造に注目したものである。これによると，制度はアクター間の権力構造を反

る（小林 1995）。同書は満州国で日本人指導者らが作成した政策と戦後日本の政策にみられる相似点を検証している。小林は満州で経済統制の運営を担った若い日本人官僚らが，その後日本でも同様の政策を展開していったと主張している。しかし同書は一般向けの著書で，研究分析もシステミックに行われたものではないため，小林の主張に対する論拠も十分には提示されていない。

映したものであり，政策決定に最も影響力を持つアクターの利益を最大化するためにつくられる。つまり，日本の開発型国家システムは，政策決定者（戦時期は軍部将校と革新官僚，戦後は経済官僚と政党政治家ら）が自らの利益を最大化するために構築したという仮説である。以下では，これら2つの対抗仮説について詳細に説明する。

(1) 集合行為論

　第一の仮説である集合行為論によると，制度はアクターが共同行動を通じて相互利益を得ることを可能にするためにつくられる。集合行為論を支持する研究者ら（Olson 1965; Bates 1981; Weigngast 2002）の多くは，共同行動を妨げる集合行為の問題（collective action problem）について強い関心を持っている。彼らによると，集合行為を組織することは容易ではない，それはアクター間の信頼の欠如，ただ乗り，取引費用，（ルールの）遵守監視と執行メカニズムの欠如などといった「集合行為の問題」があるからである。各アクターの利益最大化行動は，集合行為の問題を引き起こすため，相互利益をもたらす結果に達することを困難にする。そして，アクターたちはしばしば非効率的な結果や相互不利益な結果を生じたりする。集合行為論を支持する研究者たちは，制度を集合行為の問題を克服する解決策の1つと考えている。アクター間の合意の下で制度に組み込まれたルールや慣習が，不確実性や取引費用を減少させ，ルールの執行メカニズムとして作用することで，アクター間の共同行動を可能にするというのである。したがって，制度が設立される理由は，アクターが集合行為を通じて相互利益を得るためと考えられるのである。

　例えばWeingast (2002) は，「適切に設計された制度は，各個人が共同行動に対して意欲を持つように，（アクターの）インセンティヴを変化させる。」したがって「制度の本質は，お互いに有益な共同行動を行わせることである」と主張する（Weingast 2002, p.670）。さらにKeohane (1984) は，集合行為の問題は，国際政治の場においてしばしば「市場の失敗」を引き起こす。高い取引費用や国際法の欠如のために，国家間の相互協力が実現不可能になってしまう。そこで，各国家は国際機構の制度を構築することで，取引費用を減少し，国家間取引における相互主義と妥協を促し，信頼できる監視・執行メカニズムをつくろうとするのである。またBianco and Bates (1990) は，強力な政治指導者の主導があれば，集合行為の問題を解決

する制度の構築が可能になると主張する。North and Weingast (1989) は，17世紀のイギリスにおいて，財産権とそれに関連した制度が発展したことによって，イギリスが集合行為の問題を克服し，その結果経済成長をもたらしたと主張する。つまり当時のイギリスの経済的成功は，強大な政治集団による権力の濫用を防ぎ，政府の市場介入を制限し，私的財産権を保障する制度をつくったことによって実現されたというのである。こうした制度がなければ，市場が正常に機能せず，市場の失敗が経済成長を妨げたであろうとしている。

集合行為論を応用することで，制度発展の過程を説明することもできる。それによると，制度は全てのアクターが相互利益を得ることを可能にするため，そうした制度はアクターの自主執行メカニズムとして機能すると考えられる。Weingast (2002) の研究では，アクターのインセンティヴに注目して，民主主義制度を比較検証する。それによると，市民の基本的権利を保障する憲法を持った民主主義制度は，市民が自己防衛のために違憲行為（クーデターなど）に走る可能性が低いという（Weingast 2002, p.682）。そうした憲法は，アクターが自主的に法を遵守するインセンティヴを与えるため，自主執行メカニズムとして機能するという。あるアクターが法を犯すことが，他のアクターの違法行為を促し，その法制度が崩壊しかねないと全てのアクターが理解すれば，彼らは自ずと法を遵守するようになり，制度が自主執行メカニズムとして機能するようになるとしている（ibid., p.682）。つまり，ある制度が存在しない状態より，存在する状態の方がアクターにとって好都合である場合，その制度はそれによって決められたルールや慣習を自主的に守ることをアクターに促す。

また，集合行為論は，制度変化と制度的連続性を次のように説明する。既存の制度がアクターに相互利益を得ることを可能にする機能を果たす限り，アクターは既存の制度を維持し続ける。しかし，その制度を維持することがアクターの利益を拡大することにつながらなくなった場合には，制度変化が起きると考えられる。そのような状況になれば，アクターは新しい環境に即した別の制度をつくり相互利益を得ようとするからである。

(2) 権力構造の仮説

第二の対抗仮説も合理的選択論に基づいたものであるが，集合行為論とは別の視点から制度を説明する仮説である。この仮説は，制度起源と制度

の発展仮定を説明するにあたって，アクター間の権力構造に注目する。例えば，Knight (1992, 1995) は合理的選択論を支持する研究者であるが，集合行為論に基づいた制度説明に異議を唱え，以下のように主張する。制度は集団や社会を制約し，最適な帰結を得るためにつくられるのではない。むしろ，利益や権力の分配に関するアクター間の権力抗争の副産物であるというのである（Knight 1992, p.40）。つまり制度選択のメカニズムは，数ある実行可能な選択肢をめぐるアクター同士の駆け引きなのである。各アクターは自らに都合の良い均衡を生み出すようなルールを採用すべく他のアクターと抗争を繰り広げる，そして制度発展過程はそうした抗争を反映するのである（Knight 1995, p.108）。政治指導者らは，彼らの政策に反対する他のアクターに対して優位な立場を維持するために制度を構築する。政治指導者らの権力が強ければ強いほど，制度発展の帰結は彼らの本来意図した形に近づくという。逆に他のアクターが一定の抵抗力を持っている場合には，制度発展の帰結は政治指導者の本来意図したものとは多少違った形になる。この意味で，制度発展の帰結はアクター間の権力構造を反映したものであるといえる。

　もちろん Knight も制度が，アクター間の協力を可能にするような「公共財（public goods）」を提供することがある可能性を認識している，しかし彼は「そうした効果は利益分配をめぐる抗争の副産物でしかなく，それらは合理的行動を説明する上での重要要素ではない」（Knight 1992, p.20）と指摘する。つまり，制度が公共財を提供する結果となっても，制度自体は本来そうした機能を目的につくられたというわけではないというのである。また，「利己的なアクターは，自らの利益を拡大するようなルールであれば，それが社会全体には不効率的なルールであっても，そうしたルールを好む」といい，「利己的なアクターは，（社会効率性）を向上させるようなルールの制作者になろうとはしない」（Knight 1995, p.34）と主張している。すなわち制度構築はあくまで利己的なアクターが自らの利益追求のために行うことであり，社会全体の利益を追求する（例えば，アクター間の協力を促し相互利益を得ること）ために行われるものではないというのである。

　この議論の利点の1つは，非効率的な性質を持つ制度の存在を説明できることである。そうした制度の存在は，集合行為論に基づいた仮説では説明が非常に難しい。Knight は非効率的な性質を持つ制度の存在を以下のように説明する。「社会制度が設立される最大の理由は，共通の目的を成し

遂げることなどではない。そのような目的は，制度の背景にある狭義の合理性とは相いれないものである。むしろ制度とそれに関連したルールは，合理性を持ったアクターたちの要求と行動によって形成される（中略）利己的なアクターたちは共通の目的の達成を目指すのではなく，自分自身にとって最も好ましい結果をもたらすような制度を構築しようとするのである」(Knight 1995, p.38)。したがって「社会制度はパレート最適な結果をもたらさないこともある，なぜならそのような（パレート最適な）結果が制度をつくったアクターにとって好ましいものではないからである」(Knight 1995, p.37)。

　国際関係学においても，同様の議論が行われている。ネオ・リアリスト的立場をとる研究者らは，強大な権力を持つ国家は自国の利益を増加すること，もしくは既存のパワーバランスを維持することを目的に国際機関を設立すると主張する。Krasner (1991) の国際機関に関する研究によると，一国に権力が集中しがちな分野において，覇権国家は一方的に国際基準を設定するという。このいわゆる「覇権安定理論」は，ある国際システムにおいて最も権力を持った国家は，自国の利益を拡大するために国際機構の設立や国家間のルールを設定すると主張する。そしてその他の国家は，覇権国家がつくった枠組みの中で活動することを余儀なくされる。例えば覇権安定理論によると，18世紀から19世紀初頭に広がった自由貿易システムは，当時の覇権国家であったイギリスの意向を反映したものであったとされる。さらに第二次大戦後のブレトン・ウッズ体制は，西側の覇権国家であったアメリカの意向を反映したものであった。そしてこれらの経済体制は，当時最も競争力のある産業を抱えていたイギリスやアメリカが，海外市場に進出することを容易にする機能を果たしていた (Gilpin 1987)。つまり国際機構や国際システムは，覇権国家が自らの強大な権力を維持したり，さらに拡大するためにつくられたと考えられている。

　日本政治研究者の中にも，こうしたアプローチをとるものもいる。Ramseyer and Rosenbluth (1993, 1995) は，日本政治史についての研究の中で，権力を持ったアクターらが彼らの利益を拡大するために制度をつくり上げたりすることがあると指摘している。例えば，戦後日本の政治制度は，強大な権力をもった自民党の意向を反映したものであったという。そうした制度は，自民党の政治家らが官僚や裁判官など他のアクターをコントロールすることを可能にするためにつくられた。戦後日本の制度は，自民党

の政治家が必要に応じて官僚の人事を支配したり，政策決定プロセスにおいて拒否権をもったり，各省庁の裁量権を制限したりすることを可能にした。自民党の政治家は，彼らの意向を政策に反映するために，官僚らを監視・監督する制度的制約をつくったという（Ramseyer and Rosenbluth 1993, p.99）。既存制度における自民党の強大な影響力は，官僚が自らの意向ではなく，自民党の政策志向に沿って行政にあたることを余儀なくした。したがって，官僚らは自民党政治家の単なる「エージェント」でしかなかった。もしある省庁が自民党の意向に反する政策を作成した場合には，自民党はその省庁の権限と予算を縮小することができた。これを恐れて官僚らは，自民党の意向に沿った政策を自主的に作成するようになった（ibid., p.102）。

さらに，RamseyerとRosenbluthは戦前の日本政治にも権力構造の議論を応用して，説明を試みている（Ramseyer and Rosenbluth 1995）。そこでも彼らは，官僚が他の強力なアクターの「エージェント」にすぎず，自らの意志で行動してはいなかったと主張する。強大な権力を持ち官僚をコントロールしたアクターは，時代によって入れ替わった。官僚や裁判官らは，明治初期は元老らに，大正期では政党政治家らに，そして戦時中は軍の将軍や元帥らによって支配されていた。「結局のところ，官僚らと裁判官らは『本人（principal）』ではなく，『代理人（agent）』でしかなかった」（Ramseyer and Rosenbluth 1995, p.9）。つまり，RamseyerとRosenbluthは強大な権力を持ったアクターが他のアクターの行動を監視・支配するために，自らの意向に沿う形で制度を操作すると主張するのである。ゆえに制度の発展過程は，強大な権力を持ったアクターが決定すると考えられている。

このようなアプローチをとる日本政治研究のもう1つの例が，Silberman (1993)である。Silbermanによると，フランス，日本，アメリカ，イギリスの政治制度の比較検証を通じて，それらの国の官僚システムは，不確実性のレベルと権力の継承制度によって決定される政治指導者らの戦略によって形成されているという。Silbermanの主張は，以下の通りである。不確実性要素が多く，確立した権力の継承制度（政党制度など）が存在しない国では，政治指導者が権力の座を維持し続けるということは非常に困難である。そのため，他のアクターが政治指導者の権威に挑戦することを防ぐ政治制度を構築することが重要となる[16]。そのような国を支配するのは，往々にして社会的ネットワークによって結ばれたアクターの集団であ

る。そうしたアクターらは，同様に組織された集団を排除し，彼らだけが権力を保持できるような形で設計されたリーダーシップと権力継承に関連した正式なルールを作ろうとするという（Silberman 1993, p.79）。

　Silbermanは，明治期の日本がこうした状況にあてはまると考える[17]。自らの地位を維持することに不安を持った明治政府のリーダーたちは，彼らの地位を揺るぎないものにし，政策決定プロセスを完全に掌握する戦略を模索した（ibid., p.221）。そして，明治政府のリーダーたちがとった解決策は，政府を高度な教育を受けた優秀な官僚を中心とした組織にすることであった。加えて官僚になるためには，非常に難度の高い任用試験に合格することを義務づけた。その任用試験は誰もが受験資格を持っていたが，ほんの一握りの優秀な人間だけが合格する能力を持っていた。この制度は，明治政府の政治指導者らが自らの権威を揺るぎないものにし，同時に彼らの権威に対する他のアクターの挑戦を効果的に退けることを可能にした。つまり，明治政府の政治制度も既存の権力構造を維持するために構築されたと主張するのである。

Ⅶ．リサーチ・デザイン

　本研究では，各仮説の妥当性を検証するために，日本統治下の満州（1932～1945年），戦時期日本（1937～1945年），戦後日本（1946～1965年）の3つのケース・スタディを行う[18]。第一に，満州のケースを選択した理由は，1932年の満州国建国後に関東軍の将校と日本人官僚らが満州に築いた政治経済システムは，東アジアで最初の開発型国家システムであると言えるからであり，日本の（そして恐らく他の東アジア諸国の）開発型国家システ

---

(16) 逆に，不確定要素が少なく，確立された権力継承制度がない国においては，政治指導者らは政党によって支配された専門職的な官僚組織を設計するという。こうした例には，19世紀のカナダやアメリカ，20世紀のイギリスなどがある。

(17) 明治政府の正当性に疑問を持つ士族らは，反乱を起こすことで，政府の権限に挑戦していた。つまり明治初期の日本では，不確実性が非常に高かったと言える。また政党制度が出現したのも後の出来事である。

(18) 各ケース・スタディで2つの制度を検証するので，制度発展の観察（observation）の数は合計6つになる。

ムの起源を探る上で欠かせないケースであるからである。戦時期と戦後の日本でつくられた開発型国家システムは，満州における産業開発の経験が非常に大きな影響を与えている。第二に，戦時期日本のケースを選択した理由は，このケースが日本における最初の開発型国家システムであるからだけではなく，制度変化が起きるメカニズムについても重要な示唆を与えてくれるからである。このケース・スタディでは，1920年代の自由主義市場経済が，なぜ開発型国家システムに姿を変えたのかという問いに対する答えを探る。さらにこのケースは，過去の政策決定がその後の制度構築・制度発展に与える影響の検証を可能にする。最後に，戦後日本のケースを選択した理由は，このケースが経路依存のメカニズムの検証を可能にするからである。ここでは，戦時期に構築された政治経済システムが，第二次大戦後も日本経済の根幹部分として残り，高度成長に重要な役割を果たした理由を政策決定者の既得権益とアイディアに注目して説明を試みる。そしてこれら3つのケースを比較分析することによって，制度発展のプロセスを明らかにすることを目標としている。

それぞれのケース・スタディにおいて，3つの仮説を検証するにあたって，本研究では過程追跡（process tracing）とよばれる手法を用いる。Mahoney (2000) は，過程追跡を「因果メカニズムを解明することで，因果関係を推察しようとする試み」と定義している（Mahoney 2000, p.412）。過程追跡は因果関係が起こる過程を，ステップごとに1つ1つ明らかにし，因果メカニズムが仮説通りの順序で起こっているのかを検証する分析手法である。つまり独立変数が従属変数の値を変化させるプロセスを時系列的に追跡することで，因果メカニズムを解明し，2つの変数の間に因果関係が存在することを証明しようとする試みである（建林ほか 2008, 16頁も参照）。

ただし，ここで3つの仮説の妥当性を検証するにあたって，筆者はどれか1つの仮説が制度発展の過程を完全に説明できるとは考えていない。また，他の仮説を完全に否定することも想定してはいない。これらの仮説が注目する要素（集合行為の問題，権力構造，アイディア）は，それぞれ制度発展の過程に大なり小なり影響を与えうる要素である。したがって，筆者は3つの仮説の検証を通じて，「複数の因果関係を示す説明（multi-causal explanation）」を提示することを目的としている。そのために，3つの仮説の長所と短所を探り，それぞれの説明可能性を明らかにしていく。

そしていくつかの短所を補完しあうような，より正確かつ説得力のある説明を提示したいと考える。

　次章以降の構成は以下の通りである。第2章では，明治期，大正期，1930年代以降の日本政治経済システムについての比較制度分析を展開する。この分析の結果から，1930年代以前の日本には開発型国家システムはまだ存在しておらず，それとは全く別の原理（古典的自由主義）に基づいた政治経済システムがあったと主張する。この知見は本研究にとって非常に重要な意味を持っている，それは日本の開発型国家システムの制度的起源が1930年代に求められることがわかるからである。さらに，第3章以降で検証する実証的パズルを導引する。第3章，第4章，第5章では，日本の影響下の満州（1932〜1945年），戦時期日本（1937〜1945年），戦後日本（1946〜1965年）それぞれのケース・スタディを展開する。これら3つの章では，各時期の政策決定者がどのような理由で pilot agency と統制会・業界団体制度（満州では特殊会社制度）を設立したのか，そしてそれらの制度がどのように政府の政策立案・遂行に寄与したかを検証する。さらに，前の時代に下された政策決定が，その後のケースの制度構築過程にどのように影響を与えたかについても詳細に分析する。また3つのケースにおける pilot agency の産業政策と，特殊会社制度，統制会・業界団体制度が果たした役割を比較分析することによって，これらの制度がどのような過程を経て発展してきたのかを探る。その分析結果を基に，アイディアと経路依存についての理論と2つの対抗仮説の妥当性について検証する。最終章では，本研究により得られた知見から導き出される含意と，本研究が東アジア経済研究と比較政治学に与える学術的貢献について述べる。

第 2 章
明治・大正期における日本の産業化

　本章は1930年代以前の日本政治経済システムを検証する。本章における筆者の主張は，1930年代以前とそれ以降の日本政治経済システムが，全く違った性質のものであったというものである。1930年代以降から1970年代にかけての日本政治経済システムは，開発型国家システムの典型的な例であったといえる。開発型国家システムの特徴としては，非常に優れた能力を持ち強大な影響力を持った経済官僚組織，緊密な官民関係などといったものがあげられる。経済官僚は急速な経済成長を実現すべく，民間企業の経営に影響を与え，資本や物資の流れを彼らの計画に沿ってコントロールする。さらに，民間に天下った官僚のネットワークや業界団体制度などを利用して，政府と民間企業の間に協力的な関係が形成される。戦後日本の政治経済システムが，こうした制度的特徴を持っていたことは，多くの研究者によって指摘されている (Johnson 1982, 1995; Okimoto 1989; Wade 1990)。

　しかし，1930年代以前の日本政治経済システムは，そうした開発型国家システムの特徴を持ち合わせてはいなかった。例えば明治政府の工業化に対する取り組みは，専ら国営企業の設立とインフラ投資を中心としたものであった。開発型国家システムにおいては，工業化や産業育成を目的とした国営企業の設立という手法はほとんどとられることはない。それは開発型国家システムにおいて，経済官僚は民間企業の経営に行政指導を通じて影響を与えることができるので，国家が直接企業を経営する必要性はほとんどないからである。しかし明治政府は，民間企業に対して限られた影響力しか持っていなかったため，政府の意向を反映した形で工業化や産業育成を推し進めるには，巨額の資金を投じても国家が直接企業を経営する必

要があった。

さらに1920年代の日本は，アメリカやイギリスにみられるような自由主義市場経済型の政治経済システムを発展させ，民間企業が成長の機動力となり，政府の影響は非常に限られたものであった。また明治期から1920年代にかけての官僚は厳しい試験の洗礼を受けて選ばれたエリートではなく，有力政治家との縁故によって採用された者が多く，1930年代以降の官僚らにくらべて，工業化や産業育成を指導する専門知識や能力がはるかに劣っていた。そのため経済成長において強いリーダーシップを発揮することはなかった。1920年代の日本において，政策決定に最も強い影響力をもっていたのは，政党政治家と財閥であり，官僚の影響力は限定的であった。

開発型国家システムが1930年代以前の日本に存在していなかったという事実は，本研究にとって重要な意味を持つ。それは，日本の開発型国家システムの起源が1930年代に求められると考えられるからである。以下では，明治期から大正期の日本政治経済システムを，当時の経済官僚の産業政策と官民関係に注目しながら検証し，1930年代以降の日本政治経済システムとの違いを明らかにする。時代別の比較検証から得られた知見を基にいくつかのパズルを導引し，それらを第3章以降で分析する。

I．明治期の産業政策（1868～1912）

明治維新以降，日本では近代国家の構築が急ピッチで進められることとなり，明治政府は工業化と産業発展を目指して多くの政策を導入した。明治政府は日本の工業化に対して積極的な姿勢をとっていたが，その産業政策は1930年代以降のものとは根本的な違いがあった。明治政府の産業政策は「殖産興業」政策とよばれるものであった。同政策の根幹部分は，(1) 産業インフラの拡充，(2) 国営（官営）企業の設立，(3) 海外からの技術導入の促進の3点であった。

第一に，明治政府は国家の近代化を始めるにあたって産業インフラの拡充から着手した。特に日本経済の近代化に不可欠と考えられた金融制度，交通網，港湾設備の分野に重点を置いていた。政府はまず通貨制度を統一し，1882年に中央銀行である日本銀行を設立した。そして政府は153の民間銀行の設立を認可し，それらが全国的な金融システムを形成した。その後，政府は鉄道・海上輸送の分野に巨額の投資を行い，全国に広がる交通

網の開発を推し進めた。さらにこれらの分野に対する民間の投資も奨励した。中村（1978）によると1884年には民間投資の78.1％が金融分野に集中した，10年後の1894年には民間投資の77.1％が鉄道と海運の分野に集中した。しかし，製造業にあてられた民間投資は，この当時非常に少なく，1884年は2％で，1894年は11.4％であった（中村1978，74頁）。製造業が戦後日本経済において最も重要な位置を占めたことを考えると，大きな違いがあると言える。

　第二に，明治政府は鉄道，鉄鋼，鉱業，造船，通信など様々な分野に多数の官営企業を設立した。こうした分野において事業を始めるには巨額の資本が必要とされ，さらに事業に関わるリスクも大きかったため，明治初期には参入できる民間企業はほとんど存在しなかった。そのため政府がこれらの分野に直接参入して，企業経営を行う必要があったのである。このころ設立された官営企業の例を挙げると，八幡製鉄所，富岡製糸工場，日本国有鉄道，兵庫造船所，高島炭鉱，三池炭鉱，釜石鉱山などがある。政府は国家予算から巨額の資金を投入してこれらの官営企業を設立し，内務省と工部省がそれらの経営にあたった。そしてこれらの官営企業の企業組織や生産体制が，その後設立された民間企業の手本になったのである。

　政府による企業経営は1880年代まで産業政策の中心であった。しかしそれらの官営企業が成長し，民間セクターも発展してくるにつれて，官営企業の民間払い下げが行われるようになった。官営企業は，民間に比較的安価で払い下げられ，購入にあたって低金利での融資も行われた。払い下げを通じて，政府と緊密な関係を持つようになった企業家は，その後「政商」とよばれ経済界で大きな影響力を持つようになり，財閥と呼ばれる巨大企業グループが生まれた。

　第三に，明治政府は海外の先進技術の導入を重要視していた。政府は多数の外国人技師を欧米から招き，日本における近代的な工場，鉄道，通信設備などの建設にあたらせ，彼らを通じて技術導入を図った。1874年には213人の外国人技師が招かれ，官営企業に勤務していた（中村1978，77頁）。また政府は，最新の産業機械や技術を直接買い入れ，民間企業に貸し付けたりしていた。例えば，明治政府は最新式の紡績機械を多数海外から購入したが，2カ所の官営の製糸工場で使用した他は，民間の工場に貸し付け，製糸産業の発展を促進した（中村，1978）。

　つまり明治政府の産業政策は，戦時期・戦後の政府のものとは根本的に

違っていた。さらに明治期における官民の関係は，戦時期・戦後の官民関係とは異なっていた。第一に，産業政策の主要目的に違いが見られた。明治政府の産業政策の主要目的は産業インフラの拡充であったが，戦時期・戦後の産業政策は後述するように国内産業（特に製造業の）生産力拡大であった。第二に，国家の産業界への影響力にも大きな違いがあった。民間企業の経営に影響を与えることを可能にするような効果的な政策ツールを持たなかった明治政府の民間企業に対する影響力は，極めて限定的なものであったが，戦時期・戦後の政府は pilot agency や統制会・業界団体制度などを利用して産業界に対して強い影響力を持っていた。そのため明治政府が産業育成を行うには，自ら官営企業を設立・経営するしかなかった。だが明治後期に入ると官営企業の多くは，民間に払い下げられ民営化が進められた[1]。そして以後政府が官営企業を設立することはほとんどなくなった。

II．大正期の日本政治経済システム：自由主義市場経済

前節で述べたように明治政府は官営企業の設立・運営を通じて産業育成に力を注いだが，明治時代後期には多くの官営企業が民間に払い下げられるようになった。そして1920年代になると，民間企業が日本経済の成長を引っ張る原動力となった。当時，民間の企業活動に対する規制は緩やかで，比較的自由な経営が認められていた。この意味で，1920年代の日本経済システムは，戦後日本の経済システムとは根本的な違いがあったと言える（岡崎・奥野ほか 1993; Hoshi and Kashyap 2001; Miwa and Ramseyer 2002; Werner 2003 などを参照）。岡崎・奥野（1993）は「（1930年代）以前のわが国の経済システムは，基本的にアングロ・サクソン型の古典的市場経済システムだった」（岡崎・奥野編 1993, ii-iii 頁）と主張する。この節では，1920年代の日本経済システムがどのような形態をとっていたのかについて詳しく述べ，戦後日本経済システムとの違いを検証する。

第一に，労使関係に目を向けると，様々な違いがあったことがわかる。戦後日本経済の特徴的な雇用制度として終身雇用制度，年功序列制度，企

（1） その後も民営化されなかった例外としては，国鉄，電電公社，専売公社，郵政事業などがある。

図2-1 労働争議件数（1910〜45）

出所：日本統計研究所 1958, 296頁。

業別組合，比較的平等な所得分配，協力的な労使関係などがあげられる（Johnson 1982; Hatch and Yamamura 1996 などを参照）。こうした制度特徴は，古くから日本に存在したと考えられがちであるが，必ずしもそうではない。むしろ1920年代の日本にはこうした制度特徴はほとんどみられなかったというのが事実である。例えば日本経済統計研究所のデータによると，1919年には2,388件もの労働争議が起こり，労働争議件数は戦時経済体制に入る1938年まで高い水準を保った（図2-1を参照）。また終身雇用制度や年功序列制度といった制度も，戦時期にその起源がみられ，それ以前にはほとんど存在しなかったという（岡崎・奥野 1993；小林ほか 1995；野口 1995）。

第二に，民間の企業金融の形態にも重要な違いがみられた。戦後日本の民間企業は経営資金を銀行などからの融資（間接金融）に大きく依存していた。Hayes (2004) は，戦後日本企業の間接金融への依存について以下のように述べている。「日本企業は資金供給のほとんどを融資に頼っているが，これは他のほとんどの工業国にはみられないものである。欧米の企業（の企業金融）は約60％が株式市場から，そして40％程度を融資から得ている。ところが日本企業（の企業金融）はわずか20％程度が株式で，約80％は融資である」（Hayes 2004, p.163）。しかし1920年代の民間企業は株式市場や証券市場を通じた直接金融から経営資金を得ており[2]，個人投資家や株主が企業経営に強い影響力を持っていた。これは官民関係を知る上で，

非常に重要な意味を持った点である。なぜならば，戦後の日本政府にとって銀行融資を基にした間接金融は，民間企業を指導・監督する重要な政策ツールであったからである。政府は銀行業界に対して厳しい規制を行い，銀行経営をコントロールしていた。そして民間企業を銀行融資に大きく依存させることによって，民間企業の経営に対しても間接的に大きく影響を与えることを可能にしていた（間接金融を通じた企業経営への政府介入に関しては，Allen and Gale 2000; Hoshi and Kashyap 2001; Miwa and Ramseyer 2002; Hayes 2004 などを参照）。

岡崎・奥野（1993）によると，1920年代の日本企業は欧米の企業と同様に，直接金融から経営資金を得ていた。そして戦後とは違って1920年代の企業は，短期的な収益をあげることが求められた，それは直接金融への依存が大きかったため株主が大きな影響力を持っていたことと，敵対買収の危険性が非常に高かったからである。表2－1が示すように，1931年から1935年のデータでは，日本企業の経営資金は119.0％が証券市場からの資金調達であった。これに比べて，1966年から1970年のデータでは，証券市場からの調達はわずか6.8％で，銀行融資が81.2％を占めた。こうしたデータから，少なくとも1935年以前の日本企業の資金調達は，直接金融が主流で，銀行融資に大きく依存するようになったのはそれ以後であるということがわかる。Hoshi and Kashyap (2001) も，「ほとんどの企業で銀行融資が主流になったのは，1930年代の終わりから1940年代の初頭のことである」(Hoshi and Kashyap 2001, p.4) としている。

表2－1　経営資金の出所
（単位 %）

	株式	債権	融資
1931－35	119.0	3.1	－25.8
1936－40	43.1	6.7	49.7
1941－45	16.7	6.4	74.9
1946－50	13.0	3.5	72.4
1951－55	14.1	3.8	71.9
1956－60	14.2	4.7	73.0
1961－65	16.2	4.4	73.0
1966－70	6.8	3.1	81.2

出所：岡崎・奥野 1993, 10頁。

1930年代後半以前に間接金融が一般的でなかった理由は，貯蓄率が低く銀行の資金が潤沢でなかったことや，いわゆる「メインバンク・システム」がまだ確立していなかったことなどもあるが，最も重要な要素は，規制が少なく比較的自由な証券市場の存在である。1940年代以降と比べると，それ以前の株式市

（2）　日本における株式取引は，東京株式取引所が設立された1878年に始まった。設立当時は4銘柄だったものが，1918年には402銘柄まで増え，1920年代には千以上の銘柄が取引されるようになった（岡崎・奥野 1993）。

場では，企業が株式を上場することが容易であった（Allen and Gale 2000）。株式市場に対する規制のほとんどは，日中戦争が始まった1937年以降に制定された。例えば，1937年制定の臨時資金調整法は，規定の基準を上回る規模の企業が資本金を増額したり，合併したりするのに，政府の認可を義務付けた。その他にも，東証など主要な証券市場に自治機関を作らせ自主的に株式公開を規制させたり（1940年），「株式価格の統制令」，「会社所有株式評価の臨時措置令」（共に1941年）を制定したりすることで，金融統制を更に強化させ，政府が軍需産業への資金の流れを確保することを可能にした。その結果，表2－1が示すように1936～1940年には企業の資金調達源の49.7%を占めていた直接金融（株式＋債権）の割合は，1941～1945年には23.1%にまで減少した。これに対して，1936～1940年49.7%であった間接金融（銀行融資）の割合は，1941～1945年には74.9%まで増加し，戦後につながる間接金融システムが確立され，政府による民間企業の統制が始まったのである。間接金融への移行を可能にしたもう1つの要因は，政府の貯蓄奨励政策による貯蓄率の上昇であった。図2－2が示すように，1930年代以降貯蓄率が著しく上昇し，家計から銀行に流れた潤沢な資金が間接金融システムの基盤となった。

　最後に，産業組織のあり方にも大きな違いがあった。戦後日本の業界団体と同じような機能を持った民間組織は，1920年代には存在していなかった。これは，1920年代やそれ以前に産業界をまとめる民間組織が存在しな

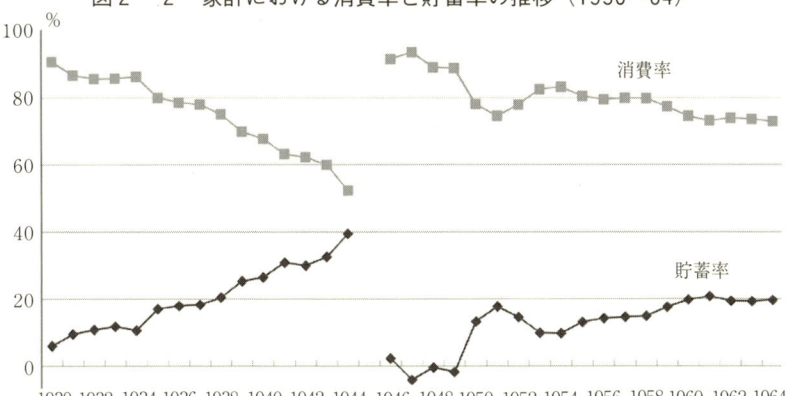

図2－2　家計における消費率と貯蓄率の推移（1930～64）

出所：日本銀行 1966, 50－51頁。

かったというわけではない。実際，同業組合のような民間組織は，古くから日本に存在した。例えば江戸時代には「座」や「株仲間」などが様々な業界でつくられ，明治以降は「同業組合」や「産業組合」などがつくられた。しかしそうした民間組織は，政府とは無関係の組織であり，生産規制や規格統一や市場参入の制限や政府へのロビー活動などといった機能をもつ，日本以外の国でもみられる圧力団体やカルテルなどと基本的に同じような組織であった。政府がそれらの組織に半官半民的権限を与えるようなことはなかったし，それらが政府の政策立案・執行をサポートするようなこともなかった。これを裏付けるようにSchaede (2000) は，戦時期以前の産業組合について以下のように述べている。「それらの組織のほとんどは，政府とは独立した関係にあり，その主要目的は品質管理と市場競争の制限（つまり安定した収入の確保）であった。大企業は組合の規則や政府の統制に縛られることはなく，そうした組合を自主的に設立したり参加したりしていた」(Schaede 2000, p.239)。つまり，1930年代以前の同業組合と，戦後の業界団体は根本的に違った組織であった。

1920年代の日本政治経済システムはアングロ・サクソン型の自由主義市場経済であった。明治後期に入って，官営企業の民営化が進められ，工業化促進における政府の役割は大幅に縮小された。そして民間企業が日本経済の原動力となり，自由主義市場経済のシステムが発展した。また戦後の日本政府が持っていた産業統制の政策ツールである間接金融システムや業界団体制度などが，1920年代には存在しなかったということから，1930年代以前の政府の産業界に対する影響力は非常に限定的であったと考えることができる。以上のことから，日本における開発型国家システムの起源は1930年代以降に求められるといえる。

III. 財閥と政党政治家による政治支配

本節ではまず明治維新以降の日本における政治体制の発展について簡潔に述べ，その後1920年代の権力構造と自由主義市場経済の台頭について議論を展開する。その中で，財閥と政党政治家がいかにして政策決定過程を支配するようになったかその背景を考察し，またそれらと他のアクター（特に軍部将校と官僚ら）との関係について探る。そして1920年代と1930年代以降の権力構造を比較検証する。

明治政府において中心的な役割をになったのは，薩摩藩や長州藩出身の「藩閥政治家」であった。藩閥政治家は，国務大臣や知事や高級官僚といった政府の重要なポストを牛耳り，明治政府の政策決定過程に強い影響力を持っていた。その中でも特に「元老」とよばれた者たちは甚大な権力をもち，内閣総理大臣も元老の中から選ばれることが多かった。政府は1890年に国の立法機関である帝国議会を開設し，貴族院と衆議院をおき，同時に国政選挙も執行された。その後，いくつかの政党が生まれたが，1910年代ごろまでは政党の政治的重要性は限定的なものであった。その理由としては，以下のようなものがあげられる。第一に，国会議員の権限が限られたものであったことである。国会議員が法案を提出するにあたっては，関連省庁の承認が必要とされていた。それらの省庁は元老に支配されていたため，彼らの意向に反した法案が国会に提出されることはなかった。結局のところ，国会議員の役割は，元老らが官僚に作成させた法案を国会で承認するだけであった。

第二に，この時期の政治家らにとって，各人の出身地が非常に重要な意味を持ち，どの党に所属しているかはそれほど重要ではなかったからである。薩摩や長州出身の藩閥政治家らは，同郷者で構成された排他的な人的ネットワークを構成し，互いに助け合うことで，権力の拡大を図っていた。そのため薩摩・長州以外の出身の者には，政府の重要ポストを得ることは容易ではなかった。このように，元老と藩閥政治家らが非常に強大な権力を持っていたため，1910年代に入るまで本格的な政党政治は発展しなかった。

1910年代に入って，自由民権運動の高まりとともに，様々な政治改革運動が起こった。いわゆる「大正デモクラシー」の到来である。民衆の政治に対する関心が高まり，労働者・学生・農民らによる大衆運動が各地で起った。こうした運動を引き起こした理由の1つは，インフレや労働争議などといった経済問題に対する政府の稚拙な対応であった。さらに，マルクス思想が急速に浸透したことと，ロシア革命が起きたことも，民衆運動を勢いづけた。政府はマルクス思想に対しては1925年に治安維持法を制定し，厳しい弾圧にあたったが，民衆の権利拡大を求める声に対しては，前向きに対応し，普通選挙の実現などといった民主化を行った。その結果，元老の権力が次第に弱体化し，政党を中心とした政治体制が発展することになったのである。

こうして発展した1920年代の政治体制と1930年代以降の政治体制には，いくつかの相違点が存在した。これらの相違点は日本政治史を理解する上で，非常に重要な意味を持っている。だが日本政治研究者（特に海外の研究者）の多くは，これらの相違点を過小評価，もしくは見落としていることがある。

　第一に，戦時期および戦後日本の政策決定過程で強大な影響力を持っていた官僚は，この時期さほど強大な権力を持っていなかった。しかし日本政治研究者は，明治維新以降官僚が常に日本の政策決定過程をコントロールしてきたと考えている者が多い。例えばPempel (1992) は，「19世紀後半から20世紀初めにかけて日本が経験した工業化や社会変化は，強力な官僚制度によるところが大きいというのは，（研究者の間で）広く受け入れられている議論である」(Pempel 1992, p.20) と述べている。同様に，Hayes (2004) は，日本における強大な官僚の影響力について，明治時代から続く日本政治の伝統であると述べている。「強力な官僚制度というのは，日本にとって全く新しいものではなかった。むしろそれは長い歴史を持つ政治的慣習と伝統であった。19世紀後半以降，官僚は政治の近代化において重要な役割をになってきた」(Hayes 2004, p.58)。さらにFulcher (1988) は，日本社会は江戸時代にはすでに高度に官僚化されていて，この強力な官僚制度の伝統は明治以降も続いたと主張している（同様の議論については，Maki 1947やSilberman 1965も参照）。

　こうした研究者らは，明治以降日本政治経済は，強力な経済官僚制度によって支配されていたと考えている。しかし，この見方は経済官僚の影響力を過大評価するものである。日本における経済官僚の力は，時によって拡大したり縮小したりしており，不変であったわけではない。特に明治期後半から1930年代半ばごろまでは，経済官僚の力は限定的であった。この時期の経済官僚が弱体化していた理由としては，以下の4つの点が上げられる。第一に，明治・大正期の官僚が高い能力をもっていなかったからである。戦時期・戦後の官僚は高い教育を受け，厳しい試験によって選抜された，非常に優秀な人材によって構成されていた。戦時期・戦後の官僚は，各政策分野における専門知識と政策立案能力を独占することによって，政策決定過程に大きな影響力を持っていた。Maki (1947) は戦後の官僚について以下のように評している。「(彼らは) 慎重に選抜され，訓練を受けることで政治エリートの一員となった。(中略) 厳しい公務員試験に合格した

ものだけが，真の官僚になることができたのである」(Maki 1947, p.395)。また Hayes (2004) は，戦後日本の官僚制度の能力主義について，「高級官僚は，最高の教育機関の卒業者で構成された非常にプロフェッショナルなエリート集団であった」と述べている (Hayes 2004, p.59; Johnson 1982, chap.2 も参照)。

　しかし明治期の官僚は，高い行政・政策立案能力を持ったエリートというわけではなく，むしろ優秀な人材は稀であった。これは藩閥政治家が公務員の任用過程にも強い影響力を持っていたため，自らの縁故者に対して省庁の職を斡旋するといったようなことが盛んに行われていたためである (渡辺 1959；清水 2007)。こうした行為は，当時「情実任用」と呼ばれていた。明治期の官僚は「能吏」というより，むしろ貴族的な名誉職であったという (渡辺 1959, 139頁)。また社会的地位の高かった戦後の官僚に比べると，明治の官僚は尊敬される対象ではなかった。コネを使って職を得た官僚は「電線」と呼ばれ，無能な役人とさげすまれていた。これは藩閥政治家が，政府の職に空きができたときに，地元にいる身内の者に電報で知らせ，職を斡旋したことからきている (清水 2007, 51頁)。このように縁故主義に基づいた任用が盛んになったことで，「無能官吏」が「跋扈」するようになった。才能のある人材を採用すべく政府は，1887年に試補制度を導入したが，縁故採用された官僚は，その後数十年にわたって省庁に居続けた。清水によると，「試補制度の導入から十年を経て，学士官僚の中にはすでに局長級に達するものの出るなど行政機構の実働部分における学士官僚の存在感は高いものとなっていた。しかしその一方で次官など上層部は依然として藩閥系官僚によって占められており，何より従前の内閣では大臣自身が藩閥出身であるのが常であった。行政機構内部における藩閥の支配力は抜きがたいものであったのである」(清水 2007, 73－4頁)。つまり戦後の官僚は政策分野における高度な専門知識と政策立案能力を持ち，政策決定過程に大きな影響力を持っていたが，そうした能力を欠いていた明治の官僚の影響力は非常に限定的であった。

　第二に，大正期に入って財閥が強大な権力を持つようになり，政府に対して市場と企業経営に対する介入を行わないよう圧力をかけた。財閥の経営者らは，自由主義経済理論的な考え方を持っており，戦時期においても軍部と官僚による経済統制拡大に対して強く抵抗した。そして経済統制拡大を標榜する官僚のリーダー達を，省庁から追い出すこともあった (財閥

と官僚の権力抗争については，第4章で詳述する)[3]。

　第三に，財閥と政治的同盟関係にあった政党政治家らが，官僚の権力を制限しようとする財閥を支援していた。大正デモクラシーは，政党政治家の影響力を急速に増大させ，官僚を彼らの支配下に置くことを可能にした。1913年に第一次山本権兵衛内閣（政友会 1913～1914）が公務員の任用に関する「文官任用令」[4]を改正し，高級官僚である勅任官の特別任用の条件を緩和した。この法令が改正される前は，文官高等試験に合格することが勅任官の条件であったが，政党の推薦による自由任用の拡大を求める政友会からの圧力により，法改正が行われた。この結果，政党が官僚の人事権に影響を与えることが容易になった[5]。また政党との結びつきを強めようとする官僚も増加した（清水 2007，第5章）。また，原敬首相（政友会 1918～1921）は郡制を廃止し，郡役所と郡長を通じて地方政治に強大な影響力をもっていた内務省を弱体化させた。さらに財政を誘導することによって，地方に磐石な政党支持基盤を作り上げ，地方における政党の影響力を拡大させた（安藤 1975，204頁）。

　最後に，この頃の官僚は，戦後の官僚らが持っていたような産業界をコントロールするための人的ネットワークを欠いていた。こうしたネットワークは，産業界に天下りした元官僚らによって形成されるものである。民間企業の役員ポストなどに就いた元官僚を通じて省庁は，その企業の経営・財務・法令や行政指導についての対応などといった情報を集めることが可能であった。しかし，こうした官僚の民間への天下りは，戦後になって

（3）　例えば，商工省の官僚で経済統制拡大を模索していた吉野信次と岸信介は，財界に近い商工大臣小川郷太郎によって同省を追われた（この件については，第4章で詳述する）。

（4）　文官高等試験は，元々勅任官には適用されなかったが，政党による猟官行動を制限するため，山縣有朋内閣が1899年3月に「文官任用令」を制定し，勅任官にも適用されるようになっていた。

（5）　自由任用が拡大されたのは，実はこれが2度目であった。1度目は，日本初の政党内閣であった大隈重信内閣によって行われた。渡辺（1959）によると，この時政党側は次官や審議官や局長や知事などといったポストを官僚から取り上げて，官僚や藩閥政治家の影響力を弱体化させるために，政党員を勅任官として任命した（渡辺 1959，141頁）。しかしこうした自由任用は，山縣有朋内閣が1899年3月に「文官任用令」を公布したことで，大幅に制限されていたのである。

から盛んになったもので，戦前にはあまりみられなかった（Johnson 1995）。そのため，当時の官僚の民間企業に対する影響力はさほど強大ではなかった。

　1920年代の政治体制と1930年代の政治体制のもう1つの相違点は，前者では軍部の政治的影響力が比較的弱かったことである。日本軍は1871年に創設されたが，政治アクターとしての軍が影響力を持つようになるのは1930年代に入ってからである。1920年代当時の軍部の政治力の弱さを物語るように，軍部の要求が，財閥・政党連合体によって退けられることが多発した。この時期，軍部と財閥・政党連合体の利害は対立していた。前者は軍の近代化のために国防予算の大幅拡大を望んでいたが，後者は均衡予算のための支出削減と欧米列国との友好関係維持を理由に国防予算削減を支持していた。

　そして財閥・政党連合体の優位性が明確に表れたのは，1922年に高橋是清内閣がワシントン海軍軍縮条約の締結を決定した時であった。日本と欧米列国は，ワシントンで行われた国際会議において，極東地域における勢力均衡を保つことを目的に，戦艦等の保有制限を行うことで合意した。当時軍部は同条約締結に強硬に反対したが，高橋内閣はこれを無視し，英米に大きく妥協する形で条約を提結した。これには輸出商品の主要市場である欧米諸国との友好関係維持を望んだ財閥の意向が反映されている[6]。財閥と政党政治家の緊密な関係は，1920年代の日本外交が軍縮と国際協調を重視するようになった一因と言える。こうした外交政策に軍部は強い不満を持っていたが，財閥・政党連合体に抵抗するほどの政治力を持っていなかったため，軍部の意見が外交政策で反映されることは少なかった。

　この時期軍部と官僚の権力が弱かったという事実を見逃している研究者も多い。例えば，Pempel (1992) は，「アメリカ，イギリス，フランスなどの例と比べると，日本の官僚と軍部は政治家からの干渉から比較的独立していた」(Pempel 1992, p.20) と述べているが，実際は政治家が官僚や軍部に対して干渉することは頻繁に起こったことである。さらにそれは第4章

（6）　この条約を締結したことに加え，その後蔵相として国防予算の削減を行ったことで，高橋は二・二六事件で若手将校らによって暗殺されたと言われている。同事件は，財閥・政党連合体の弱体化と軍部・官僚の台頭を象徴する事件であるが，この件については第4章で詳述する。

で述べるように，戦時期においてもしばしばみられた。

第三の相違点は，財閥と政党政治家が，政策決定過程を支配していたということである。そしてこの2つの勢力の連合体が，日本を自由主義経済へと導いた。大正期に入って，政党政治家の影響力が拡大し，明治の元老たちは政治の表舞台から去った。1918年には，我が国最初の政党内閣である原敬内閣が誕生し，政友会と憲政会（後の民政党）による二大政党制が確立した。「両者は保守的な政党で，エリート的な立場を代表していた。しかし，彼らは軍部よりも民間の意見に重きをおき，官僚よりは財界と協力することが多かった。また，三井財閥が政友会を支援し，三菱財閥が民政党を支援していたのはよく知られていた」（Hall 1991, p.316）。この財閥と政党政治家が構成した政治的連合体は，1930年代初頭まで日本の政治を支配した。以下では，財閥・政党連合体とその政治的影響力について詳しくみていきたい。

財閥の経済的影響力が急速に拡大したきっかけは，第一次世界大戦であった。大戦勃発後，ヨーロッパ諸国からの物資需要が急増したことによって，日本企業は巨額の利益をあげた。特にこれらの中で，三井，三菱，住友，安田といった企業は，巨大な企業群（コングロマリット）を形成し，財閥と呼ばれるようになった。中村（1978）によると，三井，三菱，住友の支払済み資本金は，全企業の総額（1928年）の実に30.1％にも上り，「明治期以来の諸産業を統合した財閥の実力は量的にも質的にも，日本経済の支配権を掌握した」（中村 1978, 116頁）。財閥の経済力が拡大したことによって，その政治的影響力も次第に強大なものになっていった。財閥など大企業のオーナーたちは，有力政治家と緊密な関係を築くことで，政治的影響力を拡大し，「政商」と呼ばれる者も現れた。財閥がこの時期急速に権力を拡大した背景には，以下の4つの点がある。

第一の要因は，財閥と有力政治家の間に生まれた閨閥の存在である。財閥の創業家などは，有力政治家やその子女との間に婚姻関係や養子関係を結び，関係強化を図った。そうした例には以下のようなものがある。三菱財閥の創始者である岩崎弥太郎は，娘を加藤高明や幣原喜重郎や木内重四郎といった有力政治家に嫁がせた。安藤（1990）は，大隈重信内閣がアジアにおける拡大政策をとり，1915年に清国に対して「21ケ条要求」を突きつけた背景には，こうした閨閥による財閥との繋がりがあると主張する。当時の外務大臣加藤高明は，中国大陸へのビジネス拡大を画策していた三

菱財閥の意向を反映して，21カ条要求を推進したという（安藤 1990, 259頁）。また住友財閥の住友家は，西園寺公望の弟を養子として迎え入れ，住友家の当主にした。さらに古河財閥の創業者も，陸奥宗光の息子を養子にしていた。このように財閥と政党政治家との血縁を基にしたネットワークによって，両者の間には緊密な相互依存関係が生まれたのである。

　第二の要因は，政治献金である。財閥は政党（もしくは個々の有力政治家）に対して献金を行い，政党は財閥を利するような政策をつくった。こうした両者の相互依存関係は，財閥・政党連合体の根幹となるものであった。例えば三井財閥は，政友会に対して政治資金を供給し，井上馨ら党首脳と密接な関係を築いた。他にも，三菱財閥は加藤高明ら憲政会の政治家との強い繋がりをもち，住友財閥は西園寺公望を支援し，古河財閥は原敬と繋がっていた（森川 1978, 116頁）。当時の著名な経済学者であった高橋亀吉は，政治献金がどのように政界と財界の癒着を生んだかを以下のように説明している。

　　先ず，或る会社が，政治的に営利を追求せんがためには，政友会か民政党かの，何れかの政党と密接なる関係を結ぶ必要がある。露骨に云えば，選挙費其他の軍資金乃至其他の金を政党に貢ぐ必要がある。此の金は，個人の腹を少しも傷めない会社の金庫から出る。又，事業会社の重役等にして政党員となるや，党費に必要な巨額の金が，会社の金庫から支出される。他日，政治的に之を補ふて余りある利益が隠密の間に約束されているからである（高橋 1930, 72頁）。

　財閥と政党政治家の癒着の例として，1927年に起きた「越後鉄道疑獄事件」がある。国鉄の路線拡大を目的として，私鉄であった越後鉄道が国有化された。しかし国有化にあたって，越後鉄道から政治家への賄賂の提供が発覚した。逮捕された越後鉄道社長の供述から，鉄道政務次官の貴族院議員佐竹三吾が逮捕された。当時のメディアは，この事件を大きく取り上げ，政財癒着の深刻な状況を伝えている。例えば『国民新聞』は，疑獄の背景について識者の以下のようなコメントを紹介している。安部磯雄は「今の政治家と資本家は切つても切れない関係にあるので今日の政治の腐敗の大原因をなしたものです」とその背景を語っている（国民新聞 1929年11月12日）。また堺利彦も，「（越後鉄道疑獄の）根本問題は大財閥と大財

との暗闘にあり（中略）現在の大政党といふものは共に大財閥の完全な支配下にあるのだからこの大財閥の利害如何によつて政党は動いて行く，従つて政党に利権問題その他を中心とする疑獄はつきもの」であると述べている（国民新聞 1929年11月12日）。

　財閥の強大な影響力の第三の要因は，商工審議会の存在である。これは農商務省が1896年に設置した諮問機関で，我が国初の審議会とされ，貿易政策，通貨制度，為替，金本位制，移民政策，労働問題などといった経済の重要問題に対する企業経営者などの意見を聞くためにつくられた。同審議会には政策提言をすること以上の権限はなく，政策決定に与える影響は限定的ではあったが，これを通じて財界が政府に意見表明をすることができた。では，商工審議会が政策決定に影響を与えた例をみていこう。1913年，商工審議会はソーダ産業に関して答申し，英国製品の廉価供給によって国内企業が深刻な被害に遭っていることを指摘し，不当廉売法の適用や関税障壁の改正などを政府に求めた（中外商業新報 1913年8月20日）。これに対する政府の反応は迅速ではなかったが，最終的には長年ソーダ産業に対する保護・助成を訴えてきた商工審議会の意見をとりいれた政策を1927年に打ち出した。中外商業新報の記事によると，商工審議会の答申に対して「政府またその必要を認め，商工省は予算編成をなすに当り，重要工業確立に要する経費として曹達灰製造補助に二十一万六千円を計上し，原料塩に対する採算差額に対する補助をなすことに決定した。」同紙はこの決定について，「これが今議会で承認を得れば大隈内閣以来の当業者の要望が貫徹することとなり，我国における化学工業発展の上に一大寄与をなすものである」[7]と評価している。

　第四の要因は，政界に転身した財界人の存在である。大正期に入って，財閥企業の経営者や役員の中から，政治家になるものが出るようになった。こうした者の中には，国会議員になる者もおり，特に貴族院に多かった。財界出身の政治家には，原敬もいる。原は外務官僚出身でもあるが，古河財閥の基幹企業であった古河鉱業の副社長を務めたこともあり，政界転身後も同財閥と強い繋がりを持っていた。例えば，足尾鉱毒事件が社会問題化した頃，内務大臣を務めていた原は，公害を起こした古河財閥を積極的

　（7）「基本工業としての曹達工業の助長（1～5）」『中外商業新報』1927年11月22日～26日。

に擁護した。原敬の次の高橋是清[8]首相もまた財界の利害に敏感であった。前述のように高橋内閣は1922年ワシントン海軍軍縮条約の締結に合意したが，これは主要輸出市場であった欧米列国との友好関係維持を望む財界の意向を反映した判断であったといえる。さらに，三菱財閥と深い関係を持っていた幣原喜重郎外相が，「腰抜け」や「軟弱」と批判されつつも対外協調路線を貫いたのも，財界への配慮があったといえるだろう。政界に転身した財界人は戦時期にも多くみられた，こうした例には，小林一三（阪急グループ創業者：商工大臣），金光庸夫（大正生命保険社長，東京商工会議所副頭取：厚生大臣），村田省蔵（大阪商船社長，逓信大臣）などがある。

本節において議論したことは，以下の通りである。大正時代における自由民権運動の高まりは，日本政治に以下のような重要な変化をもたらした。元老たちの権力が次第に弱体化し，近代的な政党制度が発達し，政党内閣が誕生し，財閥の政治的影響力も増大した。1920年代の政治体制は，その時期後の政治体制とは以下の点で異なっていた。まず，官僚や軍部将校といった国家エリートの権力が非常に限定的であったこと，そして政策決定過程が政党政治家と財閥の連合体によって支配されていたことである。

IV. 結論

本章では，1930年代以前の日本経済について検証した。明治期の産業政策と1920年代の政治経済システムの検証を通じて明らかになったことは，以下のように要約される。第一に，明治期の産業政策と戦後日本の産業政策には重大な相違点があるということである。明治期の産業政策の主要目的は，産業インフラの拡充であったが，戦後のそれは生産力拡大（特に製造業）であった。また明治政府は民間企業をコントロールする手段を持っておらず，産業育成には官営企業を設立して，自ら事業を運営するしかなかった。しかし，戦後の政府は様々な政策ツールを駆使して民間企業の経営に大きな影響を与えることができた。

第二に，1920年代の経済システムはアングロ・サクソン型の自由主義市場経済であった。明治後期には官営企業の多くが民間に払い下げられ，政

（8） 高橋も民間企業ではないが日銀で長年勤務し，日銀総裁を務めた経歴がある。

府の役割は縮小され，民間企業が経済成長の原動力として重要な役割を果たすようになり，自由主義市場経済が発展した。また戦後の開発型国家システムにみられた様々な制度的特徴も，1920年代の日本にはまだ存在しなかったことから，政府の産業界に対する影響力も極めて限定的であったということがわかる。

　第三に，1920年代の日本政治において最も影響力を持っていたアクターは，政党政治家と財閥の連合体であった。この連合体は，閨閥や政治献金や人脈などを通じて緊密な相互依存関係を築いていた。この連合体が強大な権力を持った結果，政府の市場介入は制限され，国家エリート（軍部将校や官僚）らの影響力も抑えられていた。これらの知見は，1930年代前後に日本政治経済システムにおける重大な断絶が存在することを示唆している。それと同時に，戦後日本の開発型国家システムの起源は，1930年代以降に求められるということも言えるだろう。

　最後に，1930年代以前の日本政治経済システムの検証結果から，本研究にとって重要な問いが導引される。第一に，なぜ日本経済は1930年代以降に自由主義市場経済から開発型国家システムへと移行したのであろうか？第二に，自由主義市場経済を支持した政党政治家と財閥は，なぜその後弱体化したのであろうか？　第三に，開発型国家システムはなぜ出現したのか，そしてそのシステムをつくり上げたのは誰か？　以降では，満州・戦時期日本，戦後日本における制度発展の過程を分析し，これらの問いに対する答えを探る。

第3章

日本占領下の満州における制度発展
（1932～1945）

　第2章では，日本政治経済システムの発展過程には，1930年代を境に決定的な断絶がみられる，つまり1930年代に大きな制度変化が起こったということを明らかにした。第3～5章では，この制度変化の背景を探っていく。第3章では，戦後日本の政治経済システムの起源の1つと言える満州の開発型国家システムとその発展過程を検証する。

　戦前日本は中国東北部（満州）に進出し，「満州国」という傀儡国家を建設し，日本の支配下に置いた。満州を事実上支配していた関東軍の将校らは，満州の地において一大産業基地をつくりあげることをもくろんでいた。この目的を達成するため，いくつかの産業政策を導入した。それらの産業政策の多くは，当時財閥の影響力が強かった日本本土においては，急進的すぎるため導入が困難とされていたものがほとんどであった。しかし，関東軍は財閥が満州に進出することを認めず，満州の政策決定過程をほぼ独占していたため，こうした政策を導入しその効果を測定していた。別言すると，満州は新しい産業政策の実験場となったとも言える。満州に導入された経済システムは，当時の日本に存在した自由主義市場経済とは根本的に違い，戦時期・戦後の日本のシステムとの共通点が多かった。満州の経済システムは，東アジアにおける開発型国家システムの起源であるともいえるだろう。

　満州のケースは，戦後日本経済（および東アジア経済）の発展過程を理解する上で，非常に重要なものである。それは，満州において日本人の政策決定者らが行った政策立案と経済統制体制の運営の経験は，戦時期・戦後日本における政策決定に重大な影響を与えたからである。政策や行政の知識を持たなかった関東軍は，日本から多数の官僚を満州に呼び寄せ，満

州における開発型国家システムの建設と運営にあたらせた。こうした経験を積んだ官僚と将校らが，満州での経験を基に戦時期・戦後の日本で開発型国家システムを作り上げたのである。

　本章の構成は以下の通りである。まず日本が満州に進出した歴史的背景について簡潔に触れる。次に，満州開発型国家システムの2つの根幹的制度であった pilot agency（企画処）と特殊会社制度について詳しく分析する。企画処は満州国の工業化計画の立案・実行を統括した組織で，特殊会社制度は政府による経済統制のツールとして機能した制度である。これらの制度が設立された背景を調査することで，満州と戦時期・戦後日本の政治経済システムの相似点を探り，それらの制度を設計した人物，設立された理由，そうした制度設計が行われた理由などを明らかにしていく。

　本章の主張は以下の通りである。制度構築の過程には，様々なファクターが影響を与える。しかしその中で最も重要なものは，アクター間の権力構造と政策アイディアである。日本支配下の満州で最も強大な権力を持っていたのは，関東軍であった。したがって制度構築の過程は，関東軍の利害を探ることで，ある程度説明することができる。関東軍は，日本の軍事力拡大のために，満州を一大産業基地にしようと考えていた。開発型国家システムは，急速な工業化と産業育成を可能にするためにつくられたと説明することができる。しかし，権力構造に注目していただけでは説明できない重要な点がある。それは制度設計にあたって，関東軍が官僚と民間企業に対して妥協し，彼らの意向を反映した設計を行っているという点である。後述するように，満州における関東軍の権力は非常に強大で，他のアクターに配慮する必要は全くない状況であった。にもかかわらず，関東軍は他のアクターの意見を取り入れている。しかも，当初軍の利益に反すると考えられていた政策を，その後他のアクターからの要請に応じて，導入したケースもある。また，関東軍はより強力な経済統制をしくことができたにもかかわらず，限られた統制体制を選んだ。

　こうした事実を説明するには，政策決定者のアイディアに注目して分析する必要がある。関東軍の将校らは，外部の専門家などの力を借りて，独自の政策アイディアをつくり，それを政策指針として満州経済の建設にあたった。彼らの政策アイディアは，自由主義市場経済と社会主義経済を融合させた経済システムの構築を目標としており，後にそれは「統制経済論」と呼ばれるようになった。関東軍の将校らが，経済全体を政府の完全統制

下に置く社会主義経済を選ばず，開発型国家システムを選択した理由は，後者が必要最低限の統制の下で，民間企業の活力を伸ばすことができると考えたからである。軍部の利益に反していたにもかかわらず，民間や官僚の要望を取り入れたことがあったのは，民間や官僚が提示した案の方が統制経済論の原理に即していたからである。このように，制度構築の過程を説明するには，アクター間の権力構造だけではなく，政策アイディアにも注目して分析する必要がある。

I．歴史背景

(1) 満州進出

日露戦争終結時に結ばれたポーツマス条約によって，日本はロシアが持っていた東清鉄道のうち長春以南の南満州支線の租借権を得た。そして，ロシアより譲渡された鉄道とその付属地を管理するために，南満州鉄道株式会社（満鉄）が1906年に設立された[1]。満鉄は民間株式会社という経営体制であったが，実際は日本政府の満州における出向機関的な役割を果たす国策会社であった。さらに，日本政府は関東地域における租借地の統治を行うため関東総督府を設立し，満鉄の施設と鉄道付属地の保護を目的に関東軍をおいた。第一次大戦後，この地域における日本の権益はさらに拡大した。ヨーロッパの列強が，この地域から撤退したため，権力の空白状態を生み，日本の影響力拡大を容易にしたのである。1914年，日本政府は中国に対して「21ケ条の要求」を突きつけ，「南満州及東部内蒙古」における租借権と満鉄に対する権益を99年間延長させた。また当地における日本人の自由な往来，商業活動，商工業用の建物の建設，農業用の土地の所有権なども承認させた。

(2) 満州国の建設

しかし，満州における日本の権益を維持するのは，容易なことではなかった。反日運動や，鉄道に対するサボタージュ，日本製品のボイコットな

（1）満鉄は資本金2億円を有し，従業員は400,000人（うち日本人は140,000人）を超え，当時最大の日本企業であった（小林 2005, 32頁）。

どが頻繁に発生し，日本による統治を困難にしていた。こうした状況を打開するには，満州を完全に支配する必要があると考えた関東軍参謀の石原莞爾中佐らは，1931年9月に起きた柳条湖事件をきっかけに，軍事行動を起こし，満州全土を掌握した。いわゆる「満州事変」の発端である。翌1932年，関東軍の指揮の下，満州は中国から完全に独立させられ，満州国が建国された。満州国は「五族協和」[2]を国家原則の1つとしていたが，実際は関東軍が支配する傀儡国家であった。満州国の国家元首（満州皇帝）は，清国皇帝であった溥儀であった。また政府の立法機関として，立法院が設立された。しかし，皇帝と立法院の権限は名目だけのものであった。満州国政府の行政府は国務院と呼ばれ，外交部，司法部，財政部，実業部，軍政部，文教部，民政部，交通部の8つの部で構成され，さらに国務院総理直属の総務庁があった。大臣（当初は総長と称された）職は，満州族もしくは漢民族によって占められていたが[3]，皇帝と大臣の権力は限定的であった。重要な政策決定は次官レベルで行われ，次官の多くは日本人官僚が占めていた。さらに，後述するが，政策決定には関東軍の意向が強く反映されていた。こうした体制の下で満州国政府は工業化と産業育成を立案・遂行する pilot agency と，産業統制の新しいしくみである特殊会社制度を設立した。以下では，これら2つの制度の制度構成と機能について詳述する。

II．満州開発型国家システムの根幹的制度

(1) pilot agency：企画処

　1934年，満州国政府は「日満経済ブロックの確立と国家機構を整備」する「国策立案機関」として国務院総務庁「企画処」[4]を創設することを発表した。企画処の組織構成と事業内容は，以下のようなものとされた。

　　組織　国務院総務庁直属として総務庁長をして局長を兼任せしめ，行

（2）　ここでいう五族とは，日本人，中国人，満州人，蒙古人，朝鮮人を指していた。
（3）　しかし強力な権限を持った総務庁長官だけは，例外的に日本人が務めた。
（4）　当初，産業企画局，企画局とも称された。

政，財政，国防，軍事，経済の各専門家を網羅し，法制局長，主計処長，各部総務司長なども参与せしめ基本的国策の確定に資す

事業　一，重要産業の国家統制とその管理 農村漸進的工業化，外国貿易の一部国営化

二，中央土地法の設置改革，中央集権制，地方自治制の併用並びに民主化

三，国防，外交，軍事，国際平等確保

四，国民経済の向上発展を図る為に，資本主義的自由主義の抑制と部分的生産の奨励，極東ブロック経済の結合を図る

（『満州日報』1934年7月29日）

企画処は2つの部から構成され，「第一部は主要経済政策財政計画の立案，第二部は各種統計及び経済調査及び総括主要改革の実行状況の調査に当らしめること」とされていた（『満州日報』1934年12月17日）。また，同処は国務院総務庁に所属し，処長には日本人官僚があてられた[5]。

満州国政府には，この他にも財政部や実業部などの経済官僚機関が存在し，企画処と共同で産業育成にあたることもあった。しかしこれらの機関の業務は，政策の遂行が主なものであり，経済計画の立案・実行・監督などに強力な権限をもった企画処とは性質が異なっていた。以下では，企画処の産業政策を詳しく検証し，企画処がどのような権限を持ち，どのような方策で満州産業の開発を図ったのかなどといった点を探る。

満州の産業政策

満州の pilot agency であった企画処の産業政策には，主に2つの種類があった。1つは経済計画，もう1つは産業合理化政策であった。満州国政府が発表した「満州国経済建設綱要」には，国家による経済統制と産業合理化が，満州の pilot agency の主要任務であると規定された。それによると，pilot agency は「我が国経済の建設に当たりては無統制なる資本主義経

（5）　企画処の歴代処長には，松田令輔（1935～1939年：元大蔵省主計局出身），神田薫（1939～1940年：商工省出身），古海忠之（1941～1942年：元大蔵省文書課課長）などがいる。

済の弊害に鑑み之に所要の国家的統制を加へ資本の効果を活用し以て国民経済全体の健全且溌剌たる発展を図らむとする，斯くして国民大衆の経済生活を豊富安固ならしめ其の国民的生活を向上し我が国力を充実」させる（『満州国史　各論』1970, 397-98頁）。経済計画とは，政府が向こう5年程度の各産業における生産力拡大の目標値を定め，目的達成にあたって必要な物資の分配や財政補助などを行うことである。計画の目標値は，現在の経済状況や今後の見通し（物資・労働力の供給体制，インフレ率，市場動向，技術力）などの総合的な情報を踏まえて算出される。経済計画には，各産業が目標値を達成するにあたってどれほどの物資・資本・労働力を必要とするかが示され，それに従って政府は物資・資本・労働力を各産業に分配し，必要に応じて行政指導を行う。

　経済計画が生産力拡大を主目的としている一方で，産業合理化政策は各産業の効率性・技術力の向上を目的としていた。政府は，優遇税制や補助金などを使って新技術の開発やコスト削減を促進させ，生産性の低い企業を整理・統合したりした。また企業経営にも直接的・間接的に干渉し，各企業が私利私欲に走ることを防ぎ，公益実現のために尽力することを促した。

a. 長期経済計画：満州産業開発5カ年計画

　企画処の産業政策の中で最も重要であったのは，1937年に発表された「満州産業開発5カ年計画」である。満州国建設後の最初の4年間，満州政府は明治政府と同じように交通機関，通信施設，金融システムなどの産業インフラの整備を最優先していた。しかし，その後国力の充実を推し進めることに目を向けるようになった。企画処などの官僚らは5カ年計画を完成させ，政府がこれを採択し，1937年11月5日に満州産業開発5カ年計画として公布した。この5カ年計画は，満州の主要産業の生産力を詳細に調査し，向こう5年の年間生産目標を設定し，目標値達成に必要な物資・資本・労働力を算出したものであった。例えば，鉄鋼の生産は400,000トンから1,850,000トンへ，石炭は11,700,000トンから27,200,000トンへ，アルミニュームは4,000トンから20,000トンへ，電力は460,000キロワットから1,400,000キロワットへと拡大する計画であった。さらに，満州における自動車と飛行機の生産を開始し，1942年末までに自動車4,000台と飛行機380機の生産を目指すとされた（『満州国史　各論』1970, 533-34頁）。そして，

目標達成には25億円の資本が必要とされ6，満州国内と日本からの投資によって資本を調達することを計画していた。

この野心的な経済計画は，最初の2・3年間は一定の成功を収めた。いくつかの産業においては，生産力が飛躍的に拡大した。特に鉄鋼，石炭，電力，硫安などは生産性の大幅な改善がみられた（経済計画の成果については第6章でもさらに議論する）。しかし，政治経済情勢の変化に伴う資本供給の急激な減少7によって，計画遂行が妨げられる結果となってしまった。計画目標達成には及ばなかった面もあったが，同計画の立案・実行の経験を通じて，日本人官僚らは経済統制の実効性に強い自信を持つようになった。そして彼らの多くはその後日本に戻り，経済計画というこの新しいアプローチを戦時期・戦後日本においても実践したのである。戦時期には生産力拡充4カ年計画（1938年，本書第4章参照）が採用され，戦後も傾斜生産政策（1947～1949年），経済自立5カ年計画（1956～1960年），所得倍増計画（1960～1970年）などが打ち出された（本書第5章参照）。

b．産業合理化政策

満州の産業政策のもう1つの重要な柱は，産業合理化政策である。産業合理化政策の一例は，満州政府の紙パルプ産業に対する政策にみられる。1939年，企画処は紙パルプ産業の育成を目的として，産業合理化政策を以下のように発表した。

（一）三社の企業形態はそれぞれ政府半額出資の特殊会社とす
（二）三社工場設立地及び生産割当を左の如くする（イ）鐘紡，日本国策パルプ佳木斯六万噸（製紙パルプ二万，人絹パルプ四万）（ロ）王子製紙牙克石五万噸（製紙四万，クラフト一万）（ハ）人繊製紙聯合会黒河十二万噸（人絹七万，製紙三万，クラフト二万）
（三）三社所要資本金を約一億二千万円と見込み各社の資本を左の如

---

(6) これは当時の日本政府の国家予算（約24億円）をも上回る非常に大きな額であった。
(7) 満州がこの時期に深刻な資本不足に陥った主な原因は，日本からの投資の減少であった。この背景には，1930年代半ば頃には日本経済が不況から回復したことと，1937年に対中戦争が勃発したことで，大陸が投資先としての魅力を失ったことがある。

くとす（イ）鐘紡, 国策パルプ三千万円（鐘紡二千八百万円, 国策二百万円）（ロ）王子製紙三千万円（ハ）人繊製紙聯合会六千万円
- （四）三社の企業地の地理的不利をカバーするため鉄道船舶運賃に特別の考慮を払う
- （五）各社製品の日本引渡し価格は同一の平均価格とし, 原木価格を各社別として利潤の平準化操作を行う
- （六）工場建設期間中は年五分の建設配当を保証す

（『中外商業新報』1939年1月13日）

以上から, 満州における合理化政策について様々なことがわかる。まず, （二）にあるように, 政府は同産業の年間生産量を設定し, 各企業に生産目標を割り当てていた。次に, （三）が示すように, 政府は各企業の資本金の額を設定し, 工場の設立地についても指定している。また（四）から, 政府は財政支援を行っていたこともわかる。このケースでは, 輸送費軽減を通じて各企業の生産コスト削減を支援している。さらに（五）にあるように, 仕入れ値と販売価格を設定し, 各企業の利益水準を調整し, 市場競争を制限していることがわかる。仕入れ値は利潤の高い企業には高めに, 利潤の低い企業には低めに設定され, 各企業が一定の利潤を上げることを可能にしていた。また販売価格を一定にすることで, 価格競争が起こるのを防いでいた。第4章と第5章で指摘するように, こうした合理化政策は戦時期・戦後日本でも導入され, 政府の産業育成に重要な役割を果たした。

以上のように満州政府は, 産業育成と工業化を推し進める強力な権限を持った官僚機関として企画処を設立した。企画処は, 満州の経済力を拡大する計画を立案・実行し, 特定の産業に対する投資を促し, 様々な政策を遂行して生産力の拡大と産業の合理化を指導した。後述するように, 満州のpilot agencyの産業政策と, 戦時期・戦後日本のpilot agencyの産業政策の間には多くの類似点がみられるが, これは日本人官僚らが満州において効果のあった政策を後に日本でも導入したからで, このような政策の連続性が存在することは, 極めて重要な事実である。

(2) 特殊会社

満州政府は産業統制のもう1つの柱として, 特殊会社制度をつくった。

官営企業とは違って，特殊会社は国有・国営の企業ではなかった。しかし，特殊会社の運営にあたっては様々な規制が適用され，その経営は政府の厳しい監視下に置かれた。満州において企業は，国営企業，特殊会社，準特殊会社，民間企業の4種類に分類されていた。特殊会社は民間企業と国営企業の中間にあたる存在で，政府による効果的な産業統制を可能にしていた。特殊会社という言葉が公の文書で使われたのは，1932年に公布された「満州国経済建設綱要」が初めてであった。そして1937年に「重要産業統制法」が制定され，特殊会社制度がつくられた。重要産業統制法は，「国防産業及び基礎的産業の確立を図る」ことを目的とし，満州における産業統制のあり方を規定していた。戦時期・戦後日本では統制会・業界団体制度を基にした産業統制が行われたが，満州の産業統制[8]は特殊会社制度がその基本となった。特殊会社制度は，政府が企業経営に対して直接介入することを可能にしていたが，統制会・業界団体制度を通じた産業統制はより間接的なもので，政府と民間企業の協力体制を基本としていた[9]。

「満州国経済建設綱要」は，統制が必要な産業と自由経営を認める産業を明確に区別している。銀行業，鉄道，通信，航空，石油，鉄鋼，電力など22の重要産業は，国営企業と特殊会社のみが，自動車，海運，運送，石油，林業，鉱業，ガス，保険など24の産業には特殊会社のみが参入を認められた。民営企業はこれらの産業への参入を禁止された。

重要産業統制法は，特殊会社の経営に対する政府統制を以下のように規定している。

第1条 重要産業ヲ営マントスル者ハ命令ノ定ムル所ニ依リ主管部大臣ノ許可ヲ受クベシ

第2条 重要産業ヲ営ム者ハ命令ノ定ムル所ニ依リ事業年度毎ニ事業計画及事業報告書ヲ主管部大臣ニ提出スベシ

第3条 主管部大臣ハ重要産業ヲ営ム者ニ対シ其ノ業務ニ関シ公益上又ハ統制上必要ナル命令ヲ為スコトヲ得

---

(8) 満州にもその後統制会がつくられたが，それほど重要な存在ではなかった。

(9) 満州と日本における産業統制の違いについては，第6章で詳しく議論する。

第4条　主管部大臣特ニ必要ト認ムルトキハ重要産業ヲ営ム者ヲシテ其ノ業務若ハ財産ノ状況ヲ報告セシメ又ハ所部ノ官吏ヲシテ其ノ金庫帳簿其ノ他諸般ノ文章物件ヲ検査セシムルコトヲ得
　第5条　重要産業ヲ営ム者左ノ場合ニ於テハ命令ノ定ムル所ニ依リ主管部大臣ノ許可ヲ受クベシ
　　一　統制協定ヲ為シ又ハ之ヲ改メントスルトキ
　　二　生産設備ヲ拡張又ハ変更セントスルトキ
　　三　事業ノ全部又ハ一部ヲ譲渡セントスルトキ
　　四　法人ナル場合ニ於テ解散ヲ為シタルトキ

(『満州国史　各論』1970, 402頁)

　これらの条文から，政府が特殊会社の経営を厳しく統制していたことがわかる。会社経営に関わる重要な決定（工場設備などの改築・増築，企業合併，事業の譲渡など）には政府の承認を受けることが義務づけられた。また同法は，特殊会社の経営・事業を監視し，情報を収集するために，各企業が政府に事業報告書を提出することを義務づけた。
　さらに，最も重要とされた満州中央銀行，満州重工業開発会社，満州石油の3社には，政府から常勤の役員を受け入れることを義務づけていた。また，特殊会社の利潤配当にも制限が加えられ，株主への配当は6％までとされていた（『大阪朝日新聞』1940年3月15日）。このように，特殊会社は民営の会社ではあったが，政府は特殊会社を厳しい監視下においていた。政府は特殊会社に対して，各事業に対する政府の承認を受けること，事業報告を政府に提出すること，政府の指導に沿った経営を行うことなどを義務づけることができた。満州における最初の特殊会社は，1932年に設立された満州中央銀行であった，続いて満州航空会社，奉天造兵所の2つの準特殊会社が設立された。1937年に重要産業統制法が制定された後は，満州電信電話会社，満州石油，同和自動車工業，満州炭礦など様々な特殊会社・準特殊会社が生まれた。「康徳5年（1937年）末における特殊会社数は二十七社，準特殊会社数十四社に及び，これらの公称資本総額は十四億余に達し，国内産業の主要部分を占め」ていた（『満州日日新聞』1939年3月27日）。

III. 満州における開発型国家システム構築の説明

本章の後半では，満州において pilot agency と特殊会社制度が設立された理由についての説明を試みる。そして，満州のケースを通じて制度構築に関する3つの仮説の妥当性を検証する。

(1) 集合行為理論

集合行為理論によると，制度はアクターが相互利益を得ることを可能にするために構築される。この理論は，アクター間の信頼の欠如，ただ乗りの問題，高い取引費用，監視・執行機関の不在などといった理由から，集合行為を組織することは非常に困難であると考える。各アクターは自己の利益を最大化しようとするため，これらの集合行為の問題を克服するのは容易ではない。集合行為理論は，制度を集合行為問題に対する対策の1つであると考える。制度に付随した規則や取り決めによって，アクター達は不確定要素を減らし，監視・執行のメカニズムを得，取引費用を削減することができ，集合行為をとることで相互利益を得ることができるというのである。

実際，満州国建国当時の満州経済にはいくつかの集合行為問題が存在し，経済システムが正常に機能することを妨げていた。満州は各種資源に恵まれた土地であったが，満州事変以前の産業活動は非常に限られたものであった。17世紀に清国を樹立した満州族は，祖先の地である満州に漢民族が立ち入ることを禁じていた。そのため長年にわたって，満州の人口は少なく，経済的にも未開発の地となっていた。満州国が建国された1932年の満州の人口は，約132万人であったが，1920年にはその半数強（約85万人），そして1911年にはわずか55万人程度であった（関東庁 1937，26頁）。また，満州国建国以前は，教育水準も非常に低かった。1915年の就学児童はわずか490名しかおらず，1918年まで中学校は存在しなかった（1935年の就学児童数は46,504名，同上，667頁）。その結果，満州では熟練工の不足が深刻で，工業化の足かせとなっていた。1927年当時，日本には53,680の工場があり，200万人以上の労働者がいた（日本統計研究所 1958，56–8頁）。ところが，満州の工場数はわずか486で，労働者も44,636名しかいなかった（関東局 1937，365頁）。さらに1927年の日本の工業生産額は約69.5億円で

あったが（日本統計研究所 1958, 58頁），満州は1.6億円程度であった（関東局 1937, 333頁）。その上，金融制度も未発達であったため，慢性的な資本不足を起こしていた。1920年当時，日本には銀行が2,144行存在し，融資総額は約17.4億円（日本銀行 1966, 194頁）に上ったが，満州の銀行はわずか21行で，融資総額も1.8億円あまりであった（関東局 1937, 629-30頁）。

満州国建国以前の満州経済が未発達であった理由の1つは，社会的・経済的な不安定さがある。当時，満州の地には統一貨幣制度，教育，治安といった公共財を提供できる安定した統治体制が欠如していた。1912年に清国が滅亡すると，張作霖などの軍閥が各地を統治したが，こうした公共財を提供する責任を担う者はいなかった。つまり，各アクターがただ乗りしようとしたため，集合行為がなりたたなかったといえる。

満州の治安悪化の一因には，清国滅亡後増加した漢民族の移住がある。この時期，漢民族が耕地を求めて大勢満州に移住した。満州の人口は，1911年に547,145人だったものが，1920年には845,233人，1926年には1,058,851人と，わずか15年で2倍近くにまで激増した（関東局 1937, 26頁）。「かくて清朝天領の地と目された満蒙は，完全に漢民族の植民地と化するに至った」（『満州国史 各論』1970, 74頁）。そして移住してきた漢民族の間から，軍閥が生まれ，各地を統治したが，彼らは領土を巡って戦闘を繰り返し，満州は非常に不安定な状態に陥った。

社会的不安定は，治安の悪化を招き，満州における経済活動を困難で危険なものにしていた。満州各地で武装した盗賊が多数存在し，商店や民家などを襲っていたが，軍閥は効果的な取り締まりを行わなかった。この当時，奉天（遼寧）省には推定で約30,000の盗賊が，吉林省には約10,000，熱河省には約14,000，黒龍江省にも数千の盗賊がいたという（武藤 1988, 158頁）。

さらに，各地の軍閥らはそれぞれの領地で独自の通貨を流通させたため，商取引は混乱していた。1932年まで満州には統一通貨が存在せず，少なくとも8つの通貨が流通していた[10]。そのため，地域間で取引をするには逐一両替する必要があり，商取引のコストが非常に高かった。これらの理由から，満州経済は深刻な停滞状態にあった。

---

(10) こうした通貨には奉天票，吉林官帖，黒龍江帖，哈爾濱大洋票，熱河官帖などがある。

1932年に設立された満州国政府の最重要課題には，統一通貨制度を導入することと，盗賊の被害を抑えることがあった。1932年6月，満州国政府は新通貨制度（円）とそれを管理する満州中央銀行を創設した。政府は国民が持っていた既存通貨を新通貨もしくは銀と交換し，通貨制度を統一した。さらに民政部に警察司を，各省には警察庁を設置し，日本の警察制度を基にした新しい治安維持制度を導入した。満州国警察は関東軍と協力して，盗賊の一掃に力を注いだ[11]。また政府は，必要であれば警察官が盗賊をその場で処刑することを認めるなど厳しい罰則を設け，治安向上を図った（武藤 1988, 164頁）。

つまり，軍閥に支配された満州では，統一通貨制度や治安などといった公共財を提供するものがなかった。そのため長い間満州経済は停滞していた。ただ乗りや信頼の欠如や高い取引費用などといった集合行為問題のために，軍閥は協力して公共財を提供することができなかったと言うことができる。したがって，関東軍によって設立された満州国政府は，満州にいるアクターが協力して公共財を提供すること可能にすることを目的としてつくられたと考えることもできる。

関東軍の文書の中には，軍がこうした公共財の提供を真剣に考えていたことをうかがわせるものがある。関東軍参謀部が作成した「満蒙ニ於ケル占領地統治ニ関スル研究」には，占領統治の重要課題の1つとして「占領地ニ善政ヲ施シ治安ヲ確保シ且産業交通ノ開拓ヲ図リ以テ支鮮蒙其他満州在住各種民族ノ福祉ヲ増進シ真ノ安楽境トシ共存共栄ヲ図ルコト」をあげている[12]。また同文書は，「金融ヲ統制シ通貨ヲ確定シ且交通産業ノ開発ニヨリ民衆ノ富力ヲ増シ財源ノ増収ヲ図ル」[13]ことの必要性も強調している。さらに，満州国政府が1933年に公布した「満州国経済建設綱要」は，「経済建設の究極の目的」を「国民大衆の経済生活を豊富安固ならしめ其の国民的生活を向上し我が国力を充実し併せて世界経済の発展に貢献し文化の向上を図り以て建国の大理想たる模範国家を実現する」こととしている[14]。

---

(11) 当局に逮捕された盗賊の数は1925年には38件だったものが，1935年には1,065件に増えた（関東局 1937, 737頁）。

(12) 関東軍参謀部「満蒙ニ於ケル占領地統治ニ関スル研究」1930年9月（角田順『石原莞爾資料　国防論策』原書房 1967, 53-6頁）。

(13) 同上。

表3－1　満州における主要工業製品生産額の推移
(1925〜35)

	工業生産額	工場数	綿糸	鉄鋼	銑鉄	電力
1925	100.0	100.0	100.0	100.0	100.0	100.0
1926	101.6	103.2	401.9	150.0	152.2	114.5
1927	137.3	103.3	90.1	125.0	202.2	133.4
1928	140.3	112.8	319.6	137.5	229.7	154.3
1929	122.8	118.0	492.2	212.5	226.6	172.4
1930	100.6	124.4	242.8	233.8	271.5	186.9
1931	87.0	130.6	118.7	158.8	287.8	205.6
1932	119.4	141.0	194.3	197.5	380.0	214.0
1933	116.0	159.5	207.9	338.8	454.5	252.2
1934	140.7	186.4	529.4	353.8	490.6	313.0
1935	187.5	200.0	771.8	254227.5	631.7	562.8

*　1925年の生産額を100とする。
**　出所：関東局 1937, 333頁。

実際に，日本占領下の満州は，急速に工業化した。建国後わずか4年の間に，いくつかの産業では劇的な生産力の拡大がみられた。特に鉄鋼，石炭，電力，硫安などの生産は飛躍的に伸びた。例えば，銑鉄の生産は1931年には342,000トンだったものが，1936年には648,000トン，石炭は9,232,000トンから11,031,000トン，硫安（化学肥料の原料）は28,000トンから181,000トン，塩の生産405,000トンから785,000トンへと拡大した（鈴木 1992, 186頁，さらに表3－1を参照）。

集合行為論の問題点

このようにみると，満州国の政治経済制度は集合行為問題を克服することを目的につくられたとみることができるように思われるが，集合行為論に基づいた仮説にはいくつかの深刻な問題点がある。第一の問題点は，制度構築の動機に関するものである。満州国に設けられた新しい経済制度は急速な工業化を可能にし，所得や雇用の増加を通じていろいろなアクターを利する結果になったのは事実である。しかし，多くのアクターが利益を得たからといって，その制度が必ずしも相互利益の実現を目的に設立されたとは言えない。結果すなわち動機という説明には問題がある。また満州国の経済システムの利益は，平等に分配されたものではなかった。最大の受益者は当然日本人であった。満州で生産された製品の大部分は日本に輸出され，日本から満州には製造機械などといった生産財が多数輸出された。日満間の貿易額は急激に増加し，満州の輸出額の70％，輸入額の40％を対日貿易が占めた（鈴木 1992，186頁）[15]。日満貿易が日本に大きな利益をも

---

(14)　『満州国史　各論』1970, 397頁。

たらしたのは言うまでもない。さらに以下で述べるように，関東軍は満州を国防関連物資の供給基地と日本製品の輸出市場にしたいと考えていた。満州の産業政策が最重要視したのは，鉄鋼，石炭，自動車，飛行機，化学工業など国防に直結した産業であった。関東軍は満州の豊富な資源，安価な労働力，広大な領土を戦略的に利用しようとする明確な意図を持っていた（本書75-76頁参照）。満州の経済成長によって他のアクターが利益を得たのは事実であるが，それはあくまでも関東軍が自らの利益拡大のために制度構築した結果生じた副産物でしかなかったのである。

　第二の問題点は，満州国で政策決定過程に関与することができたのは，ほんの一握りのアクターだけであったということである。特に関東軍の権力は，他のアクターを遙かにしのぐものであった。満州国建国の理念には「五族協和」が謳われていたが，満州政治を支配していたのは事実上関東軍であった。総務庁長官を務めた星野直樹は満州国の政策決定過程を以下のように説明している。「満州国の政治の中心は，いうまでもなく国務院会議であった（中略）政府の仕事はその種類を問わず，また大小にかかわりなく，ことごとく国務院会議によって決せられてはじめて，動き出す仕組みになっていた」（星野1963，44-45頁）。さらに国務院会議の議案は「各部の次長，あるいは総務司長（すなわち日本人の代表者）からなる予備会議を招集し」た水曜会議と呼ばれる会議から提出されていた」（星野1963，45頁）。水曜会議の出席者は，「総務長官を中心とし，各部の日本人次長，総務司長および総務庁の次長および法制局長よりなっていた」，またこの会議には「軍政部の最高顧問をしている日本軍人と，関東軍の参謀一人が出席することも，例となっていた」（同上，46頁）。これら軍の代表は，会議において関東軍の見解を提示し，必要に応じて政策決定に干渉していた。星野によれば，「満州国の真の実力者である関東軍の意思がここで表示され，これを参照として協議が進められるので，ここで決定したことはそれだけ，容易には動かしがたいものであるという印象を与えた（中略）したがって法律上の根拠もなく，名称も決まっていない会議であったが，事実

---

(15)　満州経済が，その後の日本をおよび戦後の東アジア経済と同様に輸出主導型モデルであったことは，特筆すべき事実である。これは，満州の経済システムが東アジアの開発型国家システムのプロトタイプであったと本研究が主張するもう1つの理由でもある。

上，その開催日にもとづいて水曜会議と呼ばれ，満州国政治行政運営の大きな中心をなすにいたったことも，また否むことのできない事実であった」（同上，46頁）。このように関東軍は満州政府の政策決定過程に対して，強大な影響力を持っていた。

ある１つのアクター集団が政策決定過程を強力に支配している場合，果たしてその集団がわざわざ他のアクターにも利するような制度をつくるであろうか。集合行為理論は，この問いに対して説得力のある答えを提示することができない。それは，この理論が１つのアクター集団に権力が集中した状況を想定しておらず，政策決定過程にはほとんどのアクターが影響を与えることができると考えているからである。しかし多くの場合，権力は一握りの人物・集団によって独占されており，満州国もその一例である。一極集中した権力構造の下では，権力を独占したアクターの意向がその他のアクターの意向よりも優先されるのは当然のことである。また他のアクターの利益拡大を考慮するような利他的なアクターはあまり存在しない。むしろ，国家全体にとっては不利益をもたらすような政策でも，自己利益を拡大するようなものであればそのような政策を選ぶアクターの方が多く存在する（例えば Bates 1981 の熱帯アフリカ地域の研究を参照）。したがって，アクター間の権力構造を無視した集合行為理論には，理論上の問題があるといえる。

最後に，この仮説ではなぜアクターが開発型国家システムを選択したのかが説明できない。同システムは確かに満州の工業化につながったが，政策決定者にあった選択肢はそれだけではなかった。単に集合行為問題を克服することが目的であれば，別の選択肢でも目的は達成されたはずである。例えば，当時の日本で普及していた自由主義市場経済システムやすでにソビエトで導入されていた社会主義システムでも，同様の目的は達成されていたかもしれない[16]。これらのシステムではなく，開発型国家システムが選択された理由を探るには集合行為問題以外のファクターに注目して分析する必要がある。

(2) 権力構造の仮説

権力構造に注目した合理的選択論の仮説は，集合行為理論とは違った視

---

(16) ソビエト経済の躍進については，第４章で詳述する。

点から制度構築過程を説明する。この仮説は，個々のアクターが自らの利益を最大化しようとする行為に注目する。この仮説によると，最も強大な権力を持つアクターが自らを利するような形で制度を構築する。すなわち，制度はアクター間の対立と競争の副産物であるという。さらに，最も強力なアクターと他のアクターとの権力の差が大きければ大きいほど，制度構築過程の結果は最も強力なアクターの意向に近づいたものになると考えられている。つまり，制度構築はアクター間の権力構造を反映したものとされる。

権力構造の仮説は，経済効率にのみ注目する集合行為理論よりも説得力のある説明を提示する。権力構造の仮説は，制度構築過程の政治的背景に注目する。日本の支配下にあった満州では，権力の不均衡が顕著にみられた。制度構築に大きな影響を与えた政治的背景を無視した集合行為理論の仮説には大きな問題がある。

満州における制度構築過程に影響を持っていたアクターは，関東軍と日本人官僚らであった。その中で関東軍の影響力は突出して強大であった。日本人官僚らは，関東軍の満州国建国計画をサポートし，行政業務を請け負ったが，重大決定には関東軍の意向が最優先された。このように関東軍と他のアクターの間に大きな権力の不均衡があったことから，満州の制度構築過程を説明するには，関東軍の意向を無視することはできない。

関東軍の将校らの最重要問題は，母国日本の防衛であった。彼らは満州を経済統制下におき，急速に工業化を進め，国防に直結した物資の供給基地にすることを意図していた。関東軍が作成した当時の文書をみると，関東軍の将校らは満州の戦略的重要性と豊富な資源について大きな関心を持っていたことがわかる。関東軍参謀本部の板垣征四郎大佐が1931年に作成した「軍事上より観たる満蒙に就いて」と題された文書には，満州の戦略的重要性について以下のような記述がある。「満蒙の資源は頗る豊富にして国防資源として必要なる殆ど凡ての資源を保有し帝国の自給自足上絶対必要なる地域なることが明瞭であります。」[17]また，満州事変の2年前に作成された別の文書には，関東軍のとるべき方策を以下のように述べている。「将来戦ニ亘リ速ニ満州及蒙古ノ一部ヲ占領シ之ヲ完全ニ我勢力下ニ置キ

---

(17) 板垣征四郎『軍事上より観たる満蒙に就いて』1931年3月（小林龍夫・島田俊彦編『現代史資料7 満州事変』みすず書房，1964，142頁）。

以テ対外長期作戦ノ為メ資源其他ニ関シ確固タル策源地ヲ獲得スルコト。」[18]さらに，関東軍は満蒙に対して，「帝国の国防資源たる鉄，石炭，頁岩油，羊毛，綿花，アルミニューム，マグネシウム，パルプなどは成る可く速に増産方針を確定する」ことを画策していた[19]。

そして，こうした目的を達成するために，関東軍の将校らは経済統制のシステムを構築することが不可欠であると考えていた。例えば，関東軍参謀の石原莞爾中佐は1929年の時点にはすでに統制経済の必要性を論じていた。石原が作成した『関東軍満蒙領有計画』には，「産業は大体自然の発展を待つと雖も戦争の為満州経済界の受くる影響を予め研究して対策を計画し必要の統制は総督に於て之を行はさるへからす」[20]と記されている。その4年後の1933年に，関東軍の指導により満州政府が公布した満州経済政策のガイドラインとも言える「満州国経済建設綱要」は，政府の方策として経済統制の必要性を以下のように明示している。「国内賦存の凡ゆる資源を有効に開発し経済各部門の綜合的発達を図る為重要経済部門には国家的統制を加へ合理化方策を講ずる。」[21]

つまり，関東軍が満州国の経済システムを構築するにあたって意図していたのは，満州の住人が相互利益を得ることを可能にする制度をつくることではなく，日本の防衛のために満州を産業基地にすることであった。換言すれば，関東軍が支配していた満州の権力構造下で行われた制度構築過程は，関東軍の意向を全面的に反映したものになったと考えることができる。

権力構造の仮説の問題点

関東軍が満州を日本のための物資供給基地にしたいと考えていて，そのために満州に経済統制のシステムをつくることを計画したことは事実であ

---

(18) 関東軍参謀部「満蒙ニ於ケル占領地統治ニ関スル研究」1930年9月（角田『石原莞爾資料 国防論策』1967，53頁）。

(19) 板垣征四郎『板垣高級参謀の情勢判断』1932年4月，5月（小林・島田編『現代史資料7 満州事変』みすず書房，1964，176頁）。

(20) 石原莞爾『関東軍満蒙領有計画』1929年7月（角田『石原莞爾資料 国防論策』1967，44頁）。

(21) 満州国政府「満州国経済建設綱要」1933年（『満州国史 各論』1970，397-98頁）。

る。そしてpilot agencyと特殊会社制度は、関東軍の統制強化と目的達成に貢献し、既存の権力体制を維持するような制度であったのも確かである。したがって、アクター間の権力構造は、制度建築に重要な影響を与えるファクターであると言っても問題ないだろう。しかし、権力構造の仮説にはいくつかの問題点があるのも事実である。この仮説だけでは説明できない点も多く、それ以外のファクターが影響したと考えられるのである。

関東軍が強大な権力を持っていたのは前述の通りであるが、同時に関東軍が他のアクターに対して妥協した事例も多々みられる。満州の開発型国家システムの制度発展過程にも、関東軍が妥協した結果が反映されているのである。これは、他のアクターが関東軍に対して妥協を強いるような権力を持っていたからではない。それよりむしろ、他のアクターが関東軍に対して政策転換を受け入れるよう説得する能力を持っていた結果であると考えることができる。また関東軍は政策・行政・経営に関する専門知識を持っていなかったために、経済システムをつくり上げるにあたって他のアクターに依存せざるをえなかったことも、関東軍が妥協を受け入れた理由である。このようなアクターには、官僚と企業経営者がいた。以下ではそれぞれのアクターがどのように制度構築過程に影響を与えたかについて検証する。

関東軍と官僚

満州国の運営と経済計画の遂行にあたって関東軍は、日本から呼び寄せた若い官僚達に大きく依存していた。満州国政府内の日本人官僚の数は1930年代半ばごろから急速に増加した。満州産業の開発と経済成長計画の作成と実行には、実務経験豊富な官僚の知識が不可欠であったからである。そこで、関東軍は日本政府の各省庁に対して有能な官僚を満州に出向させるよう要請した。この要請に多くの官僚が応じ、満州に渡ってきた。これらの官僚達は若手中心であったが、渡満後は満州政府の要職に就いた。こうした官僚の一例を挙げると、産業部次長に就いた岸信介（元商工省工務局長）、総務庁長官の星野直樹（元大蔵省国有財産課長）、実業部鉱山課長の椎名悦三郎（元商工省産業合理局）などがいる[22]。

これらの若手官僚は、満州における政策決定過程で重要な役割を果たし

---

(22) カッコ内の肩書きは、渡満前のもの。

た。特殊会社の事例では、関東軍は自ら掲げた政策を、官僚の要請にしたがって撤回している。前述のように、官僚は政策決定にあたって、関東軍の承認を受ける必要があり、その権力は限定的なものであった。しかし関東軍は官僚の行政能力抜きでは、満州政府を運営することはできなかった。したがって、関東軍は官僚の要請（特に政策の詳細部分に関連して）を受け入れることがしばしばあった。つまり満州政府内で、関東軍と官僚の間に役割分担があったといえる。前者が政策の根幹部分を決定し、後者が詳細部分を決めて、その実行に従事したのである。

当時の日本人官僚らは、こうした状況を裏付けるような証言をしている。第一に、後に総務庁長官を務めた星野直樹の証言をみていこう。星野が財務部にいたころ、同僚らと共に1934年度の国家予算作成にあたっていた。その作業の途中、星野らは関東軍が導入を予定していた税政策に重大な問題を発見した。関東軍の計画では、地方政府に土地税と商業税の徴収を委託することになっていた。これらの税金は中央政府の重要な収入源であったため、星野ら財務部の官僚はこの計画が政府の財政政策を危うくしかねないと危惧した。星野は関東軍参謀本部の板垣征四郎少将と面会して、同計画の撤回を訴えた。星野の話を聞いた板垣は、「実はこのことは、満州国の大きい善政として、自分が発表したものなのだ（中略）それを、発表して後いくばくもなく取り消すというのは、関東軍の面目上も困るし、将来、満州の人を引っぱっていくうえからいっても、面白くない。せっかくだが困る」（星野1963, 77頁）と述べて、星野の要請を断った。

しかし星野は、関東軍の案が満州国に悪影響を及ぼしかねないことを粘り強く説明し、板垣に対して翻意を促した。長時間の議論の結果、ついに星野は板垣を説得することに成功し、板垣は以下のように述べた。「よしわかった。君に負けたよ（中略）これからは君たちがやってくれるのだ。君がそれがよいと信ずるなら、その信念に従ってやってくれればいいよ。僕はいさぎよく撤回する。そして君の案に協力するよ」（同上, 78頁）。これによって財政部の官僚らは、満州国の税収体制の弱体化を防ぐことに成功したのである。この証言から、官僚が関東軍の意向に反する要望を行った際に、関東軍がそれを受け入れることがあったとわかる。これは決して官僚が強い権力を持っていたわけではない。政治的影響力の点から言えば、関東軍にとって、こうした要望をはねつけることは難しいことではなかった。にもかかわらず要望を受け入れたのは、関東軍が官僚の行政能力に依

存していたことと，官僚が関東軍を説得する能力を持っていたからであると言えるだろう。

関東軍の官僚に対する柔軟な対応を物語るもう1つの証言は，産業部次長などを務めた岸信介のものである。岸は1936年に商工省の局長職を辞して，満州へ渡った。渡満後，当時関東軍参謀長であった板垣征四郎少将と会談した際に，岸は板垣に対し，満州における産業開発を主体的に指導する意欲を伝え，軍に盲従するつもりはないと述べた。岸によると，以下のようなやりとりがあったという。

> 私は日本を食いつめて満州へ来たわけではない。満州の産業経済の確立ということが，満州統治の上から大事であるのみならず，日本国民にとっても大事である。それを軍人が操ってゆくというのは誤りで，軍人はもう少し満州建国の精神に基づいて，満州の統治の基本を握るとか日本の国防の見地から満州の安全を守ることをすべきであって，経済やソロバン勘定をするべきではない。私はそういうことで大学を出て勉強してきているのだから，軍人さんがどう言っても，主要な満州国の統治の問題とか，政治の基本的な問題ではご相談にくるし，ご指示を受けるけれど，産業経済については任してもらいたい。それがまかされんということならば，そして関東軍が右向け左向けということであれば，私は適任ではないから，誰か代わりのものをよこしてもいい（岸1981，28-9頁）。

当時関東軍の中心人物であった板垣少将[23]は，この岸の挑戦的な発言に対して，「君に来てもらったのは，産業経済の問題は君にまかせるつもりなのだから，そのつもりでやってくれ」と答えたという（同上，29頁）。その後板垣は岸との約束を守り，岸らは満州国産業開発5カ年計画の実行にあたってほぼ自由な裁量を与えられ，計画を実行する上で軍の干渉はほとんどなかったと岸は証言している（同上，29頁）。政府の人事権を掌握してい

---

(23) この当時の関東軍の柔軟な姿勢には，板垣少将の寛容な人格も少なからず影響していたと考えられるが，後述するように1937年に板垣が満州を離れた後も，関東軍は官僚と協力体制を維持し，官僚から提示された政策案を受け入れていた。

た関東軍には、自らの意向に従わない官僚を排除する力があったが、関東軍が官僚の行政能力に依存していたため、官僚に妥協して彼らの要請を受け入れたり、自由裁量を与えたりしたのである。

関東軍と企業家

　さらに、関東軍は官僚に対してだけではなく、企業経営者に対しても柔軟な対応をみせた。ある事例においては、企業経営者が提示した政策案が、軍の利益に反すると判断したにもかかわらず、軍が掲げた国家経済の原則を撤回してまで、その政策案を受け入れている。こうした軍の柔軟姿勢を明らかにするため、本節では特殊会社制度の事例について詳しく検証してみたい。

　前述のように、特殊会社制度は満州開発型国家システムの根幹的制度の1つである。同制度の構築にあたっては、当初関東軍の意向が強く反映されていた。これは権力構造の仮説が指摘するとおりである。関東軍は各企業を厳しい国家統制下におくことを目的として、企業経営に対する国家の介入を義務づけた特殊会社制度をつくった。さらに、各業界における企業数を1社に制限することで、産業統制を容易にしようと考え、「一業一社」原則[24]を導入した。1933年に採用された「満州国経済建設綱要」には、同原則を産業統制方針の1つとして以下のように規定している。「交通、通信の重要事業、国防関係事業、経済上重要基礎産業等は原則として一産業一企業主義によって統制開発を図りこれ等は特殊法人として政府の指導監督下に置く」（東京日日新聞1936年9月2日）。この原則は、企業数を制限し、無駄な競争を防止することにより、不足しがちな物資を1社に集中させる目的もあった。しかし関東軍の強大な権力にもかかわらず、特殊会社制度は必ずしも関東軍が意図したとおりには発展しなかった。

　1930年代半ばごろ、日本人の若手官僚らは、満州経済の現状と可能性を調査し、満州産業開発5カ年計画の実行に着手しようとしていた。産業部次長であった岸信介とその部下らは、民間投資と民間による企業経営を抜きにしては、5カ年計画の目標達成は不可能であるという結論に達した。その理由は、満州経済が2つの大きな問題を抱えていたからである。第一の問題は、満州経済が深刻な資金不足に陥っていたことである。1930年代

---

　(24)　「一業一社」の原則については、本章82-83頁で詳述する。

初頭，世界恐慌のあおりを受けた日本は長引く不況に苦しんでいたため，満州が魅力的な投資先として投資家の注目を集めていた。しかし，1930年代半ばに入って日本経済が持ち直すと，満州に投資する投資家は減少した。したがって，5カ年計画の実行に必要とされた巨額の資本を調達することは困難な状態であった。第二の問題は，満州に経験豊富な企業家がほとんどいなかったことである。関東軍が財閥を敵視していたため，日本の大企業はほとんど満州に進出していなかった。唯一の例外は満鉄の経営者であったが，彼らは5カ年計画の最重要分野であった重工業や軍需産業などには精通していなかった。

　こうした理由から岸は，5カ年計画は満州経済の現状を踏まえて修正する必要があるとの確信を持つに至った。岸が考えていた最大の修正点は，計画遂行にあたって日本の企業家の力を借りることであった。特に外部からの資金調達にあたって，経験豊富な企業経営者が貢献できるところは大きいと岸は考えていた。当初，関東軍は日本の企業家を満州に招くことに難色を示していた，それは関東軍が財閥の影響力が満州に拡大することを嫌っていたからである（『満州国史 各論』1970；星野 1963を参照）。岸は満州に招く企業家をいわゆる「新興財閥」に限定することで，この問題を乗り切ろうと考えた。一般の財閥には汚職や不正行為などで腐敗しているというイメージが強かったが，創業間もない新興財閥はそれほど悪いイメージはなかった。多くの候補者の中から，岸が選んだのは日産コンツェルン[25]の創業者である鮎川義介であった。岸は，総務庁長官の星野直樹と関東軍参謀の石原莞爾らとともに，日本にいた鮎川を何度も訪ね，満州に来てくれるよう依頼した。

　鮎川は，5カ年計画の草稿を部下に調べさせたところ，鮎川の部下は以下のように述べたという。「この計画は資源のたらいまわしで，各品目別の生産力拡充の問題に横の連携に乏しく，かつ実施上のタイミングが不備」である。さらに，「学者が書いた机上の空論」だとその欠点を指摘した（鮎川 1965, 324頁）。鮎川は満州経済に幾ばくかの不安を持ってはいたが，

---

(25)　鮎川は1928年に久原鉱業の社長となり，同社を日本産業（日産）と改名し，その後企業買収などを通じて日産を急速に拡大させた。1930年代後半には，日産の規模は三井財閥や三菱財閥などを凌駕するほどにも成長した。

満州政府と関東軍から最大限の支援の確約を得たことから，最終的には日産の大部分を満州に移設することを決心した。1937年，鮎川は日産と在満企業数社を統合し，大規模な企業コングロマリットである満州重工業株式会社（満業）を設立した。

1936年に鮎川が初めて渡満した際，鮎川は関東軍の将校らと会見し，5カ年計画の欠点（特に業界間の連携の欠如）を指摘していた。鮎川は，同計画にある「一業一社」の原則は絶対に撤回する必要があるとし，すべての産業をピラミッド型の下請け体制の下に統合しなければならないと主張した。これに関して，鮎川は「満州のような広大な地域で，資源を開発し産業を興こすには，2つの方式がある。個々別々の各業主義でいくライン式と，総合的なピラミッド式である。普通考えられるのがライン式で，満州国の特殊会社制度もこれに属する。この際，従来の独立した一業一社のライン式の考え方を思い切って捨ててしまい，ピラミッド式に総合的な形で資源開発するのでなければ不可である」（『満州国史 各論』1970，547頁）[26]と述べている。彼はまた自動車や飛行機といった高度な産業を育成するにあたっては，同時に部品メーカー，整備工場，道路・飛行場管理施設といった関連産業を育成する必要があることも指摘した（鈴木1992，269頁）。

関東軍が当初鮎川の提案に強く反対したのは，以下のような理由からである。第一に，業界内の企業数を増やすことで国家の統制能力が弱体化しかねないと危惧したからである。当時こうした意見を持っていたのは，植田謙吉関東軍司令官や東條英機参謀長がいた（『満州国史 各論』1970，549頁）。第二に，関東軍将校の間には財閥に対する反感があり，新興財閥・日産の経営者である鮎川の提案を快く思わない者がいたからである。鮎川の日産は新興財閥と呼ばれ，伝統的な財閥とは区別されていたが，鮎川も将来的には普通の財閥と同じように振る舞うのではないかと危惧する向きがあったという（『満州国史 各論』1970，549頁）。つまりは，強大な力をもつ財閥のような存在が満州に現れることを回避する意図があり，強力な統制体制を維持するべく一業一社原則の撤回に反対したと言えるだろう。

こうして関東軍は鮎川の提案に対して強く反対したものの，結局はその提案のほぼ全てを受け入れた。そのため，特殊会社制度の発展過程は，こ

---

(26) このような統合的な企業ネットワークは，戦後の系列システムの基となった。

の関東軍の妥協を反映したものとなった。満州政府の政策転換は，1939年初め頃からみられるようになった。例えば，1939年1月12日に政府は，木材パルプの生産拡大計画を発表したが，同計画では一業一社原則を転換することを表明している。当時の新聞記事によると，政府は「満洲国政府は日満パルプ増産計画の一環として満洲国側の負担すべき木材パルプ割当不足量二十三万噸の生産方策については当初の単一国策会社設立を一擲して（一）鐘紡と日本国策パルプ（二）王子製紙（三）人造繊維と製紙聯合会の三社併立の企業形態に改めることに決定」したとしている（『中外商業新報』1939年1月13日）。また同年3月に掲載された満州日日新聞の記事「満州国特殊会社の全面的再検討」によると，「一般」からの要望に対して政府が政策転換に着手したことが伝えられている。

> 満洲国政府は建国以来経済建設の根本方針として高度の統制経済を実施し，国防若くは公私公益的性質を有する重要産業は悉く公営または特殊会社をして運営せしめ，各態企業の一事業一系統主義による経済統制を行って来た（中略）満洲国における特殊会社の特異性に対し著しくその実体に副わざる憾みありこれが根本的是正を目指して特殊会社制度の再検討並に商法特に株式会社法の修正が一般から強く要望されるに至った，よって政府でも産業部経済部，司法部及び企画処等関係当局に対し特殊会社制度改善に対する具体案を夫々研究せしめている（『満州日日新聞』1939年3月27日）。

そして最終的に満州国政府は，以下の声明を発表し，一業一社の原則を撤回したのである。「特殊会社の一業一社の原則は，建設初期の公式としては，一応妥当であるが，事業の発展に伴ひ，相互の間に益々連携の緊密を要するに至り，綜合的経営の形式を採らざるを得ない。一業一社主義より，事業の有機的関連性あるひは地域的事業性に念を致し，真の産業開発の効果を挙ぐべきである」（菊池1939，7頁）。

つまり，関東軍は重要産業における民営企業の統制を図るために特殊会社制度を構築し，より強力な統制体制を築くために一業一社原則を導入した。しかし，関東軍はこの原則を撤回し，より柔軟な統制体制への切り替えを図った。特殊会社制度の事例検証が明らかにすることは，制度構築の結果は，強力なアクターの意向を直接反映したものではないということで

ある。つまり，アクター間の権力構造だけでは説明できない部分があるといえる。権力の点から言えば，官僚や企業経営者は関東軍には全く及ばない存在であった，しかし彼らには関東軍を説得する能力があり，彼らの意向を政策に反映することができた。関東軍の当初の意図に反しても，軍が官僚や企業経営者の要請を受け入れた背景を十分に説明するには，次節で述べるようにアクターの政策アイディアに注目して分析する必要がある。

最後に，権力構造の仮説のもう1つの重大な問題点は，集合行為理論の仮説と同様に，開発型国家システムが選択された理由を十分に説明できない点である。確かに開発型国家システムは，国家の産業統制を可能にするという利点があるが，統制強化の面から言えば，社会主義システムの方がより強力な統制体制を持っている。したがって，社会主義システムを導入した方が，関東軍としては既存権力構造の維持の点から考えても都合が良かったはずである。ではなぜ関東軍は，徹底した国家統制体制を導入しなかったのであろうか？　この問いに対して，権力構造の仮説では説明が難しい。次節ではこの問いに対する答えをアクターの政策アイディアに注目して提示することを試みる。

(3) 政策アイディアの仮説

第三の仮説は，政策アイディアに注目したものである。政策を決定するにあたって必要な情報を得ることは容易ではない。アクターは時に情報が不十分な状況下で，重大な決断を下すことを余儀なくされる。合理的選択論では，アクターは常に合理的選択をするのに十分な情報を持っていると仮定されているが，この仮定は現実的とは言い難い。政治情勢というものは，常に高い不確実要素をはらんでおり，アクターの情報収集能力も完璧ではない。そのため限られた情報の中で，アクターは何らかの政策指針に依存することで，状況を判断し，決断を下そうとする。こうした政策指針の働きをするのは，政策アイディアである。アクターがある政策アイディアを政策指針として採用すると，アクターはその政策指針に沿った政策決定を下すようになり，政策指針に反するような政策はアクターの選択肢から外れるようになる。したがって，制度構築過程はアクターの政策指針としての政策アイディアによって大きく影響されると考えられる。

この仮説はまた，新しいアイディアを生み出す「政策プロモーター（policy entrepreneur）」とよばれる人物にも注目する。政策プロモーターが新し

いアイディアを生み出す理由や，彼らのアイディアを一国の政策指針として採用される背景についても探る。本研究では，満州において新しい政治経済システムが生まれる過程で，政策プロモーターとして重要な役割を果たした2人の人物に特に注目して議論を進める。その2人とは，関東軍参謀であった石原莞爾中佐と，満鉄の経済専門家であった宮崎正義である。石原は関東軍による満州支配作戦を主導した人物で，満州国建国とその経済体制の構築にあたっても，中心的な存在であった。宮崎は経済の専門知識を活かして，石原のアドバイザーとして新国家の青写真作りをアシストした。

石原莞爾

満州における新体制建設のプロセスには，数多くの関東軍将校や日本人官僚らが携わったが，その中でも最も中心的な存在であったのが，関東軍参謀の石原莞爾中佐であった。石原は関東軍の満州占領作戦を主導し，満州建国後は専門家らを集めて新しい経済体制の計画・立案を指揮した。『満州国史』によると，「満州の産業開発計画が唱えられたのは，関東軍参謀から後に参謀本部の作戦課長に転じた石原莞爾大佐が初めて『軍事中心の国防から国力増進の国防へ』の方針転換を主張して以来のことである」(『満州国史 各論』1970, 528頁)。このように石原は，満州における新経済体制建設に多大な影響を与えた。そして後述するように，満州につくられた開発型国家システムは，石原らが作り上げた政策アイディアである「統制経済論」を具現化したものであるといえる。以下ではまず石原の生い立ちと経歴を探り，石原がどのような世界観を展開し，政策プロモーターとして新しい政策アイディアを構築するに至ったのかを検証する。

石原莞爾は1889年山形県鶴岡で生まれた。17歳で仙台地方陸軍幼年学校を卒業した後，陸軍歩兵少尉として歩兵第65連隊に配属された。そして2年間の朝鮮駐留の後，陸軍大学校へ入学した。石原は陸軍大学を次席で卒業し，恩賜の軍刀を授与されている。しかし石原は典型的な優等生という訳ではなかった，非常に剛胆な気質で，学習態度も真面目ではなく，教官などに対して異論を唱えたりすることもしばしばあり，「性粗野にして無頓着」と評されていた。こうした性格が災いし，軍人としての出世はむしろ遅い方であった。しかしその後，満州事変における輝かしい軍功により，英雄的な扱いを受け，軍の重要ポストに就任するようになった。そして彼

の大胆な行動と性格から，軍内部だけではなく一般人の間でもカリスマ的な存在となった。秦（1962）は石原を評して，スターリンやヒットラーに匹敵するようなカリスマ性を持った人物であったとしている[27]。

石原の世界観：最終戦争論

石原はドイツにおいて軍事戦略を学ぶ機会を与えられた。1922年から1924年にかけて，ドイツでの留学を通じて石原は自らの世界観を築き，後年それを『最終戦争論』という著書にまとめている。当時の石原の日記には，ドイツにおける行動が詳しく記録されており，彼がどのような思想形成を行ったかがうかがい知れる。ドイツ滞在中，石原はドイツ軍参謀本部やその他の重要な軍事施設を訪問したり，他のヨーロッパ諸国の将校や軍事専門家などと交流を重ねたりした。また，石原は戦争史や軍事戦略などに関するヨーロッパの最新の研究を学び取ろうと努力を重ねた。

留学中に触れた数多くの軍事理論の中で，石原の世界観に特に大きな影響を与えたのは，当時のドイツ軍事学における激しい論争であった。それはベルリン大学のハンス・デルブリュック教授とドイツ軍元参謀のエリック・ルーデンドルフとの間で起こった論争である。この論争の焦点は，ドイツ軍参謀の第一次世界大戦における戦略に関するものであった。ルーデンドルフは大戦中のドイツ軍の戦略を擁護し，デルブリュックは大戦中に戦闘の本質が変化したことにドイツ軍が適応できなかったことを痛烈に批判した。ペルシア戦争からナポレオン戦争に至るまでの研究を通じて，デルブリュックは戦争史を「殲滅戦略」と「消耗戦略」の2つの概念を使って分析した。デルブリュックによると，前者では戦闘における勝利が最も重要な目標であるが，後者においては戦闘における勝利以外にも外交など様々な手法によって政治的目標を達成するものである。デルブリュックによると，第一次世界大戦中のドイツ軍の戦略は攻撃戦術を重視した典型的な殲滅戦略であったが，それは決定的な過ちであった。なぜならば，当時

---

(27) 秦は「日本ファシズムは，ついに一人の独裁者をも生み出すことがなかった。そればかりでなく，『資本主義社会の命がけの飛躍』であった大戦争の操舵を預る指導者も持たなかった。しかし『厖大な無責任の体系』に貫かれた昭和ファシズム史のなかで，しいてその候補者を求めるとすれば，いぜん北（一輝）と石原はもっとも可能性をはらんだ存在であったと言っていい」と述べている（秦1962, 262頁）。

機関銃や塹壕といった守備戦術の発展により，戦術戦闘の本質が変化していたことから，ドイツ軍は消耗戦略を選択し，外交手段を使って英仏同盟の決裂を誘い，アメリカの宣戦布告を回避すべきであったと主張した。

石原は，デルブリュックの概念を応用し，自らの戦争史観を形成した。石原は戦争には2種類あると考えた。その1つを彼は，「決戦戦争」と呼んだ。これは殲滅戦略に基づいた戦争で，軍事的戦闘に勝利して，国家の政治的目的を達成しようとするものである。その最重要課題は，軍事力を用いて敵を完全に征圧することにある。石原によると，決戦戦争は国家間に勢力の不均衡が見られる場合，もしくは攻撃戦術が守備戦術に対して優位な状態にある時に起こるものであるという。このような状況下では，戦争は比較的短期間で決着がつく。

決戦戦争とは対照的な存在であるもう1種類の戦争は，「持久戦争」と呼ばれるものである。持久戦争においては，軍事力は戦争の唯一決定的な要素ではなく，その他の要素（例えば外交，経済力，技術革新など）によっても戦争の勝敗が決まる。持久戦争は，国家間の勢力が均衡状態にある時，もしくは守備戦術が優位にある時に起こるものである。こうした戦争は長期化し，戦場における戦闘だけではなく，外交，経済成長，技術革新，教育などといった様々な面での競争が，戦争の勝敗を分ける重要な要素となる[28]。つまり，国家の盛衰は軍事力だけではなく，非軍事分野での競争にも左右されるというわけである。

石原は，世界の戦争史は決戦戦争の時代と持久戦争の時代の繰り返しであったと考えた。石原によると，古代の戦争は決戦戦争が一般的であった。古代ギリシャ・ローマ帝国は強大な軍事力を背景に，周辺国家を併呑していった。ローマ帝国の政治的目的は，主に軍事行動によって達成され，外交や経済成長といった要素はさほど重要ではなかった。しかし中世に入ると，より小規模な国家の間で持久戦争が戦われる時代となった。戦争は国民皆兵の軍隊によって戦われるのではなく，傭兵を中心とした小規模な軍隊によって，限られた地域内での戦闘が長期間にわたって行われた。こうした戦争は，主に外交交渉を通じて終結するのが一般的であった。しかしこうした状態を大きく変え，決戦戦争の時代をもたらしたのが，フランス革命とナポレオン戦争であった。傭兵中心の軍隊が姿を消し，徴兵制度を

---

(28) 石原莞爾『戦争史大観』1929年7月4日（角田 1967, 35頁）。

基にした国軍が創設され，各国の軍事力の規模も大幅に拡大された。しかし，第一次世界大戦中の守備戦術の革新（塹壕・機関銃の発達）によって決戦戦争の時代は去り，再び持久戦争の時代が訪れた[29]。

　石原は，今後30年あまりのうちに日本はアメリカと決戦戦争を戦うことになるだろうと予測した。彼は，第一次世界大戦は欧米列強の間で戦われた持久戦争であったとし，それは西洋の覇者を決める戦いであったと考えた。この戦いにおいて，伝統的なヨーロッパの列強であったイギリスやフランスなどが衰退し，西洋の覇者としてアメリカが台頭したという。そして，彼は日本が近年中にアジアを支配し，東洋の覇者となると考えた。そして彼は，アジア諸国を日本のリーダーシップの下におく「東亜同盟」を築き，西洋の植民地主義者に共同で戦う必要があるとした。そして，最後には西洋の覇者であるアメリカと東洋の覇者である日本が，世界の覇者を決める人類最後の大戦争を戦うことになるであろうと予測した。

最終戦争論と統制経済論

　石原は，こうした世界最終戦争が起こるのは，新型の潰滅兵器とそれを無給油で世界中どこにでも運搬できる航空機が開発された後になると考えていた。そうした軍事技術の革新は，攻撃的戦略を優位にし，決戦戦争を可能にするからである。石原はそうした局面が訪れるには，まだ30年程度かかると考え，それまでにアメリカとの全面戦争に対する備えを進めることを強く訴えた。その間日本とアメリカは，消耗戦略を基にした持久戦争を戦うことになるとされた。上記のように，石原は持久戦争における競争は戦場における戦闘だけではないと考えていた。国家は，軍事力増強，経済力拡大，技術革新，外交などといった面でも競い合う必要があるからである。中でも，石原は日本にとって経済成長が特に重要であると考えた。経済力で劣る日本は，生産力を拡大し，軍需産業を育成し，自立した経済ブロックを確立する必要があると主張した。

　石原は国防の本質と国家経済の目標について次のように述べている。「今日は既に軍費が問題でなく国家の生産能力が事を決定する。」[30]そして

---

(29)　同前，36頁。
(30)　石原莞爾『戦争史大観』1941，230頁。石原の著書『戦争史大観』は，1941年に出版されたものであるが，これは1929年に長春において石原が同

「(日本とアメリカの戦争は)持久戦争であるから上述の軍需品の他，連盟の諸国家国民の生活安定の物資もともに東亜連盟の範囲内で自給自足し得る事が肝要である。即ち経済建設の目標は軍需，民需を通じて，統一的に計画せられねばならない。」[31]このように石原は，国防が経済発展と不可分の関係にあると考えるようになった。

　石原はまた，経済に対する国家統制の必要性についても強く訴えている。日本がアメリカと肩を並べるほどの経済力を手に入れるには，政府が成長の長期目標を定めたり，物資/資本の効率的な分配を行ったり，戦略的に重要な産業(軍需産業や鉄鋼など)の育成を行ったりといったことを積極的に行う必要があると考えた。つまり彼は，「古い欧米民主国家の自由主義と資本主義から，強力かつ効率的な国家統制体制へと移行」することを主張したのである(Peattie 1975, p.73)。そして国家による経済運営の目標について次のように述べている。「経済計画は，国民経済の各領域にわたって，その生産性を高めるとともに，均衡性を保ち得る精密なる具体的総合的計画でなければならぬ。かかる総合的計画の内容をなすものは，産業計画，貿易計画，物資動員計画，配給計画，交通通信計画，労務計画，金融計画，財政計画等であり，それぞれ国防計画を中心として，有機的な総合連関関係を保って作成せられるべきである」(石原 1986b, 183 - 4 頁)。こうした目標を達成するにあたって，「どんな事があっても必ず達成しなければならぬ生産目標を明示し，各部門毎に最適任者を発見し，全責任を負わしめて全関係者を精神的に動員して生産増加を強行する。政府は各部門等の関係を勇敢親切に律していく」必要があると主張した(石原 1986a, 282頁)。

　しかし，石原のいう経済統制とはソビエト型の徹底した国家統制とは異なる性質のものであった。彼はソビエト型の国家統制は日本においては有効ではないと考えていた。この点に関して，石原は以下のように述べている。「統制国家に於てはもちろん官の協力を必要とする。しかし協力は必ずしも範囲の拡大でない(中略)今日の如くあらゆる場面を全て官憲の力で統制しようとするのは統制の本則に合しないのみならず，我国民性に適合しない」(石原 1986b, 270頁)。石原は，公益優先の原則の義務づけは必

じ題名で行った講話を基にしている。
(31)　同前，255頁。

要であると考えたものの，多くの企業は民間経営者の手にゆだねるべきであると主張した。そして厳格な統制は，軍需産業，鉄鋼，石炭，重工業といった重要産業のみに限定されるべきと考えたのである。

石原の最終戦争論は，彼の世界観の根幹をなすものであった[32]。石原がその後日本において強大な権力を持つようになり，様々な改革を推し進めようとした際にも，日本を最終戦争に備えることを政策の最重要課題と考えていた。そして彼の経済政策の柱となっていたのは，民間企業活動を残した上での国家統制を通じた経済発展であった。そしてこの政策アイディアは，自由主義市場経済と社会主義経済を融合することを目的としたもので，後の統制経済論の原型となったのである。

政策アイディアの普及

石原の政策アイディアは，彼の著書や講演などを通じて幅広く普及し，様々な方面から支持を受けるようになった[33]。第一に，石原の政策アイディアは多くの若手エリート将校らに支持された。彼らの多くは，当時の日本の国防政策に不満を持っており，石原の野心的な政策アイディアをその解決策と考えたのである。ドイツ留学後，石原は陸軍大学の教官として2年間教鞭を執った。石原は欧州戦争史の授業を担当し，彼の講義は多くの学生に強い影響を与えた。「松村秀逸，片倉衷，今井武夫といった当時の陸軍大学の学生らは，後に将軍級にまで昇進し，陸軍の要職を占めた」(Peattie 1975, p.78)。中でも特に片倉などは，その後関東軍参謀本部で石原の下で勤務し，石原の満州国建国計画などをサポートした。さらに石原は，エリート将校らの会合にも参加し交流を深めた。このような会合に「一夕会」と呼ばれたものがあった。一夕会は佐官級の若手幕僚将校らで構成された陸軍内の会合で，軍の抜本的な改革の方策などを議論する場であった。一夕会のメンバーには，永田鉄山，板垣征四郎，東條英機，鈴木貞一[34]など

---

(32) 石原莞爾の弟である石原六郎は，石原莞爾にとっての「最終戦争論」の重要性について，「もし自分が兄・莞爾の墓標銘を刻むとすれば『石原莞爾は大正14年（1925年）に最終戦争論を発表し，昭和24年（1949年）に死ぬまでの彼の一切の思想，行動は，この歴史観に基づいていた』と書くだろう」と供述している（石原 1986a, 288頁）。

(33) 石原の著書『最終戦争論』は数万部を売り上げたという（石原 1986a, 98頁）。

後に陸軍の中心人物となった者が多くいた。また石原は「戦争史大観」を関東軍の参謀らに講義し，彼らと頻繁に会合を持った（野村 1992を参照）。

石原の政策アイディアが他の将校らに普及したことを物語る例として，片倉衷大尉[35]（陸軍参謀本部）を中心とした若手将校らが，1933年に軍の上層部に提出した「政治的非常事変勃発ニ処スル対策要綱」[36]という提言書がある。その中で，彼らは日本の政治体制の抜本的な改革を訴えた。その改革案は，外交，防衛，国内政治組織，経済，社会政策，報道統制，教育など幅広い範囲に及んでいた。国防に関して以下のように述べている。「帝国ハ其国国策遂行途上武力ヲ以テ之ヲ阻害スル国家ヲ膺懲ス 之ガ為米露英支ノ連衝的戦争ニ於テモ兵力ノ運用ニ依リ対応シ得ルノ軍備ヲ保持スルニ努ム。」[37]また今日の緊迫した政治情勢にあって，「国力ノ充実」を図り，「対外危機ニ応ジ得ルノ準備」をするにあたって，軍が「統制ヲ堅持シ革新ノ原動力トナル」[38]必要があると主張した。さらに国家経済の課題として「経済改新ハ国際経済戦ニ於ケル我国ノ優位ヲ益々向上スルコトヲ主眼」とし，「重要産業ヲ統制シ其ノ振興ヲ作ス」[39]べきであるとしている。こうした若手将校らの提言書には，全面戦争にむけた体制強化，経済の戦略的重要性，国家統制の必要性などといった石原の政策アイディアが明確に反映されているのがわかる。

第二に，石原の政策アイディアは満州と日本の経済専門家らにも浸透した。石原は1930年に満鉄調査部の職員の前で「戦争史大観」を講義し，その後も会合を重ね経済問題について意見交換をしている。満鉄調査部の経済専門家の多くは，石原の政策アイディアを支持するようになり，その後満州における開発型国家システムの構築を強力にサポートした。第三に，右翼運動家や民族主義者らの間にも，石原の政策アイディアが広がった。1925年ドイツ留学から帰国途中，ハルビンにおいて国柱会に招かれ「戦争

---

(34) 鈴木はその後企画院総裁（1941〜1943年）に就任し，産業統制を指揮した。

(35) 片倉は1930年に関東軍参謀本部に配属され，1932年に第12師団に転属されるまで，石原の下で勤務していた。

(36) 秦 1962, 312-21頁。

(37) 同上，317頁。

(38) 同上，312頁。

(39) 同上，318頁。

史大観」の講義をした。石原によると，最終戦争論を公の場で初めて披露したのがこの講演だったという[40]。石原はその後も国柱会との密接な関係を維持し，国柱会から多くの支援を受けた。さらに，石原は1939年に日中連携を主唱し「東亜連盟協会」を設立し，多数の民族主義者らの支持を集めた。このような組織の関係者の間で，石原はカリスマ的な存在となり，彼の世界観や政策アイディアが幅広く普及していったのである。

　最後に，石原は政治家や財界人の間にも交流を広げ，自らの政策アイディアを広めていった。石原と親しかった政治家には，近衛文麿，中野正剛，松岡洋右などがいる。さらに鮎川義介（日産コンツェルン代表），津田信吾（鐘淵紡績社長），池田成彬（三井財閥）[41]などの財界人らとも親しい関係を築いた（秦1962, 243頁）。

満州での石原

　石原が関東軍参謀本部に配属されたのは1928年，40歳の時であった。石原は作戦主任参謀に就任し，関東軍の作戦の立案を担当した。その当時中国東北部の各地域は，張学良といった軍閥によって統治されていた。石原は，日本が最終戦争に対して備えるにあたって，資源が豊富な満州を日本の直接統治下におき，それを一大産業基地に変える必要があると考えていた。石原と他の参謀らは，満州における日本の権益と戦略を2年の月日をかけて綿密に調査し，提言書を作成した。その中の1つとして1931年に作成された「満蒙問題私見」の中で，石原はアメリカの脅威に対峙するために，日本と満州と中国で構成する経済ブロック構築の必要性を訴え，満州の重要性について，その豊富な資源と労働力は「大飛躍ノ素地ヲ造ルニ十分ナリ」[42]と強調している。また，石原は満州の広大な土地がもう1つの

---

(40) 国柱会は元日蓮宗僧侶の田中智学によって設立された国粋主義を掲げる団体であった。田中は日蓮の教えと国粋主義を統合した思想を展開した。石原は1919年に田中と知遇を得，国柱会に入会した。石原の宗教観は，田中の思想に大きく影響されていた。石原の著書には日蓮の教えに関連した記述が多数ある。例えば石原は，日本にはアジア諸国と協力してアメリカを打破する天命があると考えていた。しかし石原の宗教観と経済問題は直接関連性がないので，本研究ではその点には言及しない。

(41) 池田は日銀総裁や大蔵大臣，商工大臣（第一次近衛内閣）も務めた。

(42) 石原莞爾「満蒙問題私見」1931年5月（角田1967, 77頁に所収）。

脅威であるソ連に対する緩衝地帯となると考えていた。石原にとって、ソ連のアジア地域への拡大も大きな懸念材料であった。そして、もしソ連が満州に進出した場合には満州はアジアにおける共産化の拠点となるであろうとし、そうなれば満州の安定は望むべくもなく、日本の安全も維持できなくなるであろうと述べていた (Peattie 1975, p.97)。このように石原は、持論である最終戦争論に基づいて、満州の日本の国防に対する戦略的重要性と満州支配の妥当性を強く訴えたのである。しかし国際的な批判を招くことを恐れた日本政府と帝国陸軍は、関東軍の拡大計画に強く反対した。だが石原の政策アイディアは急速に関東軍内に浸透し、軍内の支持を得た石原は、日本が最終戦争を戦う上で不可欠と考えた満州国建国実現に成功したのである。

宮崎正義

石原は軍事戦略の専門家ではあったが、経済問題に関する知識は限られていた。そのため、彼の理想を具体的な政策に体現するには、専門家の知識を借りる必要があった。そして石原が選んだのは、満鉄の調査部という組織にいた経済専門家達であった。彼らの支援を受けて、石原はアメリカとの最終戦争に備えるべく、新しい政策アイディアの下で日本と満州の経済体制を再構築する計画を立案したのである。石原を助けた専門家の中でも、特に重要な役割を果たしたのが宮崎正義という人物である。

宮崎正義は石川県金沢で1893年に生まれた。旧制中学を卒業した宮崎は、石川県から支援を受け官費留学生として中国東北のハルビンとロシアでロシア語などを学んだ。その後一旦帰国するも、満鉄が主催する留学制度から支援を受け、再度ロシアへ渡りペテルブルグ大学で政治経済学を学び、1917年に同大学を卒業した。石原莞爾については多数の資料があり、これまで多くの関連書などが出版されているが、宮崎に関連した資料は非常に限られていて、その存在も一般にはあまり知られていない。宮崎の日本経済に対する貢献が非常に大きなものであったことを認識している研究者は多々いるが[43]、宮崎に関する詳細な研究はほとんど存在しない[44]。戦時中

---

(43) 中村・原 1962；Peattie 1975; Gao 1997 などを参照。
(44) この例外としてあげられるのは、小林英夫による『日本株式会社を創った男——宮崎正義の生涯』である。同書は、宮崎が日本型経済システム

宮崎と共に働いた経験を持ち，戦後大蔵大臣にもなった泉山三六は宮崎の業績を高く評価し，「世に隠れたる大人」（泉山 1953）と評している。

宮崎は，石原莞爾の経済アドバイザーのような存在であった。石原を助け，満州と日本における産業開発および経済成長の計画を立案した。宮崎と彼の下で働いた経済専門家の功績が広く知られていない理由には，彼らの作成した政策提言書などが戦時期は機密扱いされ，戦後も長い間公になることはなかったからと考えられる。そのため，宮崎の日本経済に対する功績は十分に評価されてはいないのが現状である。

宮崎に関して特筆すべき事実は，彼がロシア革命当時にロシアに滞在していた数少ない日本人であるということである。ロシアで目の当たりにした劇的な社会変化は，宮崎の世界観・ロシア観に大きな衝撃を与えたものと考えられる。ロシア滞在中，宮崎は東京日日新聞にロシアの文化，政治，歴史などを紹介する「露西亜通信」というコラムを執筆していた。その中で宮崎は，ロシア人の気質について以下のように述べている。「ロシア人は生まれながらにして理想主義者なり，日本人は生まれながらにして現実主義者なり」と評し，「北欧の冬は痛快なる程厳酷なり。この自然の前には黙するか反抗するか二者の一を選ぶ外，道なし（中略）ロシア人の生活は実に反抗の生活なり。自然に反抗し政府に反抗し，社会に反抗し父母に反抗し，自己に反抗し，一切に背を向けて人生の荒野にさびしき自己の墓穴を掘る者はロシア人なり」としている[45]。小林（1995）によると，宮崎はロシア人と日本人の間には根本的な違いがあると考えていたという。したがって，ソビエト共産党の革命的手法はロシアでのみ有効で，日本には不適切であるという結論に達した。こうした考えは，宮崎の手記にも以下のように記されている。

> 急速に工業化させるためにはソ連型計画経済は有効だが，それは長い帝政ロシアの圧制の伝統を継いだソ連だから出来ることで，強力な官僚制度があるとはいえ，自由主義経済を経験した日本でそれを進めることは困難である。日本では，官僚指導の下，国防的重工業などは国家統制の下におき，軽工業や消費財産業は自由競争にすべきである

　形成に大きな役割を果たしたと評価している。
(45)　小林 1995, 35頁。

(小林 1995, 56頁)。

こうした考えから, 宮崎は自由主義市場経済と社会主義経済を融合させた新しい統制体制が日本には相応しいと考えるようになった。

1917年にペテルブルグ大学を卒業後, 宮崎は満鉄に就職した。1923年には, 満鉄調査課ロシア係の主任に就任した。当時ロシアは急速に経済力と軍事力を拡大し, 満州におけるソ連の脅威は日増しに高まっていた。そのため, 満鉄はソ連に関する知識拡大に努め, 非常に大規模なロシア研究を展開するようになった。宮崎のロシア係では, 膨大な量のロシア関連の文献を集め, これを翻訳・分析する作業を行っていた。それらの調査結果は, ロシアの地理, 歴史, 政治, 経済, 文化, 風俗など多岐にわたるものであった。

ロシア係の調査が特に重要視されるようになったのは, ソ連が1928年に第一次5カ年計画を打ち出してからである。関東軍と満鉄は, ソ連経済の大躍進[46]に驚愕し, ロシア係に5カ年計画の徹底的な調査を命じた。その調査成果は数年後満州において新しい統制経済システムを構築する際に重要な役割を果たした。満鉄調査部のメンバー達はソ連経済の経験から統制経済の有効性を学んだ。

1932年の満州国建国後, 十分な経済の専門知識を持っていなかった関東軍は, 満鉄調査部に協力を依頼した。しかし新国家建設にあたっては, 今までのような調査活動だけでは不十分であった。そのため, 宮崎はより強力な調査・立案能力をもった組織の設立を上層部に掛け合った。当初満鉄は関東軍に深く関わることに消極的であったが, 宮崎の精力的な働きかけにより, 新しい政策調査・立案機関設立を了承した。

この新しい機関は,「満州経済調査会」とよばれ, 1932年1月に設立された。委員長には十河信二[47]が就任し, 調査会の活動を指揮した。この調査会は, 第一部（経済一般に関する調査）, 第二部（産業・移民・労働）, 第三部（交通）, 第四部（商業・金融）, 第五部（法政一般・文化）の5つの

---

(46) ソ連の5カ年計画とその成功に対する日本の反応については, 第4章で詳述する。

(47) 十河は戦後国鉄総裁となり, 新幹線開発を主導したことで「新幹線の父」とも呼ばれた。

部から構成されていた。宮崎は第一部主査に就任し，中心的な役割を果たした。満州経済調査会の主目的は，満州において即時導入されるべき経済政策を計画・立案し，国家経済の青写真を作り上げることであった。十河は，この調査会について「形式的には満鉄の機関であるが実質的には軍司令官統率の下に在る軍の機関にあって，純然たる国家的見地に立って満州全般の経済建設計画の立案にあたる」ものであると説明し，その存在意義を以下のように述べている。

> 経済調査会は満蒙それ自体の経済開発を計ると共に日満経済関係の合理化と日本経済勢力の扶植を目的とし満蒙全域と其の経済各分野に亘る総合的第一期経済建設計画を立案す」「日満経済を単一体に融合し，両者の間に自給自足経済を確立す」「国防経済の確立」「満州経済を自由放任にせしめず国家統制の下に置くこと（小林 1995，93頁）

　宮崎と経済調査会のメンバーらは，石原の政策アイディアを具現化するべく，精力的に政策提言書を作成した。こうした成果の1つが1932年に作成された「満州経済統制計画」であった。石原を含む関東軍の将校らは満鉄調査部の役員らと1932年6月に会合を開き，この計画について議論した。その席で宮崎は，関東軍の将校らに同計画の要点を説明した。会議後，関東軍は同計画を国家建設の原則として採用し，満州国の経済政策がその原則に基づいてつくられるようにするという方針を決定した。これを受けて宮崎と満鉄調査部の職員らは，満州経済統制計画の要点を「満州国経済建設綱要」としてまとめあげ，1933年にこれを満州政府が正式に採用した。そして，pilot agencyと特殊会社制度などといった満州開発型国家システムの根幹的制度が，石原と宮崎らの青写真に基づいて構築されたのである。

満州国経済建設綱要

　満州国経済建設綱要は，石原と宮崎の統制経済論を具体化した初めての政府文書の1つである。宮崎と満州経済調査会のメンバーらは，石原の要請を受けてこの文書を作成し，建国1年後の1933年に満州政府によって採択された。この綱要は，石原と宮崎という2人の政策プロモーターの自由主義経済，国家経済の目標，経済統制のあり方などに関する見解を体現したものであるといえる。この綱要は10項目から構成されており，第2項に

は国家経済の目標，さらには経済政策における4つの原則が以下のように規定されている。

　第二　経済建設の根本方針
　我が国経済の建設に当りては無統制なる資本主義経済の弊害に鑑み之に所要の国家的統制を加へ資本の効果を活用し以て国民経済全体の健全溌剌たる発展を図らむとす，斯くして国民大衆の経済生活を豊富安固ならしめ其の国民的生活を向上し我が国力を充実し併せて世界経済の発展に貢献し文化の向上を図り以て建国の大理想たる模範国家を実現するは経済建設究極の目標なり，右大目標に到達する為次の四大根本方針の下に経済建設に邁進するを要す。
　曰く，国民全体の利益を基調とし利源開拓，実業振興の利益が一部階級に壟断されるの弊を除き万民共楽ならしめるを以て方針第一とす
　曰く，国内賦存の凡ゆる資源を有効に開発し経済各部門の綜合的発達を図る為重要経済部門には国家的統制を加へ合理化方針を講ずるを以て方針第二とす
　曰く，利源の開拓，実業の奨励に当りては門戸開放，機会均等の精神に則り広く世界に資本を求め特に先進諸国の技術，経験其の他凡ゆる文明の粋を集めて之を適切有効に利用するを以て方針第三とす
　曰く，東亜経済の融合合理化を目途とし先づ善隣日本との相互依存の経済関係に鑑み同国との協調に重心をおき相互扶助の関係を益々緊密ならしめる，之を以て方針第四とす
　如上の四方針は経済建設の根本方針たるを以て現下の情勢上実現可能にして最善なる手段として左記の範囲に於て国民経済の統制を行う
　　　　　　　　　　　　　（『満州国史　各論』1970，397－8頁）

　この綱要の最も重要な点は以下のように要約される。第一に，自由主義市場経済には深刻な問題が存在するため，政府の統制が不可欠であるが，ソビエト型の計画経済は相応しくないとしていた。同綱要は国家統制の必要性を強調しつつも，市場原理と私有財産権と民間による企業経営は認めている。むしろ，経済発展には民間企業の活力が必要であると認めていた。そして，統制を受けるべき重要産業と自由経営を認めるその他の産業を明確に区別することで，国家統制と市場メカニズムの共存を図ろうとしてい

た。言い換えれば，自由主義市場経済と社会主義経済を融合した新しい経済システムの構築を標榜していたのである。

　第二に，同綱要は経済活動における公益の優先を強調し，民間企業が政府に協力することを義務づけた。この点は，私利私欲に走った民間企業らの行為が世界恐慌やその後の深刻な不況を引き起こしたとする石原らの見解を反映している。同綱要はその冒頭で経済建設という大事業には「官民協力」が極めて重要であるとしている。これは，民間企業に公益優先の意識を芽生えさせ，国家経済の新しい道徳規範を作り上げようとする試みであった。

　第三に，同綱要は国防関連産業を重視した国家経済戦略の目標を示した。その目標については，「鉱産資源を開発し基礎工業及国防工業の確立を図り国民経済を豊富ならしめ国富を増大せしめるを以て方針とす」と明記し，国家統制の範囲と重要産業に該当する産業について以下のように定めている。

　　（イ）左記工業は国内需要に伴い所要の統制の下に逐次発達せしむ－
　　金属工業，機械工業，油脂工業，パルプ工業，曹達工業，酒精工業，蚕工業，紡績工業，製粉工業，セメント工業，醸造工業
　　（ロ）前記以外のものは差当り自然の発達に委するも将来必要に応じ所要の統制を加ふることあるべし
　　（ハ）電気事業は統一経営を行ひ豊富低廉なる電力を供給す
　　　　　　　　　　　　　　　　　　（『満州国史　各論』1970，400頁）

　満州における国防関連産業の発展は，日本が最終戦争を遂行する上で必要不可欠な重要事項とされた。したがって，満州経済を国家の統制下におき，満州の豊富な資源を利用することで，欧米列強に肩を並べるような経済力を持った経済ブロックを東アジアに形成することが目標とされたのである。

pilot agency

　満州国経済建設綱要は，石原と宮崎が唱えた「経済参謀本部」[48]設立構想

　（48）　この「経済参謀本部」設立のアイディアは，本書第4章でも指摘する

を取り入れている。経済参謀本部とは，国家経済の戦略指揮を司る政府機関のことで，軍組織の参謀本部と同様に，国家経済の戦略計画を立案し，計画遂行を指導するものとされた。石原と宮崎は，日本と満州が経済ブロックを形成し，アメリカもしくはソ連と全面戦争を戦う上で，こうした機関が必要不可欠だと考えた。日本経済が経済成長と産業開発に関する具体的な計画や経済統制を主導する機関を持たないことは，石原と宮崎にとって最も危惧するところであった。例えば，石原は『最終戦争論』の中で，「溌剌たる個人の創意が尊重されて，文明は驚異的進歩をみた」と人類の歴史における自由主義の役割を評価しつつも，「個人自由の放任は社会の進歩とともに各種の摩擦を激化し，今日では無制限の自由は社会全体の能率を挙げ得ない有様となった」（石原 1941，142-3頁）と現状を憂慮していた。そして「この弊害を是正し，社会の全能率を発揮させるために」適切な国家統制を加える必要があると主張した。

石原と宮崎が構想した経済参謀本部を実現するために，国家の長期経済計画を立案し，産業開発を主導し，産業を統制する強力な権限をもった官僚機関の構築が計画された。1933年4月，関東軍は次のような声明を出し，満州および日本に経済参謀本部をつくる構想を発表した。

> 日満経済ブロックの実現は，急迫せる国際経済の重圧によりいよいよその具体化に向って急激な拍車を掛けられるに至ったが，ブロック経済形成に当り，満洲国内にあって直接的にして且主導的立場を有する関東軍では満洲国内における治安維持の状況が武力行使時代を脱し経済建設に入ると共に日本国内の経済的動向もブロック経済建設を刻下の急務とする実情に鑑み，可及的速にブロック経済の実現をはかるべく，これが第一段階として先ず日本政府中央部と関東軍の間に強力にして且単一化されたる計画経済参謀本部を創設しこの種機関の間に緊密なる聯絡をとり且必要なる産業統制を行わしむべき具体案を作成，過日参謀長会議に東上せる小磯（国昭）参謀長が本案を携行，これが

ように戦時期日本においても重要視された。Johnson (1982) も戦時期日本の経済官僚制度構築の分析において，このアイディアに注目しているが（Johnson 1982, chap.4），そのアイディアの起源については明らかにしていない。

具体化につき軍部と協議の上これを中央政府関係筋に提案し，その実現に努力しつつある（『大阪時事新報』1933年4月9日）。

満州国建国後2～3年の間，関東軍は暫定的に宮崎の満州経済調査会と関東軍特務部に経済参謀本部の役割を担わせていた。しかし1934年に企画処が満州政府内に設立された後は，満州国内の産業開発を主導する権限は企画処に移され，企画処が経済参謀本部としての役割を果たすようになったのである。

特殊会社制度

満州国経済建設綱要によって生まれたもう1つの制度は，特殊会社制度である。同綱要には「国防的若しくは公共公益的性質を有する重要事業は公営又は特殊会社をして経営せしめるを原則とす」とし，この政策は「現下の情勢上実現可能にして最善なる手段」[49]であると書かれている。これにしたがって満州中央銀行や満州航空会社などの特殊会社が設立された。しかし，この綱要には特殊会社の企業形態について詳細な規定がなかったため，政府は1937年5月に重要産業統制法を公布した。同法は，「主管部大臣ハ重要産業ヲ営ム者ニ対シ其ノ業務ニ関シ公益上又ハ統制上必要ナル命令ヲ為スコトヲ得」[50]と定め，特殊会社に対する政府の権限を規定している。同法制定の1年前には，「日満経済活動大綱（1936年3月31日）」が閣議決定され，国防に関連した重要産業は一業一社の原則に基づいた国家統制下におくことになった。それによると「交通，通信の重要事業，国防関係事業，経済上重要基礎産業等は原則として一産業一企業主義によって統制開発を図りこれ等は特殊法人として政府の指導監督下に置く，鉄，軽金属石油，代用燃料，自動車，兵器石炭，電力，採金，伐木事業等がこの方針によって統制されるのである」とされている（『東京日日新聞』1936年9月2日）。また重要産業統制法設立に先立って発表された政府声明では，「国防上緊要なる産業又は国民経済上必要なる産業に就いては，概ね特殊

---

(49) 「満州国経済建設綱要」1933年3月1日（『満州国史　各論』1970, 397頁に所収）。

(50) 「重要産業統制法」1937年5月1日（『満州国史　各論』1970, 402頁に所収）。

会社法による特殊会社乃至準特殊会社を設立し，一産業一企業又は少なくとも，少数強力企業の育成を旨とし，特殊企業として，政府の指導，監督の下に当該産業の確立を図る」とされた（菊池 1939，20頁）。

しかし前述のように，当初関東軍が反対していたにもかかわらず，その後一業一社の原則は撤回され，特殊会社に対する統制は多少緩和された。関東軍が妥協を受け入れた理由の1つには，軍が経済と行政に関する専門知識を欠いていたため，官僚や企業経営者に依存せざるを得なかったことがある。満州経済は深刻な資金不足に直面し，産業開発の計画が危機に瀕していたため，鮎川の政策提言を受け入れざるを得ないと考えたのである。もう1つの理由は，石原と宮崎が産業開発における民間企業の活力の重要性を十分に理解し，社会主義型の完全な国家統制の欠点に気づいていたことである。石原は自身の考える国家統制のあり方を次のように説明している。「自由主義時代に行き過ぎた私益中心を抑えるために，最初は反動的に専制即ち強制を相当強く用いなければならないのは，やむを得ないことである」としながらも，「統制によって社会，国家の全能力を遺憾なく発揮するためにも，個人の創意，個人の熱情が依然として最も重要であるから，無益の摩擦，不経済な重複を回避し得る範囲内に於て，益々自由を尊重しなければならない（中略）法律的制限は最小限に止めるべきである。官憲統制よりも自治統制の範囲を拡大しうるようになることが望ましい。即ち統制訓練の進むに従って，専制的部面は逐次縮小されるべきである」（石原 1986a，90頁）。

石原のこうした政策アイディアは「満州国経済建設綱要」などの政策に反映された。これを裏付けるように，満州国経済建設綱要には「無統制なる資本主義経済の弊害に鑑み之に所要の国家的統制を加へ」るとしているが，同時に「資本の効果を活用し以て国民経済全体の健全且溌剌たる発展を図らむとする」[51]と満州の経済政策のあり方を規定している。また同綱要は，国家統制が必要な重要産業と必要でない産業の明確な線引きをしている。重要産業に対する統制の必要性を強調しつつも，「（所定の重要産業）以外の産業及び資源等各般の経済事項は民間の自由経営に委す」[52]と明記している。

---

(51) 『満州国史　各論』1970，396-7頁より引用。
(52) 同上。

民間企業の活力の重要性と国家統制の限界についての理解があったために，関東軍は官僚や企業家に対して柔軟に対応し，その要請を受け入れ，統制を一部緩和したのである。つまり，一業一社の原則を維持して各業界の企業数を制限することが，関東軍の利益に即した選択であったが，彼らが指針とした統制経済論は民間の活力を利用することを奨励していた。利益とアイディアが矛盾した状況にあって，最終的に関東軍は政策アイディアが推す政策を選択したのである。また，より強力な統制を行うことができる社会主義経済システムを導入しなかったのは，この政策アイディアが政策決定に重大な影響を与えたからであると言うことができる。

IV. 結論

若手官僚と企業家の助力を受けて，関東軍は石原と宮崎が作成した産業開発計画を実行に移すことができた。石原と宮崎の計画は，官僚と企業家の見解を反映し，多少の修正を加えられ進化した。その結果，石原の構想通り，満州は日本がアメリカとの最終戦争を遂行する上で不可欠な戦略的物資供給基地となった。

満州の pilot agency であった企画処は，国家の産業開発計画の立案・実行を担当した。そして，その産業合理政策は，育成が必要な産業に対する投資，物資の生産拡大，企業の生産力向上を促した。また政府は特殊会社制度を設立し，重要産業の企業に対する統制体制をつくりあげた。当初特殊会社制度は，政府の統制を強化すべく一業一社原則に基づいていたが，民間からの要請を受けた政府はその原則を撤回し，より柔軟な統制体制に転換した。

本章の主張は以下の通りである。制度構築過程に重大な影響を与える要素は，2つある。それはアクター間の権力構造と政策アイディアである。関東軍は満州政治を支配し，満州における制度構築は関東軍の意向をある程度反映していた。関東軍は日本の防衛のために満州を物資供給基地にしようと考え，産業開発を強力に主導する体制をつくり上げた。しかし満州の開発型国家システムの構築過程は，権力構造だけでは十分に説明できない。アクターの政策アイディアにも注目する必要がある。関東軍の将校らは，自由主義と社会主義の融合を図る統制経済論という政策アイディアをつくった。そのアイディアは満州政府の政策指針となり，政策決定過程に

重大な影響を与えた。経済統制の必要性が強調されたものの，満州で社会主義経済が採用されなかったのは，産業開発には民間企業の活力が不可欠だと考える統制経済論の影響によるものと考えられる。

満州における制度構築過程の検証は，日本政治経済研究と制度研究に対していくつかの重要な示唆を与える。第一に，戦後日本の政治経済システムの制度起源の一部は，満州に求められる。第4章，第5章で述べるように，戦時期・戦後日本の政策決定者らは，経済計画や産業合理化など満州の産業政策の多くを導入している。そして多少の修正は行われたものの，満州モデルと多くの重要な共通点を持った制度が日本でも構築されたのである。

第二に，制度は必ずしも権力保持者の意図したとおりには発展しない。満州の pilot agency は，「経済参謀本部」の実現を期した政策プロモーターの意図をほぼそのまま反映したものになったが，特殊会社制度は当初の計画とは違ったものに発展した。したがって，権力保持者が強力に支配する政治体制にあっても，制度構築過程はその他のアクターのアイディアを反映することがある。この意味で，満州における特殊会社制度の事例は，制度研究に重要な示唆を与えるものであると言えるだろう。

最後に，政策アイディアは制度構築過程に重大な影響を与えることがある。そして，アクターの利益とアイディアが相反する政策を支持する場合，アクターはアイディアが推す政策を選択することがある。満州の事例では，関東軍は官僚や企業家からの要望を受けて，政策転換したことがあった。当初軍の利益に反するとされた政策を受け入れたのは，そうした政策が統制経済論により則したものであったからである。つまり政策指針としてのアイディアは，アクターの利益にも優先するということである。

第4章

戦時期日本における開発型国家システム
（1937～1945）

　本章では，戦時期の日本における制度変化の過程について注目する。この時期日本では，自由主義市場経済から開発型国家システムへの制度変化が起こった。この抜本的な制度変化が起こった期間（1937～1942年）は，日本経済の重大局面であった。1937年に日中戦争が勃発し，日米関係も緊迫化し，石原が予測した日米の全面戦争が現実のものとなろうとしていた。こうした状況にあって，日本の防衛体制強化のために，新しい経済システムの導入が必要であるという認識が高まった。そして満州の事例と同じように，軍部将校と官僚らが急速な経済成長と産業開発を目的として開発型国家システムを導入したのである。

　本章は2部によって構成されている。まずⅠ.では，戦時期日本の開発型国家システムにおける2つの根幹的制度に注目する。それらは，pilot agency（内閣企画院と商工省）と統制会制度である。まずこれらの制度が戦時期日本において，どのような役割を果たしていたかについて述べる。pilot agencyの部分では，企画院と商工省の2種類の産業政策（経済計画と産業合理化政策）について詳しく検証する。さらに統制会の部分では，統制会がどのように政府の政策遂行を支援したかなどについて探る。

　Ⅱ.では，制度発展に関する3つの仮説を検証し，戦時期日本で起きた制度変化に対する説明を試みる。さらに戦時期日本におけるpilot agencyと統制会制度の発展過程に関連した次の問いに対する答えを探る。(1)なぜ戦時期の日本において開発型国家システムが生まれたのか？　(2)新しい政治経済システムが形成される過程で，重大な影響を与えた要素は何か？　(3)満州と戦時期日本の2つの開発型国家システムにはどのようなつながりがあるのか？　これらの問いに対する答えは，各仮説によって違って

くるが，どの仮説が最も説得力のある答えを提示できるかという点についても検証する。

本章における主張は以下の通りである。集合行為理論によれば，戦時期日本における制度構築は，アクター間の相互利益を得るためのものであったと考えられる。確かに pilot agency や統制会の制度は，集合行為問題を原因とする自由主義の弊害を抑制する目的でつくられたが，特定のアクターの利害のみを反映したもので，アクター間の相互利益を得るためにつくられたものではなく，実際の経済効果も限定的であり，同理論で説明することは難しい。

戦時期日本における制度変化を説明する上で，最も重要な要素はアクター間の権力構造と政策アイディアである。戦時期の日本政治を支配していたのは，軍部将校と革新官僚と呼ばれる若い官僚らであった。彼らがどのようにして政策決定過程に強大な影響を与えうるようになったかの理由を説明するには，アクター間の権力構造とその変化について注目する必要がある。また軍部将校と革新官僚らは最も強力なアクターであったが，財閥と政党政治家の連合体は戦時期にあっても，完全に影響力を失ったわけではなかった。経済統制強化に反対した財閥と政党政治家らの抵抗によって，戦時期日本の経済システムは満州とは多少違ったものに発展した。したがってこうした政治背景は，非常に重要な要素であったといえる。

しかし権力構造の仮説は，複雑な制度発展過程を完全には説明できない。強大な権力を持つに至った軍部将校と革新官僚らがどのような意図を持って戦時期日本の開発型国家システムを設計したのかを説明するには，彼らの政策アイディアを詳しく説明する必要がある。軍部将校と革新官僚は，満州の事例と同じように自由主義市場経済と社会主義経済の融合を目指す統制経済論を政策指針として採用し，それに基づいて開発型国家システムを構築した。彼らが統制経済論を採用した理由は2つある。第一に，1920年代後半に起きた2つの出来事が，既存の自由主義市場経済の信頼性を失わせたからである。その2つの出来事とは，世界恐慌とソ連の5カ年計画の成功である。これらの出来事は，制度変化過程における「断絶」として機能し，「先行状況」としての自由主義市場経済からの移行のきっかけとなった。

第二の理由は，統制経済論の普及と支持の拡大である。この時期，日本では主に4つの政策アイディアがあり，それぞれが各方面からの支持を集

め，互いに競合しあっていた。それらのアイディアは，自由主義，マルクス主義，国家社会主義，統制経済論の4つである。1930年代半ばに入って，統制経済論は軍部将校，政治家，官僚，学者，知識人などに広く浸透し，幅広い支持を集めるようになった。こうした政策アイディアの優位性も，アクターがそのアイディアを政策指針として採用することを促し，制度発展過程に重大な影響を与えた。第三の理由は，政策決定者の過去の経験である。満州における開発型国家システムの成功体験は，軍部将校と革新官僚が統制経済論の有効性をさらに確信させるものであった。そのため，戦時期日本においても同システムが有効であると考えたのである。満州のpilot agencyである企画処に酷似した企画院が，戦時期日本に設立されたのは，こうした過去の経験が大きく影響していた。また一部の官僚がドイツの統制システムから学んだことが，彼らの統制経済論にも反映され，その結果満州モデルを修正した産業統制システム（統制会制度）が戦時期日本において導入されたのである。こうした政策アイディア間の競合，アイディアの変化などを検証することで，より説得力のある制度発展過程の説明を提示することができる。

I．戦時期日本開発型国家システムの根幹的制度

(1) pilot agency：内閣企画院

　戦時期日本開発型国家システムのpilot agencyとして最も重要な存在であったのは，1937年10月に設立された内閣企画院である。企画院は，「国力拡充」を目的として，経済成長と産業開発の計画立案とその遂行を担う政府機関として誕生した。1937年12月に公布された「企画院官制」には，同機関の権限と機能が以下のように規定されている[1]。

　　　第一条　企画院ハ内閣総理大臣ノ管理ニ属シ左ノ事務ヲ掌ル
　　　　　一　平戦時ニ於ケル綜合国力ノ拡充運用ニ関シ案ヲ起草シ理
　　　　　　由ヲ具ヘテ内閣総理大臣ニ上申スルコト
　　　　　二　各省大臣ヨリ閣議ニ提出スル案件ニシテ平戦時ニ於ケル

（1）「企画院官制」（昭和12年勅令第605号）1937年10月25日。

　　　　綜合国力ノ拡充運用ニ関シ重要ナルモノノ大綱ヲ審査シ
　　　　意見ヲ具ヘテ内閣総理大臣ヲ経テ内閣ニ上申スルコト
　　三　平戦時ニ於ケル綜合国力ノ拡充運用ニ関スル重要事項ノ
　　　　予算ノ統制ニ関シ意見ヲ具ヘテ内閣総理大臣ヲ経テ内閣
　　　　ニ上申スルコト
　　四　国家総動員計画ノ設定及遂行ニ関スル各庁事務ノ調整統
　　　　一ヲ図ルコト
　　　　前項ノ事務ヲ行フニ付必要アルトキハ企画院ハ関係各庁
　　　　ニ対シ情報若ハ資料ノ提出又ハ説明ヲ求ムルコトヲ得

　さらに1938年に制定された「国家総動員法」は，総力戦遂行のため国家のすべての人的・物的資源を政府が統制運用することを認め，企画院に資本・物資・労働力を統制し各産業に分配する強力な権限を与えた。これによって企画院は資源等の分配計画の作成を担当することになり，同計画は「物資の予算」と呼ばれた。戦時期には軍事関連の需要が急増し，物資の不足が深刻化したため，軍と民間の間での効率的な物資の分配は戦争遂行の重要な課題となった。そのため，政府は企画院に強力な権限を与え，物資分配の計画作成・遂行を担当させた。これによって企画院は，経済政策の立案に大きな影響を与えるようになった。

　つまり企画院は戦時期において物資・資本・労働力の統制を担い，経済成長と産業開発を主導した pilot agency であった。企画院の任務は重要視され，その総裁は閣僚扱いとされ，瀧正雄（元法制局長官），青木一男（兼蔵相），星野直樹（元満州国国務院総務長官）といった重要人物があてられた。企画院の官僚には，統制経済を支持する革新官僚が多く見られた。彼らの中には，戦後の日本においても非常に重要な役割を果たした者がいる[2]。企画院の官僚には，陸軍，大蔵省，商工省の出身者が多かった。特に商工省とは緊密な関係を持ち，共同で政策立案にあたることも多かった。そして，国家総動員法（1938年），生産力拡充4カ年計画（1938年），経済新体制確立要綱（1940年）などといった国家の重要な経済政策を打ち出し

　（2）　例えば，和田博雄は1947年に経済安定本部総裁に就任し，植村甲午郎は経団連会長として活躍した。こうした戦時期から戦後にわたる人的連続性については第5章で詳述する。

表4-1　生産力拡充4カ年計画の概要（1938〜1941）

	鉄鋼 (kt)	銑鉄 (kt)	鉄鉱石 (kt)	石炭 (kt)	工作機械	船舶 (t)	電力 (kw)
1938	4,615	3,300	2,250	58,565	76,000	402,000	10,131,500
1939	5,630	4,000	3,200	65,803	118,500	550,000	8,098,000
1940	6,280	5,293	4,400	71,725	172,500	600,000	9,514,500
1941	7,260	6,362	5,700	78,182	200,000	650,000	10,836,500

* kt ＝1,000トン
出所：企画院「生産力拡充計画要綱」1939年1月17日。

た。以下では，戦時期の産業政策である生産力拡充4カ年計画と産業合理化政策を，企画院と商工省の pilot agency としての機能に注目しながら検証する。

戦時期の産業政策
a. 長期経済計画：生産力拡充4カ年計画

　生産力拡充4カ年計画は企画院が中心となって立案された，日本初の長期経済計画政策であった。その起源は，石原莞爾の依頼によって宮崎正義率いる日満財政経済研究会が立案し林内閣の下で実施される予定であった「重要産業5カ年計画」である（中村ほか編 1970，xxxvii 頁）。石原らの失脚で暗礁に乗り上げた長期経済計画は，1938年1月企画院の手によって再び立案され，翌年1月17日の閣議において，「生産力拡充4カ年計画要綱」が閣議決定された。同要綱は，同計画の基本目的を以下のように説明している。「本計画は現下内外の情勢に鑑み東亜の安定勢力たる我国国力の充実強化を図り併せて我国運の将来に於ける飛躍的発展に備ふる為重要なる国防産業及基礎産業に付昭和16年を期し所要の目的に達せしむるべき日満支を通ずる生産力の綜合的拡充計画を確立し万難を排し之が達成を期するものとす。」[3] 同計画は，13の産業と36の製品（鉄鋼，石炭，化学製品，製造機械，鉄道，船舶，電力など）を「国防産業及基礎産業」に指定し，各分野での年間生産目標を定めた（表4-1を参照）。

　さらに1940年12月27日に閣議決定された「鉄鋼生産力拡充計画ニ関スル件」[4] には，鉄鋼産業における生産力拡充計画の詳細を規定している。そ

（3）　内閣企画院「生産力拡充4カ年計画」1939年1月17日閣議決定（中村隆英ほか編『現代史資料43　国家総動員1』1970，みすず書房，244頁）。
（4）　内閣企画院「鉄鋼生産力拡充計画ニ関スル件」1940年12月27日閣議決

の一部を以下に抜粋する。

原料
(1) 鉄鉱石
日満支ヲ通ジ一貫セル方針ノ下ニ開発ヲ促進スルト共ニ南洋鉄石ニ付テハ依然トシテ之ガ確保ヲ図ル，特ニ最悪ノ場合南洋鉄石ノ利用困難ナルコトアルヲ予期シ長江沿岸ノ鉄鉱山ノ急速開発増産ヲ図ルト共ニ第一輸送力之ニ伴ハザル場合ニ於テハ，現地貯蔵，其ノ他之ニ関スル特殊金融的措置ヲ考究スルモノトス
(2) マンガン鉱
日満支マンガン鉱山ノ開発促進，海外資源取得先ノ分散ノ為トス共ニ低品位マンガン鉱ノ利用，製鉄用マンガン鉱ノ節約等ニ付技術的研究ヲ進ム
(3) 石炭
日満支ヲ通ジ石炭ノ増産特ニ製鉄用適性炭ノ出炭増加ヲ図ル為資材，技術，労力ノ供給ヲ優先確保シ併セテ海陸輸送設備及洗炭設備ノ整備充実ヲ期スルト共ニ三国間ニ於ケル製鉄用炭ノ合理的配分ヲ図リ尚製鉄用適性炭ノ他ノ用途ニ流用セラルルコトヲ極力制限スル如ク措置ス

資金
鉄鋼生産力拡充ニ要スル資金ハ既定計画所要資金ノミニテモ相当多額ヲ要シ更ニ将来ノ大拡充計画ノ為ニ要スル資金ニ至リテハ極メテ尨大ナル金額ニ達スルヲ以テ現在ノ金融機構ニ於テ業者ノ自力調達ヲ期待スルハ甚ダ困難ナリ依テ資金計画設定ニ当リテハ之ヲ優先的ニ取扱ヒ日満支ヲ通ズル資金調達ノ為日本政府ハ国家的援助ヲ与フル等特別ノ措置ヲ講ズルモノトス

また1941年に統制会が設立されると，各業界の統制会は全ての会員企業に対して年間生産の達成目標を課した。統制会は経済計画に関して，各企業が政府の方針に従うよう指示した[5]。

定。

このように政府は極めて野心的な4カ年計画を打ち出し，その目標達成に全力を挙げたが，軍事情勢の悪化と天然資源輸入の減少などから，目標達成が極めて難しい状況になった。1938年から1941年の4年間の生産実績は，4カ年計画の目標値を遙かに下回るものであった。企画院が独自に調査した結果6によると，産業界は2年目の1939年にはすでに目標達成に支障をきたしていた。それによると，電力と資材の不足が主な原因で，鉄鉱石，銑鉄，特殊鋼の1938年の生産実績は目標値の約90％に満たず，翌年にはさらに「約10％の減産を免れ難」いと予測されていた（中村・原 1970, 231－32頁）。こうした問題はその他の重要工業製品でもみられ，表4－2，図

表4－2　重要工業製品の生産計画と生産実績（1938～1945）

	普通鉄 (kt)		普通鋼・鋼材 (kt)		石炭 (kt)		重油 (kt)	
	生産計画	生産実績	生産計画	生産実績	生産計画	生産実績	生産計画	生産実績
1938	−	2,617	4,615	4,803	−	48,684	−	610
1939	3,650	3,225	5,630	4,581	53,896	51,748	429	389
1940	3,850	3,580	5,120	4,483	58,000	57,367	619	330
1941	4,450	4,210	4,620	4,212	59,000	55,602	299	216
1942	4,604	4,208	4,879	4,031	57,000	54,169	−	142
1943	3,781	3,945	4,142	4,101	55,000	55,538	−	384
1944	2,848	2,644	2,707	2,613	58,200	49,325	−	72
1945	555	411	402	315	20,566	16,140	50	59

出所：経済安定本部産業局「自昭和十三年度至昭和二十年度物資動員計画総括表」1951年5月17日。

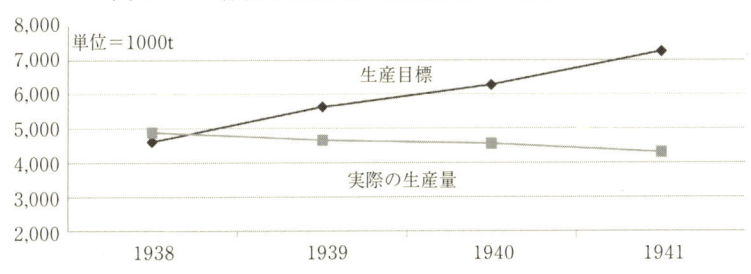

図4－1　鉄鋼生産目標と生産量の推移（1938～41）

出所：中村ほか 1970, xxxviii頁。

（5）　例えば，「鉄鋼統制会統制規程」第10条には，「（鉄鋼統制会）会長は製鉄業者に対し其の鉄鋼の種類別生産割当数量を指示す，前項の指示を受けたる製鉄業者は之に従い鉄鋼の製造を為すべし」と規定されている（『日本工業新聞』1942年1月16日）。
（6）　企画院「生産力拡充計画実施の状況および今後の対策」，1939年10月。

4-1にあるように，1938年から1941年の4年間の生産実績は，統制会が設置された産業の多くで計画の目標値を下回り，実質的な生産力拡大の実現には至らなかった[7]。

生産拡大4カ年計画は，軍事情勢の悪化など外生的要因がもたらした深刻な物資不足によって，目的を達成することはできなかったが，日本初の長期経済計画が導入されたという点においては画期的な出来事であった。このような戦時期の失敗から様々なことを学んだ官僚達は，戦後再び長期経済計画を立案・遂行するにあたって，その経験を活かした（戦時期の教訓に関しては，米倉1993を参照）。第6章で述べるように，戦後の長期経済計画は，満州や戦時期のものに比べてより洗練され効果の高いものとなっていた。

b. 産業合理化政策

戦時期のもう1つの産業政策は，産業合理化政策である。第3章でも述べたように，長期経済計画は主に生産力拡大を目的としていたが，産業合理化政策は産業の効率性向上を主な目的としていた。産業合理化政策の一例としてここでは，当時の鉄鋼産業に対する合理化政策を取り上げる。前述のように政府は1938年に生産力拡充4カ年計画を公布したが，鉄鋼産業は原材料と燃料を十分に確保することができず，生産目標達成に苦しんでいた。そのため，政府は鉄鋼生産合理化政策を1941年に作成し，鉄鋼産業の効率化向上のてこ入れを図った。同政策の主要目的は，生産性の高い企業と工場に集中的に原材料と燃料を供給し，同時に生産性の低い企業と工場を統廃合して整理するというものであった。さらに整理された企業・工場の従業員を他の工場に再配置することも行われた。これに基づいて政府は，21の企業と44の工場[8]を整理した。政府の指導の下，鉄鋼統制会は報道声明を発表し，この政策の目標を以下のように説明している。

　　鉄鋼統制会において実施せる重点生産割当鉄鋼の重要性は時局下愈よ

（7）　工業機械やアルミニュームなど，比較的成功した分野も中には存在する。

（8）　整理対象となったのは，厚板工場3カ所，薄鋼板工場5カ所，ブリキ板工場5カ所，大規模工場2カ所，中規模工場15カ所，小規模工場16カ所であった。

加重されつつあるに拘らずその生産条件は逆に悪化の傾向あり現状にて放置すれば国家の要請する増産を実現し得ざるは勿論相当の減産をさえ阻止し難きおそれあるを以て製鉄事業当面の問題はまず生産の合理化を第一義とする，右の目的を達成するため本会においては十六年度下半期に際し重点生産割当を実施したるが，その方針としては現在の情勢にかんがみまず生産の合理化を第一義とし資源設備，労働力，輸送力等の有効活用に重点を置き原則として地域的に調整統合せしめたるものにして鉄鋼生産設備の生産条件優良なるものに対し重点的に生産割当を行いたし，即ち従来各設備を通じ全般的に概ね極めて低能率稼動となりしものが今回重点工場に対し概ね高能率稼動となるよう是正する（日本工業新聞 1941年12月18日）。

また政府は自動車産業にも同様の合理化政策を適用した。鉄鋼産業と同じように，当時自動車産業も多くの問題を抱え，生産拡大を実現できずにいた。当時の報道によると，「刻下の情勢よりして軍需用自動車充足の必要は倍加するにいたり，自給自足は焦眉の急となったがトヨタ，日産の如きは現在採算不利のため約四十％程度の操業短縮を行っており，満洲自動車の如きは内地品の部分品組立を行っているにすぎない有様」[9]であったという。このため政府は国内自動車生産者4社（トヨタ自動車工業，日産自動車販売，日本ディーゼル工業，満洲自動車）を統合し，日本自動車配給株式会社を立ち上げることを決定し，この新会社は自動車統制会によって管理されることになった。このように自動車の生産と販売（配給）を統合することで，「これが国策統制会社のごとき役目を受持って，例えば原料の供給，製品の販売統制等を行い自動車工業の経営合理化をはかることとなったのである。」[10]

このように，政府は満州に設立された pilot agency と同じような機関を日本にも設立したのである。戦時期日本の pilot agency であった企画院も，満州の企画処と同様に，経済分野における強力な権限を与えられ，経済成長と産業開発の長期計画を立案・遂行し，産業界を統制する役割を担った。満州と戦時期日本における産業政策の柱は，両方共に長期経済計画と産業

---

(9) 『大阪朝日新聞』1941年6月12日。
(10) 同上。

合理化政策の2つで，極めて類似した政策であったことがわかる。

(2) 統制会

満州モデルをベースにした pilot agency が戦時期日本においても導入されたものの，企業統制のしくみは満州の特殊会社制度とは少し違った制度が採用された。それは各産業の企業をカルテル組織に組み込み，自主的統制を義務づける「統制会制度」であった。商工省と企画院は，共同で統制会設立を盛り込んだ法案を作成した。この法案は閣議で了承され，1941年8月29日「重要産業団体令」として公布された。同令は国防に関連した「重要産業」に指定された各産業に統制会（およびその下部組織である統制組合）を設立することを規定していた。そして，重要産業に指定された産業で事業を行う企業は，その産業の統制会に入会することが義務づけられた。

重要産業団体令には，統制会の設立目的が以下のように記されている。「統制会ハ国民経済ノ総力ヲ最モ有効ニ発揮セシムル為当該産業ノ綜合的統制運営ヲ図リ且当該産業ニ関スル国策ノ立案及遂行ニ協力スルコトヲ目的トス。」[11]この目的を達成するために，同令は統制会に対して以下の機能を与えている。

　一　当該産業ニ於ケル生産及配給並ビニ当該産業ニ要スル資材，資金，労務等ノ需給ニ関スル政府ノ計画其ノ他当該産業ニ関スル政府ノ計画ニ対スル参画
　二　当該産業ニ於ケル生産及配給ニ関スル統制指導其ノ他会員及会員タル団体ヲ組織スル者ノ当該産業ニ属スル事業ニ関スル統制指導
　三　当該産業ノ整備確立
　四　技術ノ向上，能率ノ増進，規格ノ統一，経理ノ改善其ノ他会員及会員タル団体ヲ組織スル者ノ当該産業ニ属スル事業ノ発達ニ関スル施設
　五　当該産業ニ関スル調査及研究
　六　会員及会員タル団体ヲ組織スル者ノ当該産業ニ属スル事業ニ関スル検査[12]

---

(11)　「重要産業団体令」1941年8月29日（末川 1942, 135頁に所収）。

重要産業団体令の特徴として特筆すべきは，統制会会長に強力な権限を与えていることである。これは，ナチス・ドイツの「指導者（フューラー）原則」を参考にしたためである。同令は統制会会長に，役員を自由に任命および罷免し，統制会の主要事項における意思決定の権限を与えている。末川（1942）によると「統制会の意思形成は会長のみに依って為される所であり，会員総会の協力形式は法令所定の事項に付き会長の諮問に応じるだけである。従つて又，会長の意思決定に就いて会員総会が責任を負擔することもない。尚，会長は総会とは反対の意思決定を為すことも差支えない」（末川 1942，124-25頁）。また，同令は，「法令若くは法令に基きて為す行政官庁の処分に違反し，又は公益を侵害し，或は統制規定に違反したる場合」に，会員である法人またはその理事機関を解任する権限を会長に与えている。また統制会には以下の権限も与えられていた。「当該産業ニ関スル事項ニ付関係各大臣ニ建議スルコト」（第17条），「定款又ハ統制規程ニ違反シタル会員ニ対シ過怠金ヲ課スルコト」（第21条）。

重要産業団体令の公布直後，政府は21の産業を重要産業に指定し，各業界に統制会を設立した（表4-3参照）。そしてその後も様々な産業で統制会が設立され，国家統制体制が拡大していったのである。

ここで再び鉄鋼業界を例にとって，統制会の活動の詳細を検証してみよう。鉄鋼産業は，最初に重要産業に指定された。鉄鋼統制会は1941年11月に設立され，日本製鉄社長の平生釟三郎が初代会長に選ばれた。鉄鋼統制会は非常に大きな組織で，300人を超える職員を抱えていた[13]。設立時に採択された「鉄鋼統制会定款」は，同会の活動目的を以下のように規定してい

表4-3 1941年～1942年に設立された統制会の一覧

統制会名称		年
鉄鋼統制会	セメント統制会	
石炭統制会	自動車統制会	1941
鉱山統制会	車輛統制会	
電気機械統制会	羊毛統制会	
産業機械統制会	麻統制会	
精密機械統制会	化学工業統制会	
金属工業統制会	軽金属統制会	1942
貿易統制会	油脂統制会	
造船統制会	皮革統制会	
綿スフ統制会	鉄道軌道統制会	
絹人絹統制会		

出所：米倉 1993, 191頁。

---

(12) 同前。
(13) これらの職員の多くは，会員企業からの出向職員や退職職員であった。

る。「本会は東亜共栄圏内に自主的鉄鋼業の確立を期するため鉄鋼業の綜合的運営をはかり，かつ鉄鋼業に関する国策の立案および遂行に協力することを目的とす。」さらに「本会は鉄鋼の生産および販売ならびに製鉄原料たる鉄鉱マンガン鉱および鉄屑の販売に関する事業（朝鮮における当該事業を含む）を営むものおよびこれらの事業を営むものをもって組織する団体（以下鉄鋼業者と称す）にして商工大臣の指定したるものを以てこれを組織す」とされている（『日本工業新聞』1941年11月5日）。そしてこうした目的を達成するために，以下のような事業を行うとしている。

(1) 鉄鋼の生産および配給ならびに鉄鋼に関する事業に要する資材，資金，労務などの需給に関する政府の計画，その他鉄鋼に関する事業に関する政府の計画に対する参画
(2) 鉄鋼に関する原材料計画の設定および遂行に関する事項
(3) 鉄鋼に関する生産計画の設定および遂行に関する事項
(4) 鉄鋼に関する配給計画の設定および遂行に関する事項
(5) 鉄鋼の価格に関する事項
(6) 鉄鋼の需給調整および価格調整のための施設に関する事項
(7) 鉄鋼に関する事業の整備確立に関する事項
(8) 鉄鋼に関する事業に要する資材および資金の確保，調達に関する事項
(9) 鉄鋼に関する事業における技術者および労務者に関する事項
(10) 技術の向上，能率の増進，規格の統一，経理の改善その他会員及び会員たる団体を組織するものの事業の発達に関する施設に関する事項
(11) 鉄鋼に関する事業に関する調査および研究に関する事項
(12) 会員および会員たる団体を組織するものの事業に関する統制指導および検査に関する事項
(13) 法令または政府の命じたる事項
(14) 前各号に掲ぐるもののほか本令の目的を達成するに必要なる事項

また1942年1月に採択された「鉄鋼統制会規程」には，会員企業の活動に関するより詳細な規程が定められ，「指導者」としての会長の権限につい

ても規定している。例えば,同規程第3条には,「製鉄業者は普通鋼塊の製造に付会長の指示する配合割合に従い,銑鉄及鉄屑を使用すべし」とあり,さらに同規程第10条は「会長は製鉄業者に対し其の鉄鋼の種類別生産割当数量を指示す,前項の指示を受けたる製鉄業者は之に従い鉄鋼の製造を為すべし」とし,鉄鋼生産の細部に至るまで会長の指示通りに行うことを義務づけている(『日本工業新聞』1942年1月16日)。

このように戦時期日本に構築された企業統制のしくみは,満州の特殊会社制度とは異なるものであった。特殊会社制度は,政府が企業経営により直接的に指導するしくみだった。一方統制会制度は,会員企業の中から選ばれた統制会会長に強力な権限を与えることで,あくまでも形式上は業界の自主的な統制に依存していた。そのため,政府が間接的に指導するというしくみであった(特殊会社制度と統制会制度のより詳細な比較は,第6章を参照)。統制会は政府と会員企業の間に協力的な関係を築き,業界に関連した情報を収集し政府の政策立案を助け,会員企業の行動を監視し,行政指導の遵守を徹底させることで,政府の目標である戦争遂行と経済成長の達成に貢献した。この統制会制度を基にした間接的な企業統制のしくみは,戦後日本でも業界団体制度として受け継がれ,高度成長達成の要因の1つとなった(第5章参照)。

II. 戦時期日本における開発型国家システム構築の説明

本章の後半部分では,戦後日本の開発型国家システムの根幹をなした企画院と統制会制度がなぜ構築されたかについての説明を試みる。第3章で行ったように,制度発展に関する3つの仮説の検証を通じて,より説得力のある制度発展の説明を探る。

(1) 集合行為理論の仮説

集合行為理論に基づいた仮説では,制度はアクターが相互利益を得ることを可能にするために構築されると考えられる。企画院と統制会といった制度も,戦時期日本のアクターらが集合行為問題を克服し,互いに協力できる環境をつくることで,相互利益を得るために構築されたのであろうか? 1930年代の初めごろ,世界恐慌のあおりを受けた日本経済は深刻な不況にあえいでいた。そして危機に瀕していた日本経済は,集合行為の問

題が原因で不況からの脱出がさらに困難になっていた。したがって，企画院と統制会制度もこうした集合行為の問題を克服するために構築されたとみることができる。

まず1930年代初頭の日本経済の状況について簡潔に述べてみよう。1929年に起こった世界恐慌は世界各国の経済に甚大な影響を及ぼした。恐慌発生後2年間で，アメリカのGNPは13%も落ち込み，イギリス（GNP23%減）やドイツ（GNP12%減）など多くの国が大不況に見舞われた[14]。すでに貿易を通じて世界経済に組み込まれていた日本経済も，当然のように大きな打撃を受けた。生糸，茶，綿織物などといった日本製品の主要輸出先であった欧米市場が冷え込み，それらの価格が急激に下落した。また各国が競って自国通貨を切り下げたことで，輸出が激減し，日本企業の業績は悪化した。さらに悪いことには，欧米列強がブロック経済を形成し，日本製品はその市場の多くを失ってしまったのである。日本製品の輸出額は1929年から1931年の2年間で53%も減少した。同時に輸入額も55%減少した。そのため，企業の利益率もほとんどゼロに近かった（鈴木 1992, 42頁）。日本の主要輸出品であった生糸と綿は，1929年当時輸出の64.2%を占めており，これらの産業は日本経済の根幹であった。だが1929年から1931年の間に，生糸と綿の価格は，それぞれ65.9%と56.7%下落し，売り上げも生糸が54.0%，綿が42.0%減少した[15]。輸出の急激な落ち込みにより，日本経済は

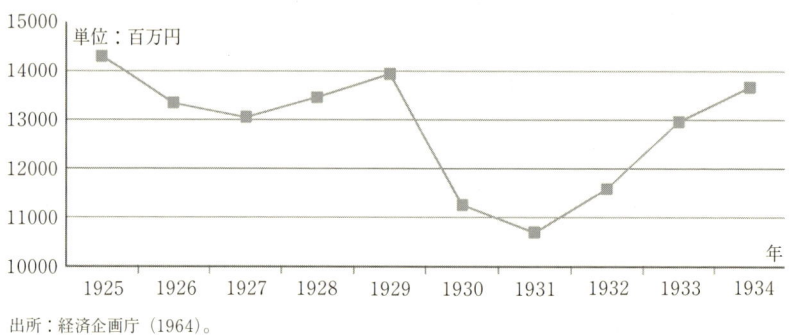

図4－2　世界恐慌と日本の国民所得（1925～34）

出所：経済企画庁（1964）。

---

(14)　Werner 2001, p.43。
(15)　これらの数字は，日本統計研究所（1958）のデータから，筆者が算出したものである。

深刻な不況に見舞われ，国民所得は1929年から1931年の間に24.3％も減少した（経済企画庁 1964, 288頁，図4-2を参照）。

また農業製品の国内価格も暴落し，農村経済に大きな打撃を与えた。農家の平均収入は恐慌後の2年間で半分以下に減少した。1928年の農家の平均収入は1,047円だったものが，1931年には478円に落ち込んだ。つまり2年間で54.3％も減少したことになる（日本統計研究所 1958, 160頁）。さらに農水省の調査によると，農家の収入は1929年から3年の間に3分の1に減少したという[16]。また当時の新聞は，「昭和五年における農村恐慌の直接的原因が農産物価格の急性的崩落にあったことは，資本主義経済組織下における市場の力に対し，農業生産が如何に無力であるかを明確にしている」と恐慌が農村経済に与えた影響に触れ，「現恐慌を機として農村の収入は昨年に比し幾何の減少となったか，最低の見積もりをしても八億円を降らないであろう，即ち米において三億四千五百七万三千円，繭において三億七千九百万円，蔬菜類において四千三百万円，果実額において二千六百万円，計七億九千万円となる」とその被害を推定している（『神戸又新日報』1930年12月30日）。さらに，他の新聞記事では，「恐らく現在の全国農家の負債総額は，六十億円を下るまいと思われる。しかもその利率たるや，七分から一割五分というところが八〇パーセント近くを占めているから，利子だけでも年々六億という巨額だ。赤字農家にどうしてそれが払えよう」と農家の窮状を伝えている（『東京朝日新聞』1935年4月26日）。

こうした不況のあおりを受けて，失業率も1929年の4.33％から1932年の6.88％へと急増した。これを日雇い労働者に限ると，失業率はさらに高く1929年に7.11％だったものが1932年には11.59％も上った（日本統計研究所 1958, 278頁。失業率の推移については，図4-3を参照）。この結果，短期間に貧困が全国に蔓延し，日本は明治維新以来最も深刻な経済状況に陥ったのである。

当時の識者らの中には，こうした経済危機の原因について分析し，無責

---

(16) 「農林省の調査によれば，昭和七年度の農家一戸当り農産物売上金は僅に三百八十七円四十三銭となって居り前年度に比べて五十七円三十五銭の減収である，これを嘗て同省農務局が，五十六戸の農家について調べた昭和四年度の一戸当り売上代金一千七十五円二十七銭に比較すると，その間わづか三年に過ぎないのに，農産物販売による農家の現金収入は三分の一以下に減ってしまった結果になる」（『東京朝日新聞』1935年4月26日）。

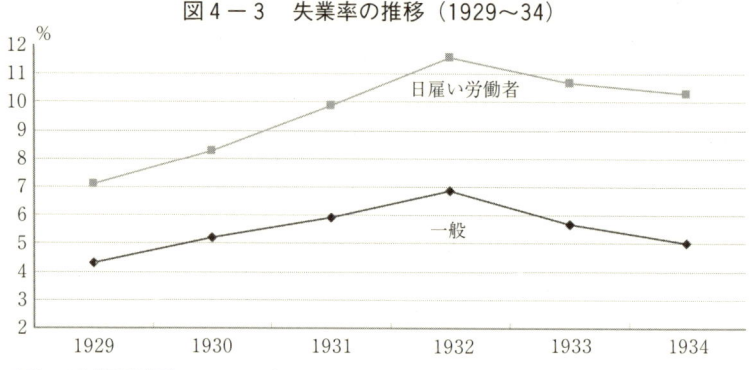

図4－3　失業率の推移（1929〜34）

出所：日本統計研究所 1958, 278頁。

任かつ自己中心的な企業活動が経済を狂わせたと考える者が現れるようになった。例えば，経済学者の高橋亀吉は，1930年に出版された著書の中で株式会社制度を痛烈に批判している。その中で，高橋は無責任かつ不適切な企業活動が，日本経済を重大な危機にさらしたと指摘している。そして，(1) その場しのぎの近視眼的な事業経営，(2) 放漫な事業財政，(3) ごまかし決算と蛸配当，(4) 事業道徳の欠如と虚業的事業経営，(5) 大株主の横暴と高配当欲による事業衰弱などといった不正行為が企業の間で蔓延していると主張した（高橋 1930, 4 頁）。

　こうした見解は政策決定者の間でも共有されていた。例えば，企画院の官僚であった帆足計[17]は，世界恐慌が起こった背景と，日本に統制経済が導入された理由を以下のように述べている。「個人が自由に手腕を振ひ，生産が無秩序に行はれることによつて，ややもすれば国民経済の全体としての均衡が破られた。即ち生産部門相互間の調和が周期的に破壊され，又生産と消費との均衡が破れて，ここに経済恐慌が発生した。」[18]さらに，「このような経済恐慌に対して，当初自衛策として考へられたものは所謂カルテル，トラストといつたやうな同業者的防衛組織であつた。しかしながら国際的，又は国民経済的大規模の恐慌に対してはこのやうな個別的な，産業別自己防衛の組織では殆んど無力なのであつて，かかる個々の対策をも

---

(17)　帆足は統制会設立の法的根拠となった経済新体制確立要綱の起草にも関与した。

(18)　帆足計『統制会の理論と実際』新経済社，1941, 11頁。

つて国民経済全体の難局を切抜けることは到底望めないのである。ここにおいて恐慌対策といふものが, 個々の産業対策としてでなしに, 国民経済全体に対する合理的な経済規制によつて切抜けられなくてはならぬと考へられるやうになつてきた」。こうした時代背景から, 「資本主義の修正とか統制経済とかいふ言葉が初めて日程にあがるに至つた」[19]というのである。

こうした当時の言論は, 企画院や統制会などといった戦時期日本につくられた制度が, 企業の自己中心的な放漫経営を規制することを目的に構築されたと示唆しているようにも思われる。つまりそれらの制度は, 集合行為の問題によって引き起こされる過剰生産・投資や無責任経営といった不適切な企業活動を防止し, 国家経済の健全性を保つためにつくられたというわけである。例えば, もし企業が規制されず自らの利益追求のためだけに活動している場合, 好景気の時には生産量を最大限拡大しようとする。そしてさらに設備投資を行い, 生産力をさらに拡大し, より多くの資本を集めるために高い配当を払おうとするだろう。しかし経済状況が悪化した場合, 企業は商品価格の急激な下落に直面し, 在庫の山を抱え, 恐慌当時の日本のように経済危機に陥ってしまう。そこで政策決定者らは, 自己中心的な企業経営者らに適切な規制や指導を行い, 経済危機を未然に防ぎ, 全てのアクターが利益を得るようなしくみをつくろうとしたと考えられる。したがって戦時期日本でつくられた制度は, 集合行為の問題を克服し, 適正な経済活動を促進するために構築されたと考えることができる。

集合行為理論の問題点

しかしこの仮説には, いくつかの重大な実証上の問題がある。第一に, もしそれらの制度が集合行為の問題を克服し, 相互利益を得ることを可能にするために構築されたのであれば, その制度構築に対して反対するアクターはあまりいないはずである。共同行動をすることよって, 各アクターは多かれ少なかれ利益を得ることになるのであれば, そうした制度を構築することに反対する理由はないはずである。たとえ何らかの理由があったとしても, さほど激しい抵抗が起こることは考えにくい。しかし実際には, 企画院と統制会制度の構築には, 戦時期を通じて激しく抵抗したアクターがいた, それもほんの一部の抵抗というわけではなかった。最も強力に抵

---

(19) 同前, 12頁。

抗したのは，財閥および多くの民間企業経営者らであった（財閥の抵抗に関しては次節で詳述する）。そして，財閥と緊密な関係にあった政党政治家の多くも，これらの制度に強く反対した。もしこれらの制度が好不況の波を抑え，適正な経済活動を促すのであれば，企業経営者らが享受する利益も少なくはなかったはずである。そのような意図をもってつくられた制度であったならば，なぜ彼らはさほど強硬に抵抗したのであろうか？ 集合行為の仮説から，この問いに対する答えを導き出すことは非常に困難である。

　第二に，これらの制度は前にも述べたように，経済的な効果は生み出さなかった。各産業の生産額は増加するどころか，減少してしまい，制度が相互利益を生じることはなかったといえる（111頁の図4－1を参照）。集合行為理論の仮説は，経済的利益を生み出せなかった制度がなぜ構築されたのかといった問いを説明することができない。戦時期日本の開発型国家システムが構築されたのは，ただ単に相互利益の追求や経済効率性の向上を理由にしたものではなく，その他により重要な理由があったからだと考えられる。次節では，制度発展過程の政治的背景に注目する権力構造の仮説について検証を試みる。

(2)権力構造の仮説

　権力構造の仮説によると，制度はアクター間の政治的競争の副産物であり，最も強大な権力を持ったアクターの意向が大きく反映されたものであるとされる。また制度構築に抵抗する勢力が，一定の影響力を持っている場合，アクター間での妥協が成立つこともある。こうしたアクター間の政治的駆け引きも，制度の発展過程に影響を与えると考えられる。戦時期日本において最も強大な権力を持ったアクターは，軍部将校と革新官僚であった。そして企画院と統制会制度の構築を推し進めたのも，彼らであった。こうした動きに激しく抵抗したのが，財閥と政党政治家の多くであった。前述のように，財閥と政党政治家らは経済統制強化に強く反対し，軍部将校と革新官僚の計画を妨害しようとした。それでは企画院と統制会制度の発展過程は，こうした政治的背景を反映したものであったのだろうか。

政党政治の終焉と軍部の台頭

　関東軍が強大な権力を持っていた満州とは違い，戦時期日本においては

2つのグループによる激しい政治闘争が続いた。その2つのグループの1つは1920年代に強い勢力を誇った財閥と政党政治家の連合体，もう1つのグループは軍部将校と革新官僚の連合体であった。権力構造の仮説は，戦時期日本の開発型国家システムが，制度発展の背景にあったこの政治闘争を反映していると考える。財閥と政党政治家の連合体が望んでいたことは，1920年代に繁栄した自由主義市場経済を維持することであった。第2章で明らかにしたように，当時の企業は政府から干渉されることはほとんどなく，自由な企業活動が認められており，政府の市場介入の拡大には反対していた。また立憲民政党や立憲政友会といった政党は，閨閥や政治献金などを通じて財閥と緊密な関係を持っており，そのメンバーの多くは財閥の利害を守るべく，経済統制の拡大に反対していた（もちろん，中には経済統制拡大を支持した中野正剛のような政党政治家もおり，全ての政党政治家が財閥を支持していたわけではない）。一方，軍部は満州のように日本にも経済統制を導入しようと考えていた。これは日本を取り囲む当時の政治情勢が，急速に悪化していたことが理由であった。1932年の満州国建国により，日中関係が緊迫化し，大陸における日本の勢力拡大を嫌ったアメリカやイギリスとの関係も悪化していた。こうした状況に対応するため，軍部は国内経済を急速に成長させ，大規模な戦争に対して備える必要があると考えていた。官僚らは軍部の海外拡大路線を必ずしも支持したわけではないが，産業開発における政府の役割を拡大したいという点では軍部と同じであった。そのため，軍部と共同で新しい経済体制の導入に力を注いだ。

戦時期の日本においては，軍部が日本政治を完全に支配していたと考えられていることが多いが[20]，実は経済統制の是非を巡って激しい政治闘争があった。権力構造の仮説によると，戦時期日本の制度発展の結果は，こうした政治背景を色濃く映したものであるとされる。軍部将校と革新官僚の連合体は，戦時期日本の政策決定過程において中心的な存在となった，しかしながら財閥と政党政治家らは経済統制の導入に対して抵抗を続けた。そのために両陣営が妥協を受け入れ，その結果が制度構造に反映されているというのである。

---

(20) 例えば，Hall (1968); Pempel (1992); Ramseyer and Rosenbluth (1995) などを参照。こうしたエリート理論については，本章末で詳しく述べる。

1930年代に起きた権力移行

　軍部将校と革新官僚の勢力が1930年代半ば頃に台頭し，財閥と政党政治家による政治支配は終焉を迎えた。そのきっかけは1920年代後半の長引く不況により，財閥の影響力が弱体化したことであった。さらに世界恐慌によって財閥系のものも含めて多くの企業が倒産に追い込まれ，日本経済は深刻な危機に瀕した。例えば，当時日本最大の総合商社であった鈴木商店が1927年に倒産し，その他にも東京渡辺銀行，台湾銀行，中井銀行などといった大企業が次々と倒産した。このように，財閥の権力が弱まり，アジアにおける政治情勢が緊迫化したことで，軍部の影響力が拡大することとなった。

　さらにこうした権力移行に拍車をかけたのが，1930年代前半に続発した若手将校や右翼活動家らによる一連のテロ・クーデター事件である。これらの事件の主なターゲットになったのが，政党政治家と財閥の経営者らであった。例えば，1930年東京駅において浜口雄幸首相が，右翼活動家によって狙撃され，数カ月後死亡する事件が起きた。翌1931年には，「三月事件」，「十月事件」といった軍の将校らによるクーデター未遂事件が発覚した。そして1932年には，元蔵相の井上準之助と三井財閥の総帥であった団琢磨が，右翼団体「血盟団」のメンバーに暗殺される事件が起きた。同年には，海軍・陸軍若手将校や右翼活動家らが，いわゆる「五・一五事件」を起こした。このクーデター未遂事件では，首相官邸，内大臣官邸，警察庁，三菱銀行などが襲われ，犬養毅首相が暗殺される事態が発生した。さらに4年後の1936年には，「二・二六事件」が発生し，陸軍将校を中心とした1,400名以上の兵士が政府の主要機関を襲い，大蔵大臣高橋是清，内大臣斎藤実などといった政府の重要人物を暗殺した。

　こうしたテロ・クーデター事件の目的の1つは，財閥と政党政治家の連合体を打破することにあった。軍部が財閥と政党政治家の多くを敵視していた理由には，主に2つある。第一の理由は，多くの将校らの生い立ちに関連していた。彼らの多くは，貧しい農村部出身で，彼らの地元では長引く不況によって苦しい生活を余儀なくされていた。深刻な経済危機の中にあって，彼らはこうした状況を生み出した原因は，私利私欲に走る財閥と腐敗した政治家にあると考えていた（鈴木 1992, 42頁；加藤 1979, 96頁；Gao 1997, p.94）。第二の理由はより政治的なものであった。1929年～1931

図4−4 国家予算と軍事予算の拡大（1929〜1941）

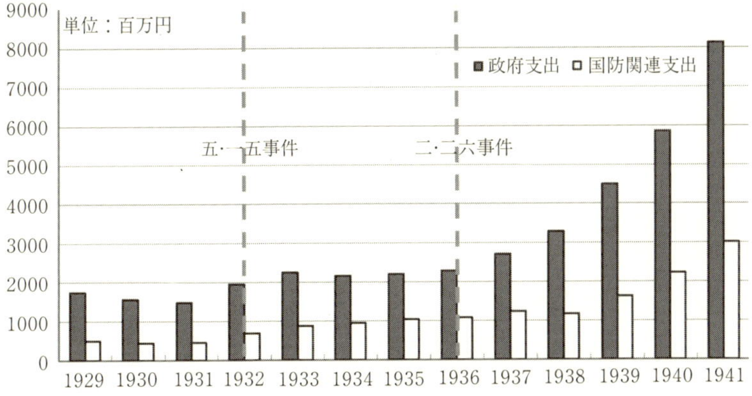

出所：経済企画庁（1964）。

年の間，政権与党であった立憲民政党は，恐慌後の経済危機を乗り切るために，政府支出の削減と均衡予算の実現を掲げていた。例えば，浜口首相と井上蔵相が標的にされたのは，1930年にロンドン海軍軍縮条約に調印したことと，緊縮財政により軍事予算の削減を断行したことがその一因であった。また当時の政治家の多くは，軍部による大陸における権益拡大にも反対していた。例えば，軍部が対ソ防衛戦略に極めて重要だと考えていた満州国の承認を，犬養首相は拒否したことで，軍部の反感を買っていた。

こうした若手将校や右翼活動家らのテロ・クーデター事件は，既存の政治体制を転覆させるまでには至らなかったが，政党政治家と財閥に対する暴力的な攻撃は，彼らの政治的影響力を弱体化させる結果となり，軍部の台頭を招いた。軍部の影響力が拡大したことは，この当時の国家予算において軍事予算が急速に拡大したことからもわかる。第2章で述べたように，1920年代には財閥と政党政治家の連合体は軍部の拡大政策と軍備拡張を効果的に抑止していた。しかし，1930年代に入って軍部が影響力を拡大するようになると，軍事予算も大幅に増加した。1929年に4.94億円だった軍事予算は，1935年には10億円，1941年には30億円にも拡大した。そして国家予算に占める軍事予算の割合も，1929年には28.5％だったものが，1935年には46.7％，1941年には37.0％にまで上昇した（図4−4を参照）。

革新官僚の台頭

財閥と政党政治家らを政策決定過程から排除しようと考えていた軍部は，「革新官僚」と呼ばれた若手官僚らと政治的な協力体制を築いた。革新官僚は，特に軍部の反財閥感情に対して強い共感を持っていた。それは，彼らの多くが若い頃の研修期間に，不況で疲弊した地方経済の現状を目の当たりにしていたからであった（Werner 2003）。軍部将校と同様に，彼らも経済危機の原因が，一般の人々を無視し私利私欲に走った財閥と政党政治家にあると考えていた。情実任用された明治期の官僚らと違い，厳しい公務員試験を勝ち抜いて選ばれた優秀な革新官僚らは1930年代初め頃から政府の重要なポストを占めるようになった。その一例をあげると，吉野信次（商工省工務局長）や岸信介（商工省文書課課長）や星野直樹（大蔵省国有財産課長）などがいた（他の革新官僚の例は，以下で詳述する）。Johnson (1982) によると，「（革新官僚は）各省にいたが，犬養首相が（二・二六事件で）暗殺されてからは影響力を強め」，「思想的に軍部に共鳴するところがあったのか，或いは単に時流に迎合しただけだったのかはわからないが，そのうちの何人かは急速に昇進していった」(Johnson 1982, p.124)。そして軍部将校と革新官僚は，協力して経済統制の導入に力を注ぐようになったのである。こうした権力構造の変化は，戦時期日本における制度発展に大きな影響を与えた。

石原と「満州派」による権力掌握

ここで軍部がどのように日本の新しい政治経済システムの構築を推し進めたのかについて述べてみよう。そこで注目すべき人物は，満州の事例でも登場した石原莞爾である。満州における開発型国家システムの構築に大きな貢献をした石原は，戦時期日本においても重要な役割を果たした。1933年に日本に戻った石原は，満州事変の立役者として脚光を浴びた。石原は仙台歩兵第4連隊長を2年間務めた後，1935年には陸軍参謀本部作戦課課長に任命された[21]。作戦課は陸軍全体の作戦立案を担う重要なポストで，陸軍のエリート将校によって構成されていた。そして石原は1937年3

---

(21) 陸軍が石原をこのような要職につけた背景の1つには，当時陸軍を二分していた皇道派と統制派の対立があった。当時石原は中立的な立場と目されており，高い人気とカリスマ性を持つ石原にリーダーシップをとらせることで陸軍の統率が保てると期待されていた。

月に，参謀本部作戦部長に就任した。中国における状況悪化を受けて，陸軍の政治的影響力はさらに拡大した。二・二六事件から2年ほどの間，石原は軍部のみではなく，日本政治全般に対して強大な影響力を持つようになり，組閣人事や総理大臣の人選に関しても影響を与えるようになった。当時の新聞は，石原と陸軍の政治影響力を評して「軍部，殊に陸軍が今日の政治の推進力であることは万人の等しく認めるところ，そして参謀本部の石原莞爾少将は，その推進力の根源たるモーターである」と述べていた[22]。

　石原が強大な権力を持つようになると，石原の政策に賛同する軍内外の人間が一大勢力を形成し，「満州派」と呼ばれるようになった。満州派の中心人物には，満州における国家建設に深く関わっていた者も多かった。陸軍内には，板垣征四郎（関東軍参謀長），林銑十郎（陸軍大将，総理大臣），片倉衷（陸軍参謀），今田新太郎（陸軍参謀）らがいた。軍の外にも，十河信二（満鉄理事），浅原健三（衆議院議員），宮崎正義（日満財政経済調査会）といった人物が満州派の構成員と目されていた。石原は日満財政経済研究会のメンバーらや国柱会といった国粋主義者らとも緊密な関係にあった。また岸信介，星野直樹，椎名悦三郎といった満州で経済統制を運営した革新官僚らとも協力関係にあった。さらに，近衛文麿や池田成彬（三井財閥），津田信吾（鐘淵紡績社長），鮎川義介（日産コンツェルン代表），中野正剛，松岡洋右などとも親しい関係にあった。

　石原は一時期日本政治において非常に強大な権力を持つに至ったが，彼自身が政治の表舞台に立ち，独裁者になろうとはしなかった。彼が政治から一定の距離を保っていたのは，軍人は政治にかかわるべきではないという考えに基づいたものであった。その代わり，石原は政府の人事に影響力を行使することでキング・メーカー的な立場を確立した。石原が描いていた日本政治改革の青写真は次の通りであった。まず近衛文麿か林銑十郎を首相とする内閣を作り，短期間で様々な制度改革を断行する。そして彼の満州時代の盟友であった板垣征四郎を首相とした内閣の下で長期政権を実現し，諸々の制度改革を完成させるというものであった。

　1937年に廣田内閣が総辞職し，元陸軍大将の宇垣一成に組閣の大命が下った際に，石原は宇垣内閣の組閣を妨害した。この当時はまだ元老の指名

---

(22) 『都新聞』1937年4月2日（秦 1962, 250頁に引用）。

によって次の総理大臣が選ばれ，勅命を受けるのが慣習であった。しかし石原はこうした慣習に対して，現役武官の派出を拒否し陸軍大臣の任命を妨害することで抵抗した。その結果，宇垣は陸軍大臣を任命することができず，組閣を断念せざるを得なかった。そして宇垣に代わって，石原の支持を受けた林銑十郎が次の内閣総理大臣に指名されることになった。1937年2月に組閣された林内閣の大臣のほとんどは，軍人もしくは官僚であった[23]。政党色を廃したこの内閣は，「満州内閣」とも呼ばれた。

　石原と満州派の強いリーダーシップの下，政府は1937年10月に企画院官制を採択し，企画院が設立された。企画院の権限は，翌年成立した国家総動員法によってさらに拡大された。同法は，企画院に資本・物資・労働力を配分し，国家経済の長期計画を立案・遂行する権限を与えた。石原と満州派のメンバーらは，満州において企画処を設立したのと全く同じように，日本国内にも強力な権限をもち経済成長と産業開発を主導する経済官僚機関をつくり上げたのである。つまり，戦時期日本の開発型国家システムの重要な制度の1つである企画院の構築は，当時の権力構造を色濃く反映したものであったと言える。

石原の凋落

　前節で述べたように，石原と満州派は極めて強大な影響力を掌握した，しかしその権力が長続きすることはなかった。石原を権力の座から引きずり落としたのは，中国戦線の拡大であった。石原は，最終戦争に対する備えとして，産業開発と国力拡充を当面の国の最重要課題と考え，不拡大路線を掲げていた。石原はその当時外務省幹部の前で「自分の目の玉の黒い中は一兵も出さぬ」（秦 1962, 251頁）と公言していた。その言葉通り，石原は大陸における戦線拡大を阻止することに全力を注いだ。これに対して武藤章大佐（参謀本部作戦課長），梅津美治郎中将（陸軍次官），東條英機中将（関東軍参謀長）といった対中強硬政策の支持者らは，大陸における日本の権益拡大を画策していた。そして1937年7月に北京郊外で発生したいわゆる「盧溝橋事件」を皮切りに，日中戦争が勃発した。

　石原の意向に反して，軍は23師団，70万人の兵力増強を決定し，1938年

---

(23)　これ以前の斉藤内閣や岡田内閣の総理大臣も軍出身であったが，それらの内閣を構成していたのは主に政党政治家であった。

の軍事予算は30億円にも膨れあがった[24]。その結果，石原と宮崎が立案し，実行を予定していた重要産業5カ年計画（この計画に関する詳細は後述）が必要としていた資金を欠くこととなった。陸軍内の対中強硬派を抑えることができなかったことで，石原は急速に求心力を失い，陸軍参謀本部を追われ，満州へ再び渡ることとなった。

　関東軍参謀本部に参謀副長として転属された石原は，関東軍と日本人官僚によって完全に支配され，属国化した満州国を目の当たりにして衝撃を受けた。石原も日本人による政治主導の必要性を認識してはいたが，彼は満州人や中国人らが積極的に政治に参加できる国家を理想とし，満州協和会といった政治組織の立ち上げにもかかわっていた。石原は参謀本部を痛烈に批判し，特に当時の参謀長であった東條英機に対しては，上官であるにもかかわらず，批判を繰り返した。これに憤慨した東條は，石原に対して憲兵を使って圧力をかけ，要職から追い落とすよう画策した。石原はその後関東軍参謀副長の座を追われ，閑職をいくつか転々とした後，1941年には予備役に編入されてしまった。それでも石原は東亜同盟構想を提言したり，評論活動などを盛んに行ったが，その後総理大臣になった後も石原を攻撃し続けた東條からの圧力もあり，石原の政治的な影響力は完全に失われてしまった。満州派のメンバーの多くは，陸軍の重要ポストを追われ，それぞれ別の場所に転属となった。ばらばらになった満州派は，急速にその影響力を失うこととなった。

革新官僚による制度構築

　石原と満州派のメンバー達は1938年以降急速に影響力を失ってしまったが，経済統制のシステムを構築するという構想は，彼らの盟友であった革新官僚らによって引き継がれた。石原は経済統制のエージェントである企画院を設立することには成功したが，満州における特殊会社のような企業を統制する組織をつくることはできなかった。自由主義市場経済からのさ

---

(24)　参謀本部にあって拡大路線を支持していた作戦編成課長の武藤章大佐は，内蒙工作の中止を求める石原に対して「私はあなたが，満州事変で大活躍されました時分……　よくあなたの行動を見て，大いに感心したものです。そのあなたのされた行動を見習い，その通りを内蒙で，実行しているものです」（秦 1962, 251頁）と述べ，石原の不拡大路線と激しく対立した。

らなる脱却を図るために，革新官僚らは1940年に「経済新体制確立要綱」を立案した。同要綱の作成は，企画院や商工省の官僚らと陸軍の「統制派」と呼ばれた将校らとの共同作業によって進められた。この作業にかかわったとされる人物には，企画院に調査官として出向していた秋永月三（陸軍大佐）[25]や美濃部洋次（商工省），迫水久常（大蔵省），毛利英於菟（大蔵省）らがいる。

近衛内閣は，これらの軍部将校と革新官僚らが作成した経済新体制確立要綱を1940年10月閣議決定した。同要綱は日本の資本主義を根本から改革することを目的としていた。その改革案の要点は，次の3点であった。第一点は「国防経済の確立」を国家経済の最大目標とすることであった。同要綱はこの目的を達成するため，「国家総力」を生産力拡大に注ぐ必要があるとしていた。第二点は民間企業の活動目標を，企業利益の追求から国防や生産力の拡充といった公益の実現に変えることであった。同要綱には，「企業体制ヲ確立シ資本，経営，労務ノ有機的一体タル企業ヲシテ国家総合計画ノ下ニ国民経済ノ構成部分トシテ企業担当者ノ創意ト責任トニ於テ自主的経営ニ任ゼシメ其ノ最高能率ノ発揮ニ依ツテ生産力ヲ増強」せしめるとした上で，「公益優先，職分奉公ノ趣旨ニ従ツテ国民経済ヲ指導スル」とある[26]。さらに「企業ハ国家的生産増強ニ寄与セシメ又其ノ恒久的発展ヲ遂ゲシムル為適当ナル指導統制ヲ加フ」とも規定されている。第三点は，経済組織を通じた間接的な経済統制の確立であった。企業は自主的に設立された経済団体を通じて，業界を規制することが奨励された。そしてこうした経済団体は，「政府ノ協力機関トシテ重要政策ノ立案ニ対シ政府ニ協力スルト共ニ実施計画ノ立案及其ノ計画実行ノ責ニ任ジ」るとされ，これが後の統制会制度設立につながった。

しかし経済新体制確立要綱は，政府の経済統制に関して重要産業のみに限定し，さらに政府が行うのは指導と監督に留め，実際に統制を行うのは経済団体の仕事であるとしている。そしてそれらの経済団体の長を民間から選出し，会員企業を規制する権限を与えた。こうした経済団体を通じた

---

(25) 秋永は1935年関東軍参謀に配属され，満州における経済政策の作成に携わったこともある。またその後，企画院第一部長や内閣総合計画局長官を務めた。

(26) 「新経済体制確立要綱」1940年12月7日閣議決定。

間接的な経済統制のあり方は「資本と経営の分離」と呼ばれていた。資本と経営の分離とは，事業主（つまり財閥オーナーなど）の経営権と自主性を否定するのではなく，必要に応じて制限を加え，公益優先の経営に導くよう指導することであった。このように軍部将校と革新官僚らは，満州の特殊会社に比べて，より間接的な経済統制のしくみを導入することを選択した。満州と戦時期日本で制度に違いが生まれた原因の1つは，財閥と政党政治家からの経済統制に対する強い抵抗にある。

財閥の抵抗

前述のように，軍部と官僚が台頭したことで，財閥と政党政治家の連合体は政治的影響力を失った。しかしこれは軍部と官僚が，財閥を完全に支配下に置いたということではない。財閥はその後も軍部と官僚が目標とした経済統制を拡大する政策に対して激しく抵抗を続け，そうした抵抗は戦争終結時まで続いた。戦時期の日本政府においても，政党政治家や財閥関係者が政府の要職を占めることがあった。そして時には，経済統制を拡大させようとする急進的な革新官僚らを政府から追放することもあった。

例えば，1931年商工省の革新官僚のリーダー的存在であった吉野信次と岸信介が中心となって「重要産業統制法」（同法の詳細については後述する）のケースがある。1937年以降の本格的な経済統制関連の法案に比べれば，重要産業統制法は非常に緩やかな規制を設ける程度の法令であったが，自由主義を標榜する財界と政党政治家達から激しい反対を招いた。当時の商工大臣であった町田忠治[27]は，「産業は本来自由であらねばならない」と述べ，「結局は運用上またはその効力の及ぼす度合を強めるが如きことは先ずあるまい」という見解を報道関係者に伝えた（『報知新聞』1935年7月7日）。さらに1936年に組閣された廣田内閣で商工大臣に任命された小川郷太郎[28]は，就任後すぐに吉野と岸に対して辞表を提出することを迫った。その結果二人は辞職し，吉野は東北興業株式会社の総裁に，岸は満州に行くことになった[29]。財閥と政党政治家らは，吉野と岸による経済統制強化

---

(27) 町田は民政党の議員であった。
(28) 小川は民政党の議員であったが，政界に転じる前は京都帝国大学の経済学の教授であった。
(29) 岸は後にこの件について，「小川郷太郎さんがある人から言われたらしい。誰が吹き込んだかわからないが，商工省に行ったら，吉野信次，岸

策を何としてでも阻止し，市場の自主性を守ろうとした。吉野と岸に近かった革新官僚らの中には，彼らと同様に商工省を去り満州に渡った者もいた。そのため日本において経済統制が本格的に始まるのは，そのさらに数年後になったのである。

　財閥の激しい抵抗のもう1つの例としてあげられるのは，第二次近衛内閣における小林商工大臣と岸商工次官の衝突である。第二次近衛内閣は，経済統制を支持する勢力と企業の自主経営権を守ろうとする勢力の微妙な均衡の上に構成されていた。前者には満州において経済統制体制の運営に携わった岸信介（商工次官）や星野直樹（企画院総裁）や東條英機（陸軍大臣）らがいた。そして後者には，小林一三（商工大臣）や小川郷太郎（鉄道大臣）[30]や金光庸夫（厚生大臣）[31]や村田省蔵（逓信大臣）らがいた。さらに軍の皇道派に近かった平沼騏一郎（内務大臣）[32]も，統制派が進める経済新体制には強く反対していた。こうした内閣内の亀裂は，当時の政治背景を反映したものであった。革新官僚と統制派の将校らは協力して，経済統制をさらに強化することを画策していた。財界と一部の政党政治家らは，経営権の自主性を守るために力を注いでいた。そして革新官僚と統制派将校に反感を持つ一部の右翼活動家や皇道派の将校らも，新経済体制の確立を妨害していた[33]。

　近衛首相は著名な実業家であった小林一三を商工大臣に任命した。岸は財界出身の大臣を前面に出すことで，経済統制に対する財界の批判を和らげることができると考えていた。自らに全権を与えるとした近衛を信頼し

　　　信介というのがいて商工行政を独断している。商工大臣として小川さんが本当に仕事をするならば，まず吉野と岸のクビを切ることだ。そうでなければ誰が行っても大臣の仕事はできない。小川さんは大臣に就任されるや，まず吉野次官の首を切り，かえす刀で，私のクビも切ったのですよ。私には『満州に行け』ということで，満州にやられるんです」と語っている（細川 1986, 24頁）。

(30)　小川郷太郎は，1936年に岸と吉野を商工省から追い出した人物である。
(31)　金光は大正生命保険社長や東京商工会議所副頭取を務めた。
(32)　平沼は検事出身の保守政治家で，右翼団体「国本社」の創始者であった。平沼は陸軍の皇軍派に近く，統制派や革新官僚には批判的な立場をとった。平沼は司法大臣なども歴任し，1939年には内閣総理大臣に就任した。
(33)　彼らは国家社会主義の支持者で，私有財産の制限や産業国有化を唱えていた。

て，岸は満州での経験を活かし，経済統制を強化した戦時経済体制を確立することに専念していた。しかし岸の小林に対する過小評価は，最終的に致命的な結果を招くこととなった。小林には，おとなしく岸の政策の隠れ蓑になるつもりは全くなかった。岸と同様に，「小林もまた自尊心と押しが強い，信念を持った男であった」(Kurzman 1960, p.150)。小林は「自分達の企業が健全に発展することが，国家の経済に役立つものである。企業の伸びは自由競争の原理を無視しては成り立たない」と強く信じ，企業の自主経営権を守るという強い気概を持っていた(細川 1986, 45頁)。そのため，「資本家で国家のことがわからぬものは，経営に当たるべからず」(同上，45頁) とする「資本と経営の分離論」を唱えていた岸次官と自由主義者の小林大臣は，真っ向から対立していた。

そして両者の衝突は1940年の経済新体制確立要綱の閣議提出によって決定的なものとなった。財界と政党政治家らと一部の右翼活動家らは，経済新体制確立要綱を激しく非難した。同要綱に対する批判は，内閣の内部からも起こった。小林商工大臣，小川鉄道大臣，金光厚生大臣，村田逓信大臣らはこぞって同要綱を批判した (伊藤 1983, 182頁)。その結果，同要綱は大きく修正されることとなった。度重なる修正にもかかわらず，反対勢力は同要綱の廃案を求めた。同要綱に反対する政治家と右翼活動家は連名で近衛首相に，書簡を提出した。その内容は以下の通りであった。「官吏の経済計画は，共産党の信条と其の軌を一にするものにして，之が徹底遂行は国民の伝統的精神を破壊し経済生活を撹乱するものにして，露国の覆轍を踏むものなり。」さらに同書簡は「政府拡張及び大政翼賛会中の社会主義者を罷免する事」を要求した (伊藤 1983, 183頁)。

そして同要綱の採用を近衛内閣が閣議決定したことで，推進派と反対派の対立は高まった。特に，閣議決定が行われたことを知らずに石油輸入の交渉のために蘭領東インドを訪れていた小林商工大臣は「同要綱の条文の多くは共産主義の匂いがすると激怒して同要綱の全面破棄を要求」した (Kurzman 1960, p.153)。また小林は，11月10日関西経済人との会合でも，役人の中に「アカ」がいると公然と批判した (伊藤 1983, 182頁)。小林大臣と岸次官の対立は，その後数カ月間も続いた。そして和田博雄や稲葉修三や勝間田清一といった企画院の革新官僚らが左翼運動に参加したとして逮捕される事態となったいわゆる「企画院事件」[34]が大きな問題となると，小林は逮捕された企画院の官僚らとの関係が深かった岸に辞任を要求した。

岸が身の処し方を，近衛に相談すると，近衛は意外にも岸に辞任を受け入れるよう告げた。結局岸は次官の職を辞任することになった。しかし岸もただで引き下がるつもりはなかった。軍部の助けを受けて，岸は小林を大臣の座から引き下ろすべく，徹底した身辺調査を行った。その結果，小林は機密事項を知人に漏らしたという疑いをかけられ，大臣辞任に追い込まれたのである。

　経済統制に対する財閥の抵抗を物語る例は他にもある。第一に，財閥は事業利益を守るために，しばしば政府の要求に従わないことがあった。例えば，戦争遂行に重要とされたタングステンやモリブデンといった希少金属の生産を，政府が財閥系企業に要求したことがあった。しかしそれらの企業は，これらの希少金属の生産はリスクが高く利益性も望めないと考えたため，この要求に応じた企業はなかった。第二に，財閥は統制色の強かった東條内閣に対しても財界の代表を受け入れることを認めさせた。例えば，三井財閥の中心人物で王子製紙の社長であった藤原銀次郎や山下汽船社長の山下亀三郎を内閣顧問として迎え入れた。東條内閣で商工大臣を務めさらなる経済統制拡大を進めようとしていた岸は，こうした閣内の抵抗勢力に対して配慮する必要に迫られた。Kurzman (1960) は，東條内閣に内閣顧問を受け入れさせたことについて「財界側の大きな勝利であり，軍部側の敗北を意味した」とその重要性を述べている（Kurzman 1960, p.182）。

　軍部と官僚の連合体が台頭したことで，自由主義市場経済から開発型国家システムへの制度移行が行われた。軍部と官僚は満州と同じように，産業を政府の統制下に置くことを望んでいた。しかし彼らの計画は，自由主義市場経済を守ろうとした財閥と政党政治家らの激しい抵抗を招いた。軍部と官僚は開発型国家システムを導入することには成功したが，経済統制を大幅に緩和したしくみを導入せざるを得なかった。したがって，戦時期の開発型国家システムの制度特徴は，当時の権力構造を反映していたと考えることができる。

権力構造の仮説の問題点

---

　(34)　小林 (2005) によると，企画院事件の裏には，経済統制に傾倒した企画院と商工省を牽制することを望んでいた平沼内相と財界の暗躍があったという。こうした見方については，岸など (1981, 39頁) も参照。

このように権力構造の仮説は，戦時期日本のケースに関して一定の説得力を持った説明を提示する。主要な政治アクターの間の権力構造は，確かに戦時期日本の政治経済システムの発展過程に重要な影響を与えた。しかしながら，この仮説はいくつかの重要な問いに対して明確な回答を提示しない。第一に，なぜ軍部と官僚は政策決定過程においてそれほどの影響力を持つことができたのだろうか？　1930年代に起きた権力構造の変化は確かに重要であったが，経済統制導入の政策が学者や知識人など各方面から支持を受けるようになったことも重要な理由の1つであった。当時の学者や知識人の政治的影響力は限定的であったが，こうした方面からの思想的支持は軍部と官僚の政策の正当性を後押しし，政策導入をより容易にしたと考えられる。つまり軍部と官僚に対する思想的な支持が広がったことで，政策決定過程における彼らの影響力が増大したといえる。したがって，制度発展過程を説明するには，その思想的背景（つまりアイディア間の勢力関係）についても注目する必要がある。第二に，pilot agencyと統制会制度の制度的特徴に影響を与えたのは，アクターの権力構造だけではない。財閥などの激しい抵抗によって，軍部と官僚が経済統制を緩やかなものにせざるを得なかったのは確かだが，制度発展の結果が両者の意向を反映したものであったわけではない。軍部と官僚は満州モデルに多少の修正を加えたものの，彼らの制度設計はあくまでも自らの政策指針であった政策アイディア（統制経済論）に基づいたものであった。財閥と多くの政党政治家らが彼らの政策に反対し続けたのは，こうした理由があったからである。したがって，制度発展の複雑な過程をより正確に説明するには，権力構造だけではなく，アクターの政策アイディアにも注目する必要がある。

(3) 政策アイディアの仮説

　政策アイディアの仮説は，アクターの政策アイディアに注目して制度発展過程を説明する。アクターが政策決定を行う時，彼らは必ずしも合理的な選択を行うのに必要な量の情報を持っているわけではない。時には，不確実要素が非常に高い状態で，限られた情報のみに頼って重大な決断を迫られることがある。そのため，アクターは決断を下す指針となる何らかのアイディアに依存する。アクターが一旦あるアイディアを指針として採用すると，そのアイディアはアクターの政策決定に長期間にわたって影響を与え続けることがある。また彼らのアイディアは，彼らの過去の経験や学

歴・職歴や生い立ちなどによって影響を受ける。後述するように，戦時期日本のケースでは，軍部将校や官僚らの満州における経験が，彼らの政策アイディアに強い影響を与えていたことがわかる。

　合理的選択論に基づいた仮説は，こうした歴史的要素やアイディアについてはほとんど考慮に入れていない。しかし，戦時期日本と満州の開発型国家システムにはその基盤となった政策アイディアに重要なつながりがある。開発型国家システムの発展過程がもつ複雑な背景を説明し，次のような問いに対して答えを探るには，こうしたアイディアに注目する必要がある。なぜ既存の制度を廃止して，新しい制度を導入する必要があると考えられたのか？　なぜ，政策決定者らはそのような制度設計を行ったのか？なぜ彼らの政策は広い支持を集めたのか？　また，彼らはそうした制度を構築して，何を達成したかったのか？

　以下ではまず，1920年代から1930年代ごろ学者，ジャーナリスト，知識人，活動家，政府関係者らの間で起きた政策アイディア間の競合に注目し，統制経済論が広く支持されるようになった背景について探る。次に，統制経済論が戦時期日本においてどのような思想的発展を遂げたかについて探る。ここでは，戦時期日本において重要な政策プロモーターの役割を果たした岸信介に注目する。そして岸の生い立ち，学歴，商工省と満州における経験などについて探り，それらが統制経済論の思想的発展にどのような影響を与えたかを検証する。最後に，軍部将校と革新官僚らが彼らの政策指針である経済統制論をどのように制度化したのかについて議論する。

政策アイディアの競合

　戦前の日本には，自由主義経済理論，マルクス主義，国家社会主義，統制経済論の4つの政策アイディアが存在し，それぞれを支持する学者，知識人，政府関係者，活動家などがお互いに論争を重ねていた。そしてそれぞれのアイディアから，不況にあえぐ日本経済に対して相反する政策提言が出され，学界，論壇，政府内などで思想的闘争が繰り広げられた。以下では，これらの政策アイディアがどのような人々から支持を集め，どのような政策提言を行ったかについて述べ，統制経済論が最終的に思想的闘争に勝利した背景を探る。

　第一に，自由主義経済理論から議論を始めよう。自由主義経済理論を支持する日本の経済学者は，近代経済学とよばれる学派を形成していた。近

代経済学は，古典派経済学，ドイツ新歴史学，ケインズ主義などの経済理論を支持する経済学者の集まりであった。近代経済学の主な特徴は，マルクス主義と経済統制に反対していたということである。日本における経済学は，1870年代に古典派経済学を基にした学問に端を発した。そして，ドイツで経済学を学んだ学者らが，1896年に日本初の経済学の学会である「日本社会政策学会」[35]を設立した。同学会のメンバーらは，マルクス主義に対して強い反対姿勢をとったドイツ新歴史学派のグスタフ・シュモラーやアドルフ・ワグナーらに傾倒していた。1908年に東京大学は法学の一分野として経済学を導入し，1919年には経済学部を新設した。その他の大学も，東京大学に倣い経済学を導入し，様々な経済関連の学術誌を創刊した。当時の著名な近代経済学の学者には，福田徳三，小泉信三，中山伊知郎などがいた。そして1930年代後半まで近代経済学は経済学の主流を形成していた（早坂 1984）。また自由主義経済理論は，政府の市場介入や規制強化を嫌う企業経営者の間でも広く支持されていた。

　しかし自由主義経済理論は1920年代末から1930年代初めにかけて，一般の人々に対して急速に求心力を失ってしまった。その主な理由には，その当時起きた2つの出来事がある。その2つの出来事とは，世界恐慌とソ連経済の大躍進である。前述したように，日本経済は世界恐慌の影響を受け，深刻な不況に直面した。世界恐慌における経験から，多くの人々が自由主義市場経済の妥当性に対して強い疑念を抱くようになった。特に元々大企業に対して反感を持っていた人々にはこうした傾向が強く見られた。そして，自由主義市場経済に対する信頼の低下は，世界中でみられた。Hall (1989) によると，世界各国で「資本主義経済が世界恐慌で生き残れるかどうかという不安感が蔓延し，市場の独占や暴力的な労働争議や革命などが起こり，自由市場資本主義に基づいたモデルに疑問を投げかけた」(Hall 1989, p.384)。そして，長年自由主義を謳歌してきたアメリカやイギリスでも，ケインズ理論に基づいた政策を取り入れ，需要刺激に政府が積極的な役割を果たすことで，経済危機を乗り切ろうとしていた。そして日本の政府関係者，学者，ジャーナリスト，知識人なども，政府による市場規制

---

(35)　日本社会政策学会は，その後「日本経済史学会」(1930年設立) と「日本経済学会」(1934年設立) に分裂したが，両者共に反マルクス主義の立場をとっていた。

を行い,「資本主義の弊害」を根絶する必要があると考えるようになったのである。

世界恐慌の惨状を目の当たりにして, 当時の知識人や学者の中にも自由主義に疑念を抱き, 市場経済および資本主義の欠陥が大規模な経済危機を招いたと考える者が現れた。例えば, 当時の著名な経済学者である高橋亀吉は, (1)その場しのぎの近視眼的な事業経営, (2)放漫な事業財政, (3)ごまかし決算と蛸配当, (4)事業道徳の欠如と虚業的事業経営, (5)大株主の横暴と高配当欲による事業衰弱などといった株式会社の無責任かつ不適切な行動が, 日本経済を危機に陥れたと主張した (高橋1930, 4頁)。また高橋は, 既存の資本主義経済には決定的な問題が内在しており, 政府が市場を規制する必要があると考えた。彼が特に問題視したのは, 企業家や投資家の無責任な利益追求行為であった。これは市場が適正に機能するには, 個々の利益追求行動が欠かせないとするデービッド・リカードやアダム・スミスなどの自由主義経済理論を否定するものであった。

自由主義市場経済の妥当性に大きな疑念を投げかけたもう1つの出来事は, 驚異的なソ連経済の大躍進である。1928年に第一次経済5カ年計画を導入したソ連は, 短期間の中に工業化に成功し, 目覚しい経済成長を実現した。当時の日本の新聞記事は, ソ連計画経済の躍進を次のように伝えている。「労農連邦政府は十二月を以て終る四半期間の数字を監査しこれに承認を与えたが労農経済五ヶ年計画の二ヶ年間の実績は五ヶ年計画を四ヶ年に短縮し完成し得ることを立証した, 各工業の生産額に二割五分方増加し重工業においては四割方増加を見, 更に社会主義化され, 工業に対する投資は八割四分を増した, 而して失業問題も一切清算された」(『神戸新聞』1930年11月2日)。世界恐慌の影響でほとんどの国の経済が停滞していたにもかかわらず, ソ連経済が急速な成長を達成したことは大きな驚きをもって迎えられた。1932年に『国民新聞』に掲載された「世界の不況を知らぬ人々」と題された記事は, ソ連経済の現状を次のように伝えている。

> 永遠の繁栄を誇ったドル資本の牙城米国が一九二九年秋の株式恐慌に一溜りもなく繁栄の城をあけ渡して以来澎湃たる世界恐慌の波は各国経済の根底をゆり動かし諸国は何れも赤字と失業とに青息吐息の体であるが, 此処に羨ましい生活振りを見せているのは労農連邦の勤労大衆である, その生活程度の向上振りを少しくのぞいて見よう, いわゆ

る産業五ヶ年計画に依る労農連邦の工業化と農業経営の集団化との結果に現れた現象は勤労大衆の賃銀の上昇と失業者と云うものを一掃したが殊に一九二八年十月一日から一九三一年九月三十日に至る最近三ヶ年には工場労働者の月平均賃銀は二十四パーセント方の増加を示した，又冶金工業に於ては一九三一年十月一日より新に二十三・五パーセントの賃銀増加を発表し石炭業に於ても同様十二パーセント方の引上を実行した，一方五ヶ年計画の進捗と共に数百万の労働者が新に開拓された工業部門に吸収（『国民新聞』1932年1月10日）。

　資本主義国家の多くが不況にあえぐ中，後進農業国であったソ連が，急速な工業化に成功したことは，日本人を大いに驚かせた。当時の新聞記事は，ソ連経済の成功によって日本人の経済観が変わりつつあると以下のように伝えている。「この五年計画が成功して，かく産業的に遥に先進国である各国を悩ましているということは，即ち資本主義の敗北を意味するものだという風にも取られている」（『大阪毎日新聞』1931年4月30日）。また，別の記事では，「現代の世界には二つの根本的に対立した経済体制がある。無計画的な資本主義経済体制を採るものはロシアを除く凡ての国家であり，社会主義経済体制を布くものはソヴィエット，ロシア一国あるのみである。一九二九年の秋以来，全世界を荒れ狂っている経済恐慌の嵐を鎮めようとして，国内的にも，国際的にも政治家，実業家，学者等のあらゆる智嚢をしぼって，恐慌対策を講じているにも拘らず，一切の事態は些の好転の兆すら示さない。『資本主義経済の行詰り』が来たのではないかの感を一部に懐かせるに至ったことは否めないのである」（『満州日報』1932年1月6日）[36]。

---

(36) 別の新聞記事には，「今吾々の目の前には二つの世界が相対立している。其一つ所謂世界恐慌の波に捲き込まれて，殺人的不況の中に喘いでいる無計画な資本主義世界であり，他は計画経済によって社会主義建設を急いでいるサヴェート・ロシアを中心とせる社会主義の世界である」と2つの経済体制の対立が描写されている。そして同記事は，「計画経済が有利であることは今日周知のことで，現にイギリスの経済学者（ポール）アインチヒは世界五箇年計書を発案し又昨年八月末にはアムステルダムで計画経済の世界会議が開かれ，世界諸国の代表者が一堂で熱心に討論し，その結果世果五箇年緊栄計画，世界計画化審議会等々の提案が真面目になさ

当時の政府関係者もソ連の大躍進を日本にとって驚異であると認識していた。例えば，在ソ大使館に武官として2年間滞在した有馬寛少将は，1931年に帰国した際報道関係者に対して次のようにソ連の軍事的脅威について述べている。「(ソビエト軍は) 近い将来大戦があると言うことを予想して現在常備軍五十万，ゲーベーウ二十万，民兵軍団五十万合計百二十万の兵備を有し西欧に向け主力を注いでいる，年々二回ある観兵式毎に驚くべき新兵器を用いる等軍備の拡張新兵器の充実に必死となり共産主義はさながら軍国主義の観があるそして国民自体が国家主義に転換しつつある状態である」(『大阪時事新報』1931年7月28日)。また陸軍参謀本部作戦課の島貫武治大尉の分析によると「(満州)事変当初の東亜に於ける日ソの戦争力は大体平衡がとれていた」ものの，1936年ごろには「既に日本の在満兵力は蘇軍の数分の一に過ぎず，殊に空軍や戦車では比較にならない」(秦1962, 238頁)と考えられていた。極東地域におけるソ連軍の兵力は1935年からわずか3年間で倍増したが，日本軍の兵力にはほとんど変わりはなかった。極東地域におけるソ連軍の兵力は約24万にも達したが，日本の同地域の兵力はその3割にも満たなかった(同上, 238頁)。当時の新聞記事は急速に拡大するソ連軍の軍事的脅威について次のように伝えている。

　　第一次，第二次産業五ケ年計画によってサ聯(ソ連)の軍需工業は近時飛躍的進歩充実を遂げ，その陸軍は世界最大を誇っていた帝制時代よりも量，質ともに遥に優勢を示し極東においても満サ国境線に沿い厖大な兵力を集中し，その補給諸施設を完備しもって極東軍独力をもってする戦争遂行に支障なからしめんと企図しつつあることは我が陸軍としても最もこれを重要視している，即ち我が在満兵力はサ聯極東軍に比しその数分の一にすぎず，さらに飛行機，戦車などにいたっては比較にならぬ現状であるから陸軍としても在満兵力，航空兵力，機械化部隊の拡充などをはかり国防の万全を期せんとしているが，これがためにはまずその前提条件として我が飛行機工業，自動車工業ならびに石油業など陸軍としてもっとも関係深き軍需工業方面において国家的保護助成ならびに統制強化の必要が痛感されているのでこの種工業部門における統制経済への強化は漸次具体的問題となるであろう

　れたのを見ても判る」と結論づけている(『大阪時事新報』1932年3月6日)。

(『大阪朝日新聞』1936年4月5日)。

　最後に，当時商工省の課長であった岸信介は，ソ連の5カ年計画に初めて触れた時の感想を後にこう語っている。「私はあの計画を初めて知った時には，ある程度のショックを受けましたね。今までわれわれのなじんでいる自由経済とは全く違うものだし，目標を定めて，それを達成しようという意欲とか考え方に脅威を感じたことを覚えている」(岸1981, 17頁)。つまり，世界恐慌とソ連経済の大躍進という2つの出来事は，当時の人々の間に自由主義市場経済に対する疑念を生じさせ，何らかの経済統制の必要性を認識させるようになった。

　第二に，日本におけるマルクス主義の展開について議論する。20世紀初頭ににヨーロッパから日本にマルクス主義が伝わると，マルクス主義は一部の経済学者，左翼運動家，労働者らから広い支持を集めるようになった。当時のマルクス経済学者の代表としては，河上肇，大内兵衛，野呂栄太郎などがあげられる。彼らの研究者としての活動は，左翼活動とも密接につながっており，彼らは1910年代ごろの社会主義・共産主義運動の盛り上がりに大きく貢献した。

　しかし，資本主義体制打倒を目指した労働者による革命を呼びかけた共産主義運動は，1925年に治安維持法が制定されると，政府による思想弾圧の標的となった[37]。政府による弾圧は，1931年の満州事変以降はさらに厳しさを増し，多くの共産党党員らが逮捕され，思想転向を強制された。そして戦前における共産主義活動の終焉は，日本共産党委員長であった佐野学と鍋山貞親が1929年に逮捕され，彼らが共産主義を批判する「共同転向声明」を1933年6月に発表したことで決定的となった。彼らの転向声明には，次のように共産党とその活動を非難する言葉が並んだ。

　「かつて或る時代の日本共産党は武装デモの呼びかけをなし，事実，小規模ながらそれを組織した。それは決定的に誤謬であったが，それでもなおこの誤謬は大衆の支持を確信した大衆の中に突入する思想を現わしている。

---

(37)　戦時期には，自由主義経済学者に対しても思想弾圧が加えられた。マルクス経済学者に対するものに比べれば，さほど過酷な弾圧ではなかったものの，彼らの言論は「思想統制」の名の下に厳しく制限された。経済学者の大河内一男によると，思想弾圧は「日華事変が勃発してから太平洋戦争が起こるまでの数ヶ月間」が特に厳しかったという (早坂1984, 148頁)。

それに比べて昨年来の諸事実はブランキズムの悪い要素のみの寄せ集めの観があり，プロレタリアートと全然縁無き腐敗傾向すら示した」と断じ，「党は客観的に見て労働階級の党であると云えない」と批判した（佐野 1933, 4-5頁）。彼らはまた以前世界的な共産主義活動のリーダーとして敬意を払っていたソ連とコミンテルンについても，以下のように批判した。「我々は熟考の末，かかる事態を必然ならしめた根本原因の一つは我々が無限の信頼を寄せていたコミンテルンの政治及び組織原則そのものの中にあることを悟った。我々は従来最高の権威ありとしていたコミンテルン自身を批判にのぼせる必要を認める。我々はコミンテルンが近年著しくセクト化官僚化し，余りに甚だしくソ連邦一国の機関化し，21か条加盟条件の厳格なプロレタリア前衛結合の精神を失い，各国の小ブルジョアに迎合し，悪扇動的傾向すら生じたと断定する」（同上，8-9頁）。佐野や鍋山といった共産党の主導者らによる転向宣言は，党員やその支持者に大きな衝撃を与え，左翼運動は急速に勢いを失っていった。

　また鍋山は自伝の中で，1933年当時の共産党の状況を振り返って，次のように述べている。共産党の行動は「右翼のテロ事件と同じく，大衆を信頼せず，大衆からかけはなれた，小ブル（ジョア）インテリの衝動的行為ばかりである。党は，全く，小ブルインテリの玩具に化してしまつたと言える。新たに党員として流入してくるのは，大抵その層だ。労働者でない」（鍋山 1949, 147頁）。さらに，「夢にもできない全国的ゼネストを支持したり，消費組合記念日をストとデモで闘えと扇動したり」といった状況で，「大衆的支持も基盤もなく，言うことの百分の一も実行できないのに観念的に華やかさばかりを追いかけている」と厳しく批判している（同上，148-9頁）。こうした内部状況は，共産党の求心力をさらに弱らせる結果を招いた。

　また，政府による思想弾圧は，マルクス経済学者にも拡大し，彼らの多くは思想転向を表明し，大学を追われるなどした。例えば，京都大学の教授であった河上肇は，その後大学を辞し共産党党員となり，左翼活動に積極的に参加していた。河上は1933年に逮捕され，転向声明を発表することを強いられた。彼が獄中で書き，転向を表明した手記「獄中独語」は，全国紙にも掲載された。その中で河上は「私は今後運動とは——合法的ものたると非合法的ものたるとを問わず——全く関係を絶ち，元の書斎に隠居するであろう。これが私の現在の決意である。私は今かかる決意を公言し

てこれに社会的効果を賦与することにおいて，共産主義者としての自分を自分自身の手で葬るわけである」と宣言した。また公判にあたって検事に提出した上申書でも，「斯クシテ私ハ共産主義者トシテノ自分ヲ葬ルバカリデナク，更ニ進ンデマルクス学者トシテ自分ノ生涯ヲモ，最早今日限リ断絶セシメ様トスルノデアリマス」[38]と共産主義との訣別を表明した。

このように，マルクス主義は，貧富の差を生み出す自由主義経済理論に対するアンチテーゼとして，一部の学者や活動家や労働者の間に広がった。しかし政府の思想弾圧の標的となり，活動の主導者らが転向声明を発表したことで，大量の転向者を生み出し，その影響力を失ったのである。

第三に，国家社会主義について議論する。国家社会主義の主な支持者は，軍人・若手将校と右翼活動家や思想家らであった。彼らは，天皇の絶対権力の下に，強力な経済統制体制を築くことを訴えた。こうした主張を唱えた右翼活動家には，北一輝や赤松克麿や大川周明らがいた。そして彼らの主張は，多くの軍人や若手将校らから支持を受けていた。北は1919年に『日本改造法案大綱』という本を出版した。その中で北は，資本主義が階級闘争と腐敗した政治家を生んだと断じ，これらの西洋の思想が日本の精神を汚したと主張した。そして，特権階級（大企業と政治家）を打倒するため，クーデターを起こし，天皇の下に国家体制を革新する必要があると唱えた（加藤 1979；藤原 1990）。

こうした国家社会主義の主張は，一見すると統制経済論と非常によく似ているようにも思われるが，両者にはいくつかの大きな違いがあった。以下では統制経済論と比較することで，国家社会主義を詳しく説明していく。第一に，国家社会主義は私的所有権を厳しく制限し，市場システムを廃止して，直接的な国家統制をしくことで，資本主義経済をほぼ完全に否定す

---

(38) 河上肇「上申書」1933年8月3日，東京都地方裁判所検事局検事戸沢重雄宛（河上肇『河上肇全集 21』岩波書店，1984，590-1頁に所収）。しかし，河上は1937年に記した手記の中で，「刑務所内に於けるマルクス主義の再批判などと云うことは，本当のマルクス主義者にとつては，元来問題になり得ないのである。5年間刑務所にいたからといって私の学問的信念が少しも変化しないと云うことは，それゆえに，余りにも当然のことなのである」（同上，431頁）と述べ，転向が本意でなかったことを明らかにしている。これとは逆に鍋山は，左翼運動から完全に身を引き，戦後は反共運動に加わるようになった。

る。北は『日本改造法案』の中で、「日本国民一家ノ所有シ得ベキ財産限度ヲ壱百万円トス」（北1923, 12頁）とし、「私有財産限度超過額ヲ凡テ無償ヲ以テ国家ニ納付セシム」（同上, 14頁）と指摘, 所有権の制限を訴えている。更に, 企業資本金も制限すべきとして,「私人生産業ノ限度ヲ資本壱千萬円トス」とし,「私人生産業限度ヲ超過セル生産業ハ凡テ之ヲ国家ニ集中シ国家ノ統一的経営トナス」べきであると主張している（同上, 31-2頁）。また北は, 市場システムを廃止して, その代替機能を持った「商業省」を設立することを唱えた。商業省は,「国家生産又ハ私人生産業ニヨル一切ノ農業的工業ノ貨物ヲ安配シ, 国内物価ノ調整ヲナシ, 海外貿易ニ於ケル積極的活動ヲナス」ことで市場に依存しない経済システムの確立を主張した。これとは対照的に, 石原らの統制経済論は, 企業が政府に協力することを義務づけ, 経済統制を行うものの, 私的所有権を制限したり, 市場システムを廃止したりすることには反対していた。

第二の相違点は, 国家社会主義の重大目標が資本主義の弊害である貧困や貧富の差の解消であったことに対して, 統制経済論は経済成長を最重要課題としていた。北は著書の中で, 労働者と女性の権利保護, 公平な富の分配, 政策決定への労働者の参画, 社会福祉の充実, 労働条件の改善などを訴えている。北はまた「国家生産及ビ個人生産ニ雇傭サルル一切労働者ノ権利ヲ保護スル」ために「労働省」の設立を主張した（同上, 49頁）。さらに「私人生産ニ雇傭セラルル労働者ハ其ノ純益ノ二分ノ一ヲ配当セラルベシ。（中略）労働者ハ其ノ代表ヲ選ビテ事業ノ経営計画及ビ収支決算ニ干与ス」べきであると訴えた。こうした弱者に配慮した主張は統制経済論ではほとんどみられない。それは国家経済の成長・拡大が, 将来的に国民全体の生活水準を向上させると考えられたからであろう。

第三に, 国家社会主義は国家にとって重要な産業は国有化し, 政府が直接経営すべきであるとしていた。北は「工業省」を新設し, 次のような機能を与えるべきであるとした。

　　徴集シタル各種大工業ヲ調整シ統一シ拡張シテ真ノ大工業組織トナシテ, 各種ノ工業悉ク外国ノ其等ト比肩スルヲ得ベシ。私人ノ企テザル国家的欠陥タルベキ工業ノ経営。海軍製鉄所陸軍兵器廠ノ移管経営等（同上, 42頁）。

つまり，北の構想では国営企業によって工業化を進めていくことが最善の策とされていた。これに対して，統制経済論は民間企業の創意と活力が工業化・経済成長の原動力であると考え，産業の国営化には反対していた。統制経済論も企業の過度な利益追求行動は，国家経済に悪影響を及ぼすと考え，重要産業には国家統制を加えるとしていた。しかし，「私経済諸企業の直接の運営は概ね能率的な企業者の自発的努力に委ねる」（石原 1986b, 184頁）と石原が述べているように，民間の企業経営を最大限に認める姿勢をとっていた。同様に，俗に「陸軍パンフレット」[39]と呼ばれる陸軍省新聞班が作成した政策提言書でも，「国家の要求に反せざる限り，個人の創意と企業欲とを満足せしめ，益々勤労心を振興せしむること」[40]としている。こうした思想的な違いから，国家社会主義の信奉者らは，統制経済論の支持者とは相いれなかった。例えば，北は統制論に関して，「今日の資本主義の組織権力といふものを根底としている統制経済主義には明瞭に反対だ」（加藤 1979, 107頁）と述べている。

また国家社会主義とマルクス主義の経済政策には多くの共通点がみられるが，両者は4つの点で決定的に違っている。第一に，マルクス主義が私的所有権を全く認めないのに対して，国家社会主義は一定の私的所有権は認めている。国家社会主義は富の過剰な蓄積は認めないとするが，私的所有権を完全に撤廃することまでは主張していない。第二に，国家社会主義は天皇親政の下での国家改造を唱えており，天皇制や王制や貴族制などの撤廃を求めるマルクス主義とは大きく異なっている。国家社会主義の支持者は，急進的な右翼活動家・国粋主義者，若手将校・軍人が中心で，彼らは熱狂的な天皇制の支持者でもあった。そのため，平等な社会の構築を唱えてはいたが，国家の中心は天皇制であるべきだと考えていた。例えば，北は天皇の重要性について，「天皇ハ国民ノ代表タリ，国家ノ根柱タルノ原理主義ヲ明ラカニス」[41]と主張している。

さらにマルクス主義学者の河上肇によると，第三と第四の相違点は，国

---

(39) これは1934年10月に陸軍によって発表された文書で，正式な題名は「国防の本義とその強化の提唱」というもので，統制経済論を支持する統制派の将校らによって作成された。

(40) 陸軍省新聞班「国防の本義とその強化の提唱」1934年10月10日（杉原ほか 1990, 367頁に所収）。

(41) 北一輝『日本改造法案大綱』1923, 1頁。

家社会主義が植民地拡大を目指す帝国主義志向を隠さないことと，ブルジョア階級を利する国家主義を温存しようとしていることであるとされた。河上は1932年に書いた「国家社会主義の理論的検討」という論文の中で，国家社会主義とはファシスト主義者が大衆扇動のために，社会主義の名を掲げた欺瞞であると断じ，赤松克麿や林癸未夫（早大教授，経済学者）らを厳しく批判している。さらに河上は「国家社会主義とは『国家主義と社会主義との結合』である。だが，かく国家主義に社会主義が結合されているのは，ただ社会主義なる呼び声が国家主義といふブルヂョア××主義を隠蔽する包み紙として，大衆××のため最も役立ちうるからである。云ふまでもなく社会主義の内容は様々に歪曲され，それは単なる空辞に転化されている」[42]と糾弾した。このように，マルクス主義と国家社会主義の経済政策には似通った点もあったが，両者が相いれることはなかった。

　国家社会主義は陸海軍の下級将校らの間で支持を集め，特に陸軍の「皇道派」と呼ばれた集団にはその支持者が多かった。皇道派の対抗勢力であった「統制派」のメンバーの多くは，統制経済論を支持し，互いに反目しあっていた。しかし二・二六事件などのクーデター未遂事件等で多数の逮捕者が出たことなどもあり，皇道派は次第に弱体化し，統制派の影響力が増していった。例えば，北は二・二六事件の理論的主導者であったとして逮捕され，死刑判決を受け，1937年に処刑された。同事件にかかわった将兵の多くも，死刑などの厳しい処罰を受け，皇道派と目されていた陸軍幹部の多くも予備役に編入された。

　二・二六事件発生当時，陸軍参謀本部作戦課長であった石原莞爾は，事件発生を受けて設置された戒厳司令部で事件鎮圧の任にあたった。石原や統制派の将兵は事件鎮圧に成功し，事件後皇道派を陸軍の要職から排除した。この事件の結果，攻撃目標となった財閥と政党政治家，事件を起こした皇道派の3者の政治的影響力が急速に弱体化し，統制派の影響力が拡大した。本研究にとって特に重要な点は，事件後石原の陸軍内における権力が著しく拡大し，前述のように政界にも強い影響力を持つようになったことである。その結果，石原と共に関東軍参謀本部で勤務した片倉衷といっ

---

(42) 河上肇「国家社会主義の理論的検討」1932年6月1日，『中央公論』47年6号（『河上肇全集 19』，380－413頁に所収）。引用部分は406－7頁。伏せ字「××」の部分は原文ママ。

た人物が，陸軍の要職にあてられ，満州派を形成するようになったのである。こうした政治的背景は，当然統制経済論の支持者である統制派の将校や革新官僚にとって有利な状況であり，統制経済論の理論的対抗勢力であった自由主義経済理論や国家社会主義の政策決定過程に与える影響力を弱体化させることとなった。

しかし統制経済論の台頭は，統制派の政治的優位性によるものだけではなかった。統制経済論が政策決定過程に対して影響力を拡大したのは，その理論的優位性にもあった。皇道派の将兵が起こしたクーデターが，失敗に終わった理由の1つは彼らの政策や理念に対する支援が軍や国粋主義者らの一部にしか広まらなかったことである。国家社会主義は，比較的教育水準が低かった若手将校達や右翼活動家の間からは熱狂的な支持を集めたが，学者や知識人や官僚などといった知識水準の高い層からの支持を受けることはほとんどなかった。これは国家社会主義の理論的完成度が低く，非現実的な政策提言が多かったからである。これに対して，統制経済論はより理論的に洗練されていて，その実効性が満州における政策実験ですでにある程度立証されていた。統制経済論の国家社会主義に対する理論的優位性は，前者が政策決定過程における影響力を拡張することになった大きな原因の1つである。もし国家社会主義の政策提言が，知識人や官僚などを含めたより広い範囲から支持を集めていたならば，その政治的影響力ももっと大きかったと考えられる。

では統制経済論がなぜ多方面から強い支持を集めたのか，その背景について探ってみよう。統制経済論は，1930年代以降急速にその支持を拡大した。早坂（1984）によると，統制経済論は「満州事変勃発ごろから急速に力をもち始め，十五年戦争後半期には日本経済学会の主流を形成する」（早坂1984，138頁）に至った。統制経済論を支持した学者や知識人の例には，難波田春夫（経済学者），大熊信行（経済学者），笠信太郎（ジャーナリスト）などがある。

例えば，朝日新聞の論説委員で著名なジャーナリストであった笠信太郎は，著書『準戦時体制経済』（1937）や『日本経済の再編成』（1938）の中で，産業界に対する国家統制の強化を訴えている。笠は，「日本の全産業，いな日本の全経済は，いまやその持って生れた疾患である『計画性の欠如』ということに悩み抜いているというてよかろう。経済の組織に『計画性』がない，『統制』を欠いている，ということが当面の日本経済の最も大きな

課題だ」と主張している（笠 1937，277頁）。また経済が統制を欠いたまま野放しにされた結果，国家予算が際限なく拡大していると指摘し，財政の不均衡を克服するには，統制を用いて「日本資本主義の生産力そのものを向上せしめ発展せしめるよりほかには根本的な打開の道はない」と訴えた（同上，280頁）。

　またすでに計画経済を確立していたソ連経済について，「ソヴィエトの計画経済による飛躍的な軍備の拡充」をみるに，「国民経済の『計画性』に対する大いなる憧憬をあおられざるを得ない」（同上，283頁）と述べている。彼はまた，「単なる生産の増大ではだめである。これを貫く一個の統制が必要である。全体の計画性が必要である。そしてそれは出来得べくんば国家の強権にもとづく統制でなくてはならぬ」としている（同上，283-84頁）。このように笠は，ソ連経済にみられる「統制への憧憬」を隠さないものの，日本において導入すべき経済統制はソ連型ではなく，自由主義市場経済と社会主義経済を融合させたものであると考えた。彼はこうした経済統制の実現可能性について，「現在の資本主義制度を前提として考えるかぎりでは，必ずしも互に衝突し相矛盾する問題ではない」（同上，285頁）と強調している。笠は国家経済の生産力を拡大するには，生産性の向上とコスト削減が最重要課題であると主張した。そしてこの目標を達成するには，当時流通と配給の分野に限られていた国家統制を，生産の分野にも拡大すべきであるとした。生産に対する国家統制のカギは，民間企業の利益追求行動を制限し，企業会計を厳しく監査することであると主張した。

　このように統制経済論は1930年代以降，学者，知識人，官僚など広い分野に支持を拡大し，自由主義経済理論，マルクス主義，国家社会主義といった理論的対抗勢力に対して圧倒的な優位性を持つようになった。こうした思想面での勢力争いにおける優位性の確立は，統制経済論の政治的影響力の拡大にも大きく貢献したのである。その結果，政府は統制経済論に基づいた産業政策を導入し，開発型国家システムの根幹的制度が構築されるようになったのである。また大戦の最中にも，私的所有権が制限されたり，産業国営化が行われなかった理由は，政策決定者らが他の政策アイディアではなく，統制経済論を政策指針としていたからであるといえる。

統制経済論の制度化

　以下では，戦時期日本において企画院と統制会が設計・構築された過程

を，統制経済論の影響に注目しながら，「過程追跡（process tracing）」する。その中で，政策決定者らの満州における経験や学歴・職歴などがどのように彼らのアイディアを形成し，ひいては制度構築に影響を与えたのかについて探る。

戦時期日本の開発型国家システムの pilot agency であった内閣企画院は，石原莞爾と宮崎正義の理想を忠実に体現したものであった。彼らは満州においても同様の政府機関（企画処）を設立し，この満州モデルを日本でも再現しようとしたのである。こうした pilot agency は，彼らが「経済参謀本部」と称したもので，国家経済の成長戦略を立案し，物資・資本の流れをコントロールし，高度成長を指導していく権限を持った機関であった。

石原が，陸軍参謀本部作戦課長に就任すると，満州で彼のアドバイザー的役割を果たした宮崎正義を呼び，協力を要請した。石原の援助を受けて宮崎は，若い研究者らを集めて「日満財政経済研究会」という組織を1935年8月に立ち上げた。この研究会には，泉山三六（三井銀行）や津島寿一（大蔵省）[43]といった人々が委員として参加し，古賀英正（東京大学）といった研究者らがいた。同研究会は，今で言うシンク・タンク的な活動を行い，政策に関する調査・提言を行った。同研究会には，石原の意向で参謀本部から資金援助も行われ，50人以上の職員を抱える大きな研究機関であった（小林 1995，116頁）。この研究会の主要目的は，次の3つであった。(1) 日本経済と敵国経済に関する綿密な調査・研究を行うこと，(2) 日本における政治改革の計画を立案すること，(3) 日本と満州の経済成長計画を立案すること。以下に同研究会の実際の活動内容をみていこう。

第一に，日満財政経済研究会は日本と欧米列強の経済と産業政策の比較調査を行った。これは，日本経済と敵国経済に関する十分な情報が必要だと考えた石原の要請に応えたものであった。石原は，陸軍の戦略を立案するにあたって，日本と敵国の経済情勢に関した詳細な情報が必要不可欠であると考えていた。特に，石原は大躍進を遂げ大きな脅威となっていたソ連経済の実状に関する情報を求めていた。また，石原はイギリス，フランス，ソ連，アメリカ，ドイツ，イタリアといった国々の産業政策についての研究を依頼し，その研究成果は後に同研究会が作成した経済成長計画に

---

(43) 津島はその後大蔵省次官や大蔵大臣（1945年）も務めた。泉山も1948年に大蔵大臣に就任した。

反映された。

　第二に，日満財政経済研究会は1936年に「政治行政機構改造案」という政策提言書を作成し，明治維新以来の既存の政治体制を抜本的に改革することを提言した。この改造案の骨子は，以下の通りである。

　⑴　内閣改造
　⑵　新省庁の設置（航空省，貿易省など）
　⑶　「経済参謀本部」の設置
　⑷　一党独裁体制の確立
　⑸　銀行業の国営化
　⑹　教育改革
　⑺　農業改革（集団農場の導入）

　上記の中でも特に，「経済参謀本部の設立」は石原にとって特に重要な点であった。石原と日満財政経済研究会のメンバーらは，経済政策の立案と遂行を統括し，予算権と人事権を持った強力な機関を創設することを計画した。これは満州国政府の総務庁と企画処を，日本において再現しようとする試みであった。石原は「満州先行主義」の原則を掲げ，満州における実験的な政策施行の結果，その効果が立証された政策を，日本において導入することを考えていた。そしてこうした強力な機関を創設することで，国家経済の成長戦略を打ち出すことができると考えたのである。

　最後に，日満財政経済研究会は，アメリカとの全面戦争に備えるために，日本と東アジア地域に一大産業基盤を構築する計画を作成した。こうした計画は，同研究会が1937年に作成した「重要産業５カ年計画」の中に体現されていた。産業開発は軍事戦略の重要な一部であるという信念を持っていた石原にとって，この５カ年計画は日本の国防にとって必要不可欠なものであった。ソ連の５カ年計画を手本にして，同研究会は戦略上重要とされた産業の生産力を２〜18倍拡大させるという非常に野心的な計画を作成した。

　しかし石原の人気と影響力を持ってしても，政治改革案と経済計画を国会に承認させることはできなかった。それらはあまりにも急進的すぎるという懸念が，政治家らの間で広がったからである。石原に近い政治家でさえも，これらの計画は「完璧な共産主義」だと言って非難するほどであっ

た。しかし「政治行政機構改造案」にあった「経済参謀本部の建設」の部分は，政府によって採用され，1937年に企画院が設立されたのである。そして「重要産業5カ年計画」のうち，満州に関する部分（「満州ニ於ケル軍需産業建設拡充計画」）は，石原の「満州先行主義」に基づいて，満州で実験的に導入されることになり，第3章で述べたように「満州産業開発5カ年計画」として満州国政府によって採用された。

　企画院の創設には成功したものの，前述の通り石原は急速に政治的影響力を失い，後ろ盾をなくした日満財政経済研究会のメンバーも活躍の場を失い，1940年には解散した。石原と宮崎は，政治の表舞台から消えることになってしまったが，彼らの政策アイディアである統制経済論は，革新官僚らに受け継がれ，その理想とする経済体制の建設はその後も続けられた。そして革新官僚のリーダー的存在であったのが，満州でも活躍した岸信介であった。以下では，岸と革新官僚らが，彼らの政策アイディアを体現させるためにどのように統制会制度を設計・設立したのかについて探る。

岸信介と経済統制

　岸信介は，商工省のエリート官僚であった。彼は商工省の前身である農商務省に入省し，16年間勤務した後，1936年から3年間満州国政府で実業部次長として満州産業開発5カ年計画などの産業政策の遂行に携わった。日本に帰国した後は，商工省次官（1939〜1940）や商工大臣（1941〜1943）を務めた。政財界からの激しい抵抗にもかかわらず，岸と革新官僚らは1941年に統制会制度を設立することに成功した。以下では，岸の生い立ちや職歴や思想形成について簡潔に探り，彼が統制経済論を支持するようになった背景について述べる。

　岸信介は，1896年山口県で生まれた。1917年に東京帝国大学に入学し，憲法学者の上杉慎吉の下で法学を学んだ。大学在学中，岸は保守思想と革新思想の論戦を目の当たりにした。革新系の学者は社会主義者から民本主義者まで様々であったが，彼らに共通していたのは強権的な国家に対する否定的な姿勢であった。例えば，憲法学者の美濃部達吉は天皇機関説を唱え，統治権は国家に属する者であると主張した。これに対して岸が師事した上杉は，統治権が天皇に属するとする「天皇主権説」を唱えていた。国家の主権をめぐって，保守系学者と革新系学者の間で激しい論争が起きた。こうした中にあって，岸は革新思想に対して明確に反対の姿勢をとってい

た。岸は「気分のうえからは何といっても保守的国粋的で美濃部博士や吉野博士にはとうてい同感できなかった」[44]という。上杉の他にも，岸は大川周明や鹿子木員信などといった国粋主義者の著書を読んだり，直接面会したりして，彼らの思想にも触れている。なかでも特に，北一輝について岸は後に「北氏は大学時代の私に最も深い印象を与えた一人であった」と述べ，「『日本改造法案大綱』は最初社会主義者であった同氏の国家社会主義的な考えを中心として，一大革新をわが国体と結びつけたもので，当時私の考えていた所と極めて近」かったという（吉本1957，66頁）。上杉や北の人間的な魅力には強く惹きつけられた岸であったが，結局彼らの過激な国粋主義・国家社会主義を無条件に受け入れることはしなかった。

　こうした思想形成過程を経て，最終的に岸は経済統制論を支持するようになるのであるが，戦後に行われたインタビューの中で，彼の理想とした統制経済は「計画的な自主経済」であったとし，次のように説明している。

　　放漫なる自由主義経済はね，弱肉強食，つまり力で勝手にやれというシステムですからね。だからそういうものではなしに，経済に一種の計画性とか，自ら超えてはならない制約というものをもうけるという考え方なんです。計画された経済といってもあくまで個人の創意と自由な行動を基本としなければいけない。無秩序というものに制約を加える，つまり超えてはならない社会生活上の制約を設けるという意味において「計画的な経済」ということなんです（岸ほか1981，45頁）。

岸と吉野による初期の経済統制計画

　大学在学中高等文官試験に合格していた岸は，大学を卒業した1920年に農商務省に入省し，農商務省商務局勤務を命ぜられた。農商務省は1925年に農林省と商務省に分割され，岸は商工省に配属された。1930年に工務局長であった吉野信次が中心となって産業合理局を新設すると，岸は同局の文書課長に就任した。吉野は当時商工省内で非常に強い影響力を持っており[45]，部下の岸と共に商工行政の改革を進めていた。

---

　　(44)　『私の履歴書』第8巻，日本経済新聞社，1959，134頁。
　　(45)　岸は吉野について，「吉野さんという人は実際商工省の寵児であって，文書課長の時でさえ，四条隆英次官を動かす実力を持っていたのです」と

吉野の下で，岸は日本における初の産業統制の試みに向けた法案の作成に携わった。産業統制に向けた政策を立案するために，吉野は1930年に岸をヨーロッパに派遣し当地の産業政策を調査させた。特にドイツの政策に対しては詳細な調査がなされた。岸はドイツの産業合理化，カルテル，規格統一などに関した政策や，市場競争の制限，自動車産業の保護・育成政策などを綿密に調べた。岸は1930年7月にベルリンから上官であった木戸幸一（商工省産業合理局第一部長）に送った手紙の中で，ドイツにおける合理化政策とカルテル制度について次のように報告している。

(1)共働的精神の発揚
合理化の真精神は国民的共働に在り。此の点が米国の合理化と独逸の夫れとの最大の相違なり。一個の企業，一部門の産業と云う様なケチの問題に非ずして国民経済全体の問題なり。従て生産者，販売業者，消費者，学者，官吏，――苟も産業に関係を有する者の全体が渾一したる共働的精神の下に協力するに非ざれば合理化は行われず。（中略）カルテル内部の統制規則の問題――日本では組合内部の統制が常に問題なれども当地にては苟も組合員全体が一致して制作したる規約に従ふは人間が社会生活する以上当然だ。吾々が法律に従ふ気持と全然同一なり。更に又之に従ふことが最も利益ある途なることを各組合員は最も明瞭に知悉す。故に殊更に規制規律強制力其他組織上に特に意を用ふるの要なし。其の他経験及技術の交換，規格統一，単純化の実業等苟も合理化の問題にして，全国民の協力なくして行われるものなし。――我日本の現状を顧みて嗟嘆するのみ。此の当然のことが日本で行われぬことはない筈だ[46]。

岸らのドイツにおける見聞と経験は，1931年に商工省の吉野と岸らが中心になって立案した「重要産業の統制に関する法律」（通称：重要産業統制法）の土台となった。同法は，政府の産業界に対する影響力を拡大する初の試みであった。しかし同法が目標とした産業統制は，1937年以降の法律

吉野の省内での影響力を評価している（岸ほか 1981, 16頁）。
(46) 岸信介「昭和5年ドイツ出張中，木戸幸一に宛てドイツの産業合理化を報じた手紙」1930年7月13日（岸ほか 1981, 289-91頁に所収）。

と比べると格段に緩いものであった。

　重要産業統制法は，重要と指定された産業にカルテルの設立を認め，会員がカルテルの規則を遵守することを奨励した。また非カルテル会員に対してカルテルの規則に従うよう義務づける権限が，政府に与えられた。同法における産業統制は，政府が企業を直接コントロールするというものではなく，それはいくつかの産業にカルテルの設立を促すものであった。特に当時まだ非常に初歩的な段階にあった自動車産業は，重要な対象の1つとなった。同法はカルテルを通じて，間接的に企業経営に影響を与えることを目的としていた。しかし同法が，民間企業に大きな影響を与えることはなかった。政府はカルテルの規則をアウトサイダーに徹底させる権限だけしか持たず，カルテルに対して命令や指導をすることはできなかった。当然岸と吉野はより強力な経済統制を望んでいたのだが，そうした政策に対する財閥の強い反発が予想されたために，企業の自主的なコンプライアンスと自主統治に依存した形の統制組織をつくり上げたのである。さらに産業界からの批判を抑えるため，同法は5年の時限立法とされていた。だが，これだけ岸と吉野が妥協していたにもかかわらず，同法に対して経済界から激しい非難があがった（『報知新聞』1935年7月7日参照）。

　しかし同法の第3条は，「生産若ハ販売ノ数量，販売価格若ハ之ニ影響ヲ及ボスベキ取引条件ガ商品ノ円滑ナル供給ヲ妨ゲ又ハ不当ニ価格ヲ騰貴セシメ若ハ価格ノ低落ヲ阻止シ其ノ他当該産業若ハ之ト密接ナル関係ヲ有スル産業又ハ一般消費者ノ公正ナル利益ヲ害スト認ムルトキハ統制委員会ノ議ヲ経テ其ノ変更又ハ取消其ノ他公益上必要ナル事項ヲ命ズルコトヲ得」47と規定している。つまり公益を害する企業には，政府が何らかの対応をとることを認めているのである。岸と吉野は，この条文を将来の経済統制拡大の礎にしようと考えていた。

　重要産業統制法に関して1つ興味深いことは，岸や吉野といった革新官僚らが「一般消費者ノ公正ナル利益」を守ることについて言及していることである。こうした表現は満州や戦時期日本（1937～1945）の政策にはみられない。これは当時まだ自由主義の影響が強かったため，消費者の利益を取り上げてまで同法の正当性を訴える必要があったのだろう。重要産業

---

　(47)　「重要産業の統制に関する法律」1931年4月1日。中野文庫 URL:<http://www.geocities.jp/nakanolib/hou/hs06-40.htm>

統制法はほとんどめぼしい成果を上げることができなかったが，岸と吉野は同法を足がかりに将来の統制拡大を狙っていた。岸と吉野は協力して，商工省を経済統制の中心とすべく力を注いだが，前述のように財閥の意向を受けた小川商工相によって1936年に商工省を追われた。その後岸は満州へと渡り，関東軍が計画した満州産業開発を指揮したのである。

戦時経済と統制会

　3年間の満州国政府での勤務を終えて，岸は1939年に商工省に戻り，事務次官に任命された。中国における戦線拡大をうけて，当時の日本政府は生産力を急速に拡大させる必要性に迫られていた。そのため政府は戦時経済体制を確立することを計画し，その設計と運営を担える人材を求めていた。そして政府が白羽の矢を立てたのが，満州国政府で経済統制を指揮していた岸であった。ところが，前述のように小林商工大臣との衝突の結果，1941年に岸は次官の座を失った。しかし東條英機が1941年10月に組閣の大命を受けると，東條は岸を商工大臣に任命した。大臣に就任すると，岸は次官として達成できなかった戦時経済体制の確立に再び着手した。岸の計画を支えたのは，満州において共に経済統制の運営に携わった若手官僚達であった。例えば，満州国実業部企画課長を務めた椎名悦三郎は，商工省次官に就任した。東條内閣は主に経済統制を支持する勢力によって構成され，東條は財閥に対する圧力を強め，その影響力を弱体化させた。東條の強力な支援を受け，岸は理想とする経済統制のシステムを実現させることに全力を傾けた。さらに日米の緊張が高まり，大規模な戦争勃発の可能性が高まると，軍需品，工業製品，食料，資本，労働力などの深刻な不足が予想され，経済新体制の確立がさらに急がれるようになったのである。

統制会制度における統制経済論の体現

　1941年8月29日，政府は重要産業団体令を公布し，それに基づいて統制会が21の重要産業（鉄鋼，石炭，自動車，工業機械，造船など）に設立された。これらの産業で事業を行う全ての企業は，統制会に加盟することが義務づけられた。そして会員企業の経営者の中から会長が選出され，会の運営に関する強大な権限が与えられた。統制会は，間接的な産業統制のしくみとして，および政府と業界をつなぐ架け橋として機能することを期待された。

革新官僚は，民間企業の創意と活力を政府の経済成長・産業開発計画に活かすために，民間企業に公益を優先させた経営を奨励することを目的として統制会を設立したのである。これは明らかに統制経済論の理念の１つである自由主義市場経済と社会主義経済の融合を反映した制度設計であったと言える。革新官僚らが産業国有化・国営化といったより厳格な統制を行わなかったのは，彼らが民間の経営知識，創意，活力が経済発展にとって不可欠であると信じていたからである。こうした意識は，彼らの言説や文章などに如実に表れている。例えば，企画院官僚から，統制会の上部組織である重要産業協議会の事務局長に転じた帆足計[48]は，民間の企業精神の重要性について「『自由放任』の原則が，過去において重要な経済進歩の原動力となつたといふことは，十分に認めなくてはならぬことである」とし，「統制経済下にあつても，かかる敢為なる企業的創意が何らかの形で生かされなくてはならない」[49]と述べている。

官僚らは統制会制度を利用して民間企業に国益優先の意識を植え付けることで，民間による企業経営と国家統制を共存させることを図った。例えば，重要産業団体令は，統制会の役割として，「国民経済ノ総力ヲ最モ有効ニ発揮セシムル為当該産業ノ綜合的統制運営ヲ図リ且当該産業ニ関スル国策ノ立案及遂行ニ協力スルコト」を義務づけている（末川 1942, 135頁）。さらに，会員企業が「公益ヲ害シタル」場合には，これを罰する権限も与えられた（第27条）。

革新官僚が目指した戦時経済体制は，経済の方向性を企画する政府（企画院）と，政府の計画に基づいて生産を請け負う民間の協力体制であったが，この体制を運営するのに統制会は不可欠な存在であった。商工省総務局長を務めた椎名悦三郎は，戦時経済体制について，「戦時経済運営の根本は，物動計画を中心として，生産が組み立てられてゐるのであつて，この根本に従つて，生産の順位が定められて生産が運営される仕組みになつている。（中略）戦時生産の具体的運営を遂行する主体は何といつても，これ等の統制団体であり，この統制主体たる団体は戦時経済運営の背骨とでもいうべきものであ」ると述べている[50]。また1941年11月20日に鉄鋼統制

---

(48) 帆足は企画院で新経済体制確立要綱の立案にも関与した。
(49) 帆足計『統制会の理論と実際』新経済社 1941, 11頁。
(50) 商工省総務局長　椎名悦三郎　於　大阪倶楽部　経済懇談会におけ

会創立総会で披露された商工大臣岸信介の訓示では,統制会に期待される役割が次のように説明された。

> 鉄鋼統制会は所謂経済新体制の要請に基き誕生したのであつて,いふまでもないことではあるが,従来の企業家の利益団体,或は政府の諮問機関たるに過ぎざる団体とは,全く其の機能及び性格を異にし,官民一致の体制に依る高度の国策遂行機関たることをここに改めて牢記しなければならない。即ち其の与えられた使命としては,一方に於ては,政府の協力機関として鉄鋼に関する重要政策の立案に参画するのであつて,政府はこれに依つて民間の知識経験と創意を施策の上に如実に反映せしめ,以て最も実状に適したる万全の政策を樹立せんとするのである。又他方に於ては,決定せられたる政策につき,其の実施計画の立案及び実行の責に任ずるのであつて,これに依り実際家の経験を充分に活かして以て統制の効果を確実ならしめんとするのである。(中略) 会長会員及び事務当局員の一人一人が真に国士的経済人たるの自覚に基づき,公益優先の理念に徹してこそ始めて鉄鋼統制会の使命が達成せられるのである (岸 1942, 154-7頁)。

このように革新官僚は,統制会制度を導入することによって,民間企業活動における「公益優先」の原理を徹底し,国が定める経済目標に基づいた行動を民間企業に求めたのである。このことについて,帆足は「個々の経営指導者と雖も,つねに国民経済全般の動向と計画とを念頭において活動することが要請されてくるのである。即ち全体としての国の経済計画の動向を十分に理解し,その国民経済計画の中で,自分の事業はどの分野を受持つて居るかといふことを自覚し,自己の営利活動をして,この国民経済の進むべき軌道に従属させる」必要があるとのべている[51]。さらに,「公益優先」の原理について以下のように説明している。

> 公益優先といふことは,損をして商売をせよといふやうな無内容なこ

る講演「重要産業団体統制令に関する当局の態度」『国策研究会週報』(国策研究会編『戦時政治経済資料 第2巻』原書房, 1982, 565頁)。
(51) 帆足計『統制会の理論と実際』新経済社 1941, 13頁。

とを意味するものではなく，自己の創意を百パーセントに発揮し，その職分を国民経済の要請する軌道の中に完全に活かしきれといふ積極的な生き方，即ち「滅私奉公」でなく「活私奉公」でなくてはならないのである。かくて経済新体制の要訣は，空虚なる倫理的要請によつて経済活動を萎靡せしめることではなく，飽くまで企業的創意を尊重し，その職分活動を昂揚せしめ，又公共を追及するものに対しては，同時に私益がこれに伴ふやうな健全な経済機構を確保することであると考へられるのである[52]。

このように，統制会制度は，民間の活力を伸ばす自由経済と政府が国家経済の方向性を定める計画経済の融合という統制経済論の理想を体現したものであったといえる。戦時下の日本が満州よりも統制の度合いが低い制度をとった事実は，財閥の抵抗でも説明できるが，これまで示したようにその制度構築過程はアクター間の力関係だけで説明できるほど単純なものではない。財閥の抵抗が，軍部と官僚により緩やかな産業統制のしくみを促したことは確かだが，これを受けて作られた制度の設計はやはり統制経済論のアイディアに基づいて行われた。つまり，戦時期日本の開発型国家システムが満州のものとは違った形になったことは権力構造で説明がつくが，統制会制度がどのような意図を持って，何のために作られ，なぜそのような形態をとるに至ったかを説明するには，アクターのアイディアを分析する必要があるといえる。

III. 結論

本章では，戦時期日本における開発型国家システムの制度発展過程に焦点をあてて議論を進めた。本章における主張は以下の通りである。1930年代に起きた権力構造の変化により，軍部将校と官僚の政治連合体が権力を握った。軍部将校と革新官僚らは，自由主義市場経済から開発型国家システムへの抜本的な制度変化を実現させるために，数々の政策を打ち出し，それらを実践しようとした。しかしながら，その政策立案・遂行には数多くの障害が立ちふさがった。財閥と多くの政党政治家達からの強い反対を

---

(52) 同前，15-6頁。

受けたために，戦時期日本においては満州モデルとは少し違った制度が構築された。この意味では，戦時期日本の開発型国家システムは当時の権力構造をある程度反映したものとなった。しかし，制度発展過程に関する以下の問いに対する答えを探るにはアクターの政策アイディアにも注目して分析する必要がある。それらの問いとは，なぜ政策決定者らは，新しい政治経済システムが必要だと考えたのか？　なぜ彼らは，そのような形態の制度を構築したのか？　彼らはどのような意図を持って，何を目的として，そのような制度を構築したのか？

　軍部将校と革新官僚らが政策指針としていた統制経済論は，自由主義市場経済には深刻な問題があるとし，政府が積極的な役割を果たす必要があるとしていた。1920年代の終わり頃に起きたソビエト経済の大躍進と世界恐慌により，こうした考え方は日本の識者や活動家らにも広がった。そして統制経済論は，学界や論壇においても最も影響力を持つ政策アイディアとなり，軍部将校と革新官僚らの政策に対する支持も広がっていった。こうした統制経済論の学術・思想面での勝利は，抜本的な制度変化を推し進める強大な推進力を生み出したのである。また軍部将校と革新官僚らの制度設計は，統制経済論の原則を体現することを目的として行われた。企画院がつくられたのは，石原が理想とした強力な権限をもち産業開発を主導する官僚機関である「経済参謀本部」を現実のものとするためであった。さらに自由主義市場経済と社会主義経済を融合させる目的で，半官半民の自主統制機関である統制会制度がつくられたのである。このように制度発展の結果は，アクター間の権力構造のみではなく，政策アイディアによっても大きな影響を受けるのである。

　最後に，本章における戦時期日本の政策決定過程の検証から，日本政治に関するいくつかの重要な示唆を導き出すことができる。それは戦時期日本の政策決定過程が，軍部と革新官僚らによって完全に支配されていたとは言えないという点である。戦時期日本では軍国主義の下，軍が政治過程の全てを掌握していたとしばしば考えられていることがある。そしてこうした傾向は，海外の研究者の間で特に顕著に見られる。例えば，Hall (1968) は1930年代後半の政治情勢に関して，「日本は徹底した軍事動員体制と中央集権的な経済計画体制に移行した。政府は次第に軍事支配に屈し，民族主義的・愛国主義的スローガンによって国策に対する国民の奉仕をあおった」(Hall 1968, p.341) としている。他にも Pempel (1992) のように，戦前

において官僚が軍部の支援を受けて，他のアクターの干渉を受けることなく日本政治を支配していたと主張する者もいる。彼は，「アメリカ，イギリス，フランスとは違って，日本の官僚らは政界からの干渉から比較的隔離されていた」(Pempel 1992, p.20) と主張している。

こうしたいわゆる官僚中心的・エリーティスト的な見方は，戦時期の政治構造をあまりにも単純化しすぎる傾向があり，財閥と革新官僚の間の衝突や，経済統制強化に対する強い抵抗などといった政治背景を無視したものであると言える。本章における戦時期日本の政策決定過程の分析からわかることは，戦時期に軍部と官僚の連合体が非常に強大な権力を持つに至ったが，彼らは政策決定過程を完全に支配していたわけではなく，ことあるごとに財閥や多くの政党政治家らから干渉を受けていた。そのため，軍部と官僚らは様々な妥協を受け入れることを余儀なくされた。以上の理由から，革新官僚らは戦時期においてその理想の全てを実現することはできなかった，そのため彼らの理想とする政治経済システムの構築は戦後にも継続することとなった。皮肉なことに，彼らに新たなチャンスを与えたのは，敗戦とその後の占領統治であった。

第5章

戦後日本における改革と戦時経済制度の再建
（1946〜1965）

　本章では，戦後日本における開発型国家システムの制度発展過程を分析する。特に，満州や戦時期日本でつくられた制度が再構築された背景に注目して議論を進める。終戦後占領統治下におかれた日本では，アメリカ軍を中心とした占領軍が，戦時体制を解体し，武装解除，財閥解体，農地改革などといった政治と経済の民主化を目的とした改革を強力に推し進めた。また占領軍は，戦時経済体制を解体することも日本政府に指示したのだが，日本の政策決定者らは，占領軍からの強い圧力にもかかわらず，制度を再構築することを選択したのである。戦時期の pilot agency であった企画院や商工省が担った機能は，経済安定本部という新しい機関が担うこととなった。経済安定本部令は，日本経済の復興を主導する政府機関として，あらゆる分野における経済活動を統制する強力な権限を与えられた。経済安定本部令は，日本経済の復興が軌道に乗り始めた1952年に再編成され，多くの権限は失われた。しかし1949年に，もう１つの強力な経済官僚機関である通商産業省が設立され，戦後の長い期間にわたって pilot agency としての機能を果たした。こうした戦後の pilot agency の産業政策の多くは，満州・戦時期日本の pilot agency の政策と非常に似通ったものであった。そして統制会制度も，戦後は業界団体として再組織され，ほぼ同じメンバー構成の下，政策立案・遂行において政府を支援するという戦時期と同じような機能を果たすことになった。

　本章は，日本経済の制度発展過程にみられる経路依存のメカニズムについて分析することを目的とし，それに関連した次のパズルに対して答えを探る。戦争終結後日本を取り巻く環境が著しく変化し，国内情勢も大きく変化したにもかかわらず，戦時期につくられた制度が解体されず，以前と

同様の機能を果たし続けたのはなぜか？　ここでは，第3章，第4章でも行ったように，アクター間の権力構造と政策アイディアに注目して説明を試みる。

　占領軍が戦時経済体制を解体できなかった理由の1つには，彼らが経済運営を行う行政能力を持っていなかったことがある。戦争中に壊滅的な打撃を受けた日本経済を立て直す必要性に駆られた占領軍は，日本人官僚の行政能力に依存せざるを得なかった。そのため，戦時期において統制経済の運営を担った経済官僚の多くが，公職から追放されることなく，経済政策の立案・遂行を担い続けることとなった。また戦時期の経済官僚の中には，財界や政界に転じ，こうした分野のリーダー的存在になる者も出てきた。つまり戦時期と戦後にわたる権力構造の連続性があったのである。さらに，政策決定者らの政策アイディアにも連続性がみられた。戦時期・戦後を通じて政府の要職を占めた人物の多くは，戦時期経済の政策アイディア（自由主義市場経済に対する不信，経済計画の必要性，過当競争の防止など）を強く信じていた。そのため彼らは，こうした政策アイディアに基づいて構築された戦時期の経済制度を再構築・維持することを支持したのである。そして彼らの政策アイディアが，統制経済に強く抵抗していた企業経営者や政党政治家といった他のアクターの一部にも普及・浸透したことで，ポジティブ・フィードバック効果が生まれた。つまり，pilot agencyや業界団体といった制度の再構築・維持に対する抵抗が弱まり，さらに新しい制度を構築することがより困難になり，経路依存が起こったのである。

　本章の構成は以下の通りである。第一に，戦後のpilot agencyである経済安定本部と通産省の機能と産業政策，および業界団体の組織構成と機能について探る。第二に，これらの制度が戦後再構築され，戦時期と同じような機能を果たすようになった背景について，本研究の3つの仮説検証を通して議論する。さらに，これらの制度の発展過程にみられる経路依存のメカニズムについても分析する。

I．戦後日本の開発型国家システムの根幹的制度

(1) pilot agency：経済安定本部，通産省

経済安定本部

日本政府は，1946年2月に経済安定本部の設置を決定した。経済安定本部の後身である経済企画庁が出版した『戦後日本経済の軌跡――経済企画庁50年史』は，「経済安定本部は，戦後史上でおそらく最も強力な経済官庁であり，広く官民の人材を擁して，敗戦後の日本経済の復興と安定を図るという歴史的な使命を担った」とし，同本部の果たした役割について「経済の復興と安定の実績には目ざましいものがあった」（経企庁 1997, 57頁）と評価している。

　経済安定本部設置の主目的は，終戦直後の日本経済を悩ませていた深刻なインフレと物資不足の解消であったが，その他にも経済全般の諸事項に対する幅広い役割を期待されていた。「経済危機緊急対策実施要綱」によると，経済安定本部の任務は「食糧並ニ金融緊急措置」だけではなく，「国民ノ勤労意欲ヲ振起セシメ生産流通ノ積極的振興ト国民生活ノ安定トヲ確保シ以テ新シキ日本国民経済ノ発足点タラシムルコトヲ目的トスルモノトス」[1]とある。経済安定本部は，当初5つの部署によって構成され，316名の職員を抱える比較的小規模な機関であった。しかしインフレと物資不足が深刻化するにつれて，経済安定本部の組織は拡大され，さらに5つの部署が新設され，職員数も2,000名を超えた。「経済安定本部設置法」には，経済安定本部の職責と権限が以下のように規定されている。

　　第四条　経済安定本部は，左に掲げる国の業務事務を一体的に遂行する責任を負う行政機関とする。
　　一　経済安定の基本的施策の企画立案
　　二　関係各行政機関の事務の総合調整及び推進
　　三　物価統制
　　四　経済統制の確保
　　五　外国人の投資及び事業活動の調査
　　　　　　　　　　　　　　　　　　　　　　（経企庁 1997, 822頁）

　同法は，経済安定本部に対して，非常に広範囲にわたって強力な権限を付与している。同法によると，経済安定本部の任務は，「物資の生産，配給

（1）「経済危機緊急対策実施要綱」1946年1月26日　閣議決定。国会図書館HP：<http://www.ndl.go.jp/horei_jp/kakugi/txt/txt00706.htm>

及び消費，労働，物価，財政，金融，外国為替，貿易，建設，輸送等に関する経済安定の基本的施策について，企画立案をし，並びにこれらの事項について関係各行政機関の事務の総合調整及び推進をすること」とされている。さらに同法は，「所掌事務を推進するため，関係各行政機関の長に対して必要な事項を命ずること」とし，経済安定本部の権限が他の政府機関に優先することを規定している。また同法は，経済安定本部が物価を統制し，配給を管理するとも定めている。これに関して同法は，経済安定本部が「価格等の統制額を指定し，その他価格等の額について決定，命令，許可，認可その他の処分をすること」，「物品の企画，品質，販売方法，販売場所等に関して制限又は禁止をすること」，「物価安定のためにする国庫補助金を交付すること」などを認めている。さらに，関係各行政機関が行う経済施策の実施を監視したり，経済法令に対する違反行為の捜査と防止を警察等に対して指導する権限も与えられた。違反行為の防止にあたっては，「経済法令の規定の趣旨について，警察官及び警察吏員を啓発」したり，警察などの「予防及び捜査の状況並びにその改善について一般的情報を収集する」ことも可能とされていた（経企庁 1997, 821-22頁）。

　このように国家経済の広い分野にわたる強力な権限を行使して，経済安定本部は日本経済の復興を主導する重要な役割を果たした。しかし占領統治の終了と共に，経済安定本部による権力の集約も終わりを迎えた。1951年にサンフランシスコ平和条約が調印され，1952年4月には7年にわたった占領統治が終了し，占領軍は日本を去った。そして独立を取り戻した日本政府は，行政改革を断行した。その結果，経済安定本部は経済審議庁（後に経済企画庁に変更）として再組織され，職員数400名程度の小規模かつ比較的弱い権限しか持たない組織に変わった。経済企画庁の主な任務は，経済状況・展望の調査・分析や長期経済計画の立案に関する政策提言などに限定されていた。物価統制や配給などに関する権限は，他の省庁に付与された。そして経済安定本部の再組織後は，通商産業省がpilot agencyとしての役割を果たすようになった。

通商産業省

　通商産業省は，1949年5月に貿易庁，石炭庁，商工省を統合させる形で新設された。同省設置の主目的は，国内産業の育成と国際貿易（特に輸出）を促進させることとされていた。「通商産業省設置法」は，通産省の任務を

以下のように規定していた。

1. 通商の振興及び調整並びに通商に伴う外国為替の管理及び調整
   1の2．通商経済上の国際協力の推進
2. 鉱産物及び工業品の生産，流通及び消費の増進，改善及び調整並びに検査
3. 商鉱工業の合理化及び適正化に関する事務
4. 計量に関する事務
5. 電気事業，ガス事業及び熱供給事業の運営の調整
6. 鉱物資源の開発及び電力等のエネルギーの供給の確保並びにこれらの利用の推進並びに発電水力の調整
7. 鉱山の保安に関する事務
8. 工業所有権に関する事務
9. 中小企業の振興及び指導
10. 鉱工業の科学技術に関する試験研究及びその成果の普及
11. 工業標準の制定及び普及
12. 商鉱工業に関する調査及び統計その他商鉱工業に関する事務
13. 国営通商事業
14. アルコール専売事業[2]

こうした任務を遂行するために，同法第4条は113項からなる行政権限を通産省に付与した。これらの権限は，「所掌に係る物資（電力を含む）の総合的な需給に関する政策及び計画その他商鉱工業に関する基本的な政策及び計画を立案すること」，「商鉱工業に関する統計につき，企画，普及，資料の収集，保管，製表，解析及び編集を行うこと」，「通商に関する政策，計画及び手続を立案し，並びにこれらの実施の総合調整を図ること」，「輸出及び輸入の増進，改善及び調整を図ること」，「所掌に係る事業に係る産業構造の改善その他事業の合理化に関すること」など多岐にわたるものであった[3]。

しかし通産省の法的権限は経済安定本部のものよりは限定的であった。例えば，通産省は物価統制，違法行為に対する調査権などといった権限は

（2）（3）「通商産業省設置法」1949年5月24日。

持っていなかった。しかし，長期経済計画の作成，産業育成に関する政策の立案，特定の産業を育成するために資本の流れをコントロールすること，民間企業への行政指導などといった権限を，経済安定本部から受け継いでいた（通産省による政策立案の詳細に関しては，Johnson 1982 や Okimoto 1989 を参照）[4]。これによって通産省は戦後における最も強力な省庁の1つとなり，日本経済の高度成長において重要な役割を果たすことになった。以下では，経済安定本部と通産省の産業政策についての詳しい検証を行い，それらが pilot agency として日本経済の復興と高度成長にどのように貢献したかについて議論する。

戦後の産業政策

戦後の pilot agency の主な産業政策には，長期経済計画，産業合理化政策，市場安定政策の3つがある[5]。このうち長期経済計画と産業合理化政策は，満州と戦時期日本の産業政策を発展させたものであった。満州や戦時期と同様に，戦後の長期経済計画は生産力の拡大を目的にした政策で，産業合理化政策は各産業の生産性の向上を目的にしたものであった。一方，市場安定政策は過当競争を防止し，不況時に企業が倒産することを防ぐことを主目的としていた。市場安定政策は，満州や戦時期日本ではみられず，戦後になって重要視されるようになったものである。

a. 長期経済計画

第一の産業政策は，長期経済計画である。戦後の長期経済計画は，満州産業開発5カ年計画（1937～1941，第3章参照）や生産力拡充4カ年計画（1938～1941，第4章参照）といった満州や戦時期日本の長期経済計画とほぼ同じようなものであった。しかし，より洗練された分析手法などを駆使して立案された戦後の長期経済計画は，満州・戦時期のものよりも遙かに

---

(4) 行政指導は法的拘束力を持つものではなかったため，通産省は外為法や許認可権を使って企業に圧力をかけたり，企業に天下った元官僚のネットワークを使ったりして，行政指導に対するコンプライアンスを徹底させた。このように通産省は行政指導を徹底させるために様々な非公式の権限を駆使した（Johnson 1982 や Okimoto 1989 を参照）。

(5) さらに貿易促進政策も戦後の重要な産業政策であったが，ここでは他の3つに注目して議論を進める。

効果的なものであった（長期経済計画の比較分析に関しては，第6章で詳述する）。こうした戦後の経済長期計画の例には，傾斜生産政策（1947～1949），経済自立5カ年計画（1956～1960），国民所得倍増計画（1961～1970），中期経済計画（1964～1968），新経済社会発展計画（1967～1971）などがある。これらの経済長期計画の達成目標と主目的については，表5－1を参照。

以下では，これらの経済長期計画の一例として，傾斜生産政策について詳しく述べてみたい。経済安定本部は1947年に「傾斜生産方式」というアプローチに基づいた一連の政策を打ち出した。傾斜生産方式とは，鉄鋼と石炭の生産に「傾斜的に」資本や原材料や労働力を供給し，それらの生産量を拡大させることで，国家経済全体を復興に導こうとする試みであった。当時，経済安定本部は鉄鋼と石炭の深刻な供給不足が，日本経済の復興の足かせになっていると考えていた。これは当時の主要エネルギー源が石炭であったことと，鉄道や造船や工業機械などといった重要な産業基盤の拡充はもちろんのこと，全ての産業において鉄鋼製品が必要であったことが理由である。

しかし戦後日本では，戦時期に比べて石炭と鉄鋼の生産量が大幅に減少していた。1946年当時の国内生産は，国内需要の30％程度しか満たしていない状態であった[6]。鉄鋼生産の増加に対する最大の問題点は，鉄鋼生産に必要な原料の一部とエネルギーとなる石炭の供給不足であった。そして

表5－1　戦後日本の経済計画

	経済自立5カ年計画	国民所得倍増計画	中期経済計画	新経済社会発展計画
計画期間	1956～1960	1961～1970	1964～1968	1967～1971
策定時内閣	鳩山内閣	池田内閣	佐藤内閣	佐藤内閣
経済成長目標	4.90%	7.80%	8.10%	8.20%
経済成長実績	8.70%	10.00%	10.10%	9.80%
目的	安定経済を基調として経済の自立と完全雇用を図る。	国民生活水準の顕著な向上と完全雇用の達成に向かっての前進。そのために経済安定的成長の極大を図る。	ひずみの是正即ち生産面，生活面の後進的部門を経済社会発展のテンポに同調させ，経済社会の調和ある発展を図る。	国際化を積極的に進めるなかで，均衡がとれた経済発展を通じて経済力にふさわしい住みよい日本を建設する。

出所：経済企画庁1997，45-46頁。

（6）　外務省調査部特別調査委員会『日本経済再建の基本問題』1946年9月。

石炭の生産には，鉱山で使用する機材などで多くの鉄鋼製品を必要としていたため，鉄鋼製品の不足は，石炭の増産を難しくしていた。つまりこの石炭と鉄鋼製品の供給不足を引き起こす悪循環が，日本経済復興の隘路となっていたのである[7]。したがって，政府は石炭産業に必要な資源を供給し，石炭の生産を拡大させることを最優先課題として掲げた。そして鉄鋼産業に対して石炭の優先供給を行い，鉄鋼の生産拡大を図り，さらに鉄鋼製品を石炭産業に優先的に供給した。政府は，傾斜生産方式で石炭と鉄鋼製品の生産量を拡大させることで，他の産業の生産基盤を再生させ，ひいては日本経済の復興につながると考えたのである。

1946年8月，吉田内閣は「昭和二十一年度第四・四半期基礎物資需給計画策定並に実施要領」を閣議決定した。同要領は，傾斜生産方式を正式に採用した初の政府文書で，傾斜生産方式について以下のように記述していた。

　　一，国内経済諸般の情勢を考慮し，今期第四・四半期の物資需給計画の策定並に遂行を以て，日本経済再建への決定的なる転機とし，経済危機突破のために重大な施策転換を断行するものとする。尚今第四・四半期に於て遂行する諸施策の基本的方向は当分之を継続実施する。
　　二，国内施策の一切を石炭の増産に集中する。
　　　これが為に石炭の増産に必要なる所要物資は一括最優先的に之を確保する。

（7）　鉄鋼不足によって，炭鉱では安全上，効率上の様々な問題が生じていた。傾斜生産政策の立案にあたって炭鉱を視察した有沢広巳は，当時の状況を次のように語っている。「炭鉱のほうはレールを敷いて炭車を引っ張る。当時はあのレールが竹だよ。鉄じゃなくて，竹のレール。あの上を炭車を引っ張っていったら，引っくり返っちゃうんだね。それで能率は上がらんのだね。それで，ワイヤーロープがないものだから，麻のロープでやっている。それが切れる。それから，坑道を支えている坑枠というか，柱，あれを鉄枠で組まなきゃいかんのが，それもない。だから，掘り出すといってみても，中々掘り出せないような状態になっている。だから，鉄をとにかく注入して，それで今度は石炭をよけい掘るんだと」（経済企画庁1988，85-6頁）。

五、石炭の配分に関しては石炭の増産に必要なる諸資材の確保を最重点に施行し次に進駐軍用資材を確保するを主眼とする。尚二二年度石炭三，〇〇〇万屯を確保するため一月に於てその所要資材（特に鉄鋼）を繰上げ確保し得る様に措置し且つ化学肥料，電力，重要輸出産業等の基本産業は極力之を保持するに努める。

九、産業部門内の各企業間に於ても徹底的な重点配当主義を採用する[8]。

経済安定本部は傾斜生産政策を遂行するにあたって次の5つのことを行った。(1) 資源の分配，(2) 公的資金[9]からの融資の提供，(3) 物価統制，(4) 価格差給付金制度[10]，(5) 輸入資源の分配。こうした政策を通じて，経済安定本部は鉄鋼産業と石炭鉱業産業に優先的に資源と資金を供給し，鉄鋼と石炭の生産量を拡大させようとした。例えば，経済安定本部は鉄鋼や石炭などといった重要物資を石炭産業に優先的に配給した結果，「鋼材，セメントなどは他部門が平均して20〜30％の配当しか受けられなかったにもかかわらず，石炭部門に対しては80〜90％が割り当てられ，しかもその現物化率も極めて良好」であったといい（通産省1991, 207頁），石炭産業が非常に優遇されていたことがわかる。さらに経済安定本部は，石炭産業に従事する炭鉱労働者とその家族に対しても優遇政策を打ち出し，同産業への労働力集中と労働者の士気向上を図った。こうした優遇政策には，加配米の特別配給と炭鉱住宅の建設などがあった[11]。また鉄鋼産業に対しても，石炭が優先的に配給され[12]，復興金融公庫から巨額の資金が投入された（鉄

---

(8) 経済安定本部「昭和21年第四・四半期基礎物資需給計画策定並に実施要綱」1946年10月。国会図書館 HP：<http://www.ndl.go.jp/horei_jp/kakugi/txt/txt00767.htm>

(9) こうした公的資金の出所は，復興金融公庫，日本輸出入銀行，世界銀行などであった。

(10) 価格差給付金制度は，市場価格と生産者価格との差額を政府が生産者に対して補償する制度で，石炭と鉄鋼製品の安価安定供給を目的としていた。

(11) 通産省1991, 270頁を参照。1947年の配給では炭鉱労働者には1人1日当たり7合，その家族には3合（当時の国民向け配給は2.5合）が与えられた（通産省1991, 87頁）。その他，酒，たばこ，衣料，石けんなどの特別配給も行われた。

表5－2　鉄鋼と石炭の生産量の増加（1946－48）

年度	鉄鋼（千トン）	石炭（千トン）	工業生産額*
1946	557.2	20,382	100.0
1947	952.1	27,234	131.8
1948	1,714.70	33,726	161.8

* 1946年の生産額を100とする。
出所：日本銀行 1966, 92－100頁。

鋼連盟1959, 25頁）[13]。

　傾斜生産政策の第一の目標であった，石炭の増産に関してはわずか2年で65％増という成果を上げた。そして石炭増産の恩恵を受けた結果，鉄鋼の生産は208％も増加した。工業生産額も61.8％増加し，同政策が日本経済の復興に大きく貢献したことがわかる（表5－2を参照）[14]。

b. 産業合理化政策

　1952年以降産業政策の立案・遂行を主導した通商産業省は，産業合理化政策を打ち出した。この政策の主要目的は，国内産業の国際競争力強化と，技術革新，輸出促進などであった。こうした政策が導入された背景には，来たるべき経済環境の変化に国内産業を準備させる必要が高まったという理由がある。GHQの指示を受けて，日本政府は1949年頃から物価統制や各種補助金を大幅に削減する様々な自由化政策を導入し[15]，その後もこうした政策の導入が続くことが予想されていた。さらに将来的に，日本市場の海外資本への開放もやむなしとされていた。また，アメリカからの経済復興支援も数年中に打ち切られるため，日本の産業が自力で外貨を稼ぐ必

---

(12)　鉄鋼産業向けの石炭配給量は，1946年度には全配給量の6.5％だったものが，翌年には8.2％まで引き上げられた（鉄鋼連盟 1959, 23頁）。

(13)　傾斜生産政策の遂行に必要な資金を提供したのは，主に復興金融公庫（復金）と呼ばれる公的金融機関であった。同公庫は日本経済の復興のために1947年1月に設立された。1947年度における鉄鋼産業向けの復金融資は，設備投資向けが2.05億円で，運転資金向けが14.6億円であった（鉄鋼連盟 1959, 23頁）。前述の価格差給付金制度に必要な資金も復金が提供していた。

(14)　日本銀行 1966, 92－100頁。

(15)　こうした経済自由化政策の例には，いわゆるドッジ・ライン（1949年）などがある。ドッジ・ラインはGHQの圧力により導入された政策で，当時深刻化していたインフレを抑制するために，経済統制と各種補助金を大幅に縮小し，政府支出を減らすことで均衡予算を実現することを目的としていた。

要が高まった。さらには，朝鮮戦争勃発により発生し，日本経済を潤した特需も近いうちに消滅すると考えられていた。そのため，国内産業は生産性を向上させ，国際競争力を高めるために政府の支援を必要としていた。

戦後の産業合理化政策が初めて登場したのは，1952年に導入された「企業合理化促進法」[16]であった。同法第1条は合理化政策の目的を，以下のように説明している。「この法律は，技術の向上及び重要産業の機械設備等の急速な近代化を促進すること並びに原材料及び動力の原単位の改善を指導勧奨すること等によつて，企業の合理化を促進し，もつてわが国経済の自立達成に資することを目的とする。」[17]その後様々な合理化政策が導入されたが，それらの政策の柱となったのは，(1)研究開発の促進，(2)近代的な機械と設備に対する投資の促進，(3)産業関連設備の整備，(4)省エネルギー・省資源化の促進，(5)中小企業に対する経営相談などであった。この分野における通産省の政策ツールは，補助金，優遇税制，加速償却などがあった。

例えば，通産省は公的資金を利用して，企業の設備や機械に対する投資や研究開発を支援した。こうした公的資金は，主に日本開発銀行と日本興業銀行の2つの政府系金融機関から提供された。日本開発銀行は1951年に設立された国有銀行で，その資金は全て税金で賄われていた。日本開発銀行は日本経済の成長にとって重要とされた分野で，最新設備・技術に投資を計画する企業に対して長期融資を低金利で提供した。日本興業銀行は1902年に設立された国有銀行であったが，GHQの指示により1950年に民営化されていた。日本興業銀行は民営化されたが，政府と特別な関係を保ち，その経営は政府の強い影響下にあった。日本興業銀行の資金源も政府

---

(16) 同法案の提案者代表であった自由党の中村純議員は，同法の提案理由を以下のように説明している。「講和条約の成立によりまして，わが国は近く完全に独立することとなるわけでありますが，これに伴いましてわが国の経済もまた完全に自立しなければならないのであります。従いましてわが国の産業を振興し，輸出を増大させることは刻下の急務でありますが，そのためには企業の急速なる合理化を促進することによりまして，優良な商品の廉価なる生産を図り，わが国の産業が国際的競争に打勝つようにすることが最も必要であると存ずるのであります」(通産省 1991, 517頁)。

(17) 「企業合理化促進法」1952年3月7日。

予算で，民間企業への長期融資を行っていた。これら2つの金融機関を通じて，通産省は民間企業の合理化を資金面から強力に支援していた（通産省 1991，517頁）。さらに，通産省は企業が新技術や最新型の機械・設備を導入するための投資を，優遇税制や加速償却などを通じて支援した。そして通産省は企業の研究開発に関連した固定資産（生産機械，工場設備，土地など）に対して減税を実行し，こうした不動産には加速償却（例えば初年度に50％の償却）が認められ，さらなる税金負担軽減を行った。

　それでは，産業合理化政策の具体例として鉄鋼産業に注目して議論を進めよう。通産省は，鉄鋼産業の技術革新と輸出促進を目的として，第一次合理化計画（1951〜1954），第二次合理化計画（1956〜1961），第三次合理化計画（1961〜1966）を導入した。そして同計画は，日本の鉄鋼生産企業が海外企業に比べて立ち後れていた圧延設備の近代化を最重要課題としていた。また通産省は，鋼スラブ，厚板，鋼管の生産設備投資促進を計画していた。第一次合理化計画は，1952年3月7日に公布された企業合理化促進法に基づいて導入された。同法は，通産省の諮問機関で政府と産業界の専門家によって構成された産業合理化審議会が作成した報告書の内容を反映したものであった。

　産業合理化審議会の計画は3年間で530億円[18]を鉄鋼産業に投資し，鉄鋼生産者による海外からの最新設備・技術導入と新工場設立を支援するというものであった。産業合理化審議会鉄鋼部会が1950年6月に作成した報告書には，鉄鋼産業における合理化計画が以下のように説明されていた。「鉄鋼業に今後約3カ年間に亘り相当量の設備合理化資金を投入し，極力高能率工業の操業度を上昇せしめ，原単価の向上，作業費の節約等をはかることにより，現状に比し銑鉄で約1割，鋼材で約2割の生産費低下を実現する。」こうした合理化政策をとることによって，「3カ年後に石炭価格が大体国際水準近くまで低下し，それに伴つて輸送費，電力料金等が逓減するものとすれば全然補給金なしで銑鉄の生産費はほぼ国際水準となり鋼材の生産費は代替輸出生産可能点に達する」ことが可能であるとの見通しを立てていた。さらに，「上記の方途は，もとより鉄鋼業自体の並々ならぬ努力を要する外，過渡的には金融面その他で相当国家的な援助を必要とす

---

(18) こうした資金の供給源は，銀行融資（民間銀行と政府系銀行），社債，株式の売却などであった。

るのであるが，鉄鋼工業の自立体制を確立するの道はこれを措いて外にあり得ないと思われる」[19]と政府による積極的な支援の必要性を指摘している。

同審議会の答申に基づいて産業合理化政策が導入された結果，鉄鋼産業は1951年から1953年にかけて政府が想定した以上の投資を行った。この期間の投資額は，1951年が369億円，1952年が379億円，1953年が396億円であった（通産省 1991, 520頁）。さらに通産省の調査によると，銑鉄の生産コストは業界全体で8.3％削減されたという。これは産業合理化審議会が設定した10％にはわずかに及ばなかったが，一定の成功をみたといえる。このように産業合理化政策は，日本企業の成長と競争力向上を強力に推し進めた。長期経済計画と産業合理化政策は戦後日本経済の成長政策の重要な柱となった。そしてそれらの政策の重要性は，多くの研究者がすでに指摘しているとおりである（Johnson 1982; Anchordoguy 1988 などを参照）。

c. 市場安定政策

第三の産業政策は，市場安定政策である。長期経済計画と産業合理化政策が，経済成長と産業開発を目的としていたのとは違って，市場安定政策は市場競争を制限して，不況時の企業倒産を最小限に抑えることを目的としていた。自由主義市場経済において，競争力のない企業が倒産することはむしろ好ましいことであると考えられる。これは，非効率的な企業が市場から淘汰されることで，経済全体の効率性が向上するとされるからである。しかし，国家経済の目標が生産力の拡大であった場合，たとえ競争力の脆弱な企業であれ，倒産することは好ましくないと考えられた。それは，生産者の数が減り，倒産した企業に充てられた投資や資源が無駄になってしまうからである（さらに失業者の増加などといった社会的影響も懸念された）。したがって，日本政府は企業倒産を最小限に抑えようとしたのである。このように戦後日本で市場安定政策が重要視されたことは，政府の政策が自由主義経済理論に基づいたものではなかったということの証左であるともいえる。

こうした政策が重要視されるようになったのは，日本経済が着実に復興

---

(19) 「産業合理化審議会の答申」1950年6月25日（鉄鋼連盟 1959, 691頁に所収）。

への道を歩み始めた1950年代のことであった。朝鮮戦争の勃発によって起こった特需は，日本経済復興のきっかけとなったが，南北の休戦合意により需要は激減してしまった。各種の産業政策により日本経済の成長が滞ることはなかったが，特需が失くなったことで企業の利益率は急速に悪化した（1950年から1964年の間の利益率と，企業倒産数に関しては，185頁の図5－2，図5－3を参照）。

　政府が市場安定化に乗り出したのは，1952年のことであった。しかしこうした試みにはいくつかの法的問題点があった。GHQ の強力な後押しによって1947年に導入された独占禁止法（独禁法）第1条には，「私的独占，不当な取引制限及び不公正な取引方法を禁止し，事業支配力の過度の集中を防止して，結合，協定等の方法による生産，販売，価格，技術等の不当な制限その他一切の事業活動の不当な拘束を排除する」[20]という規程があり，民間のカルテル組織を通じた市場安定化を明確に禁止していた。そのため通産省は，政府の勧告によって企業が自主的に操業を短縮する「勧告操短」という新しいアプローチを導入して，独禁法に違反しない市場安定化を模索した。勧告操短のしくみは，まず通産省が各企業に対して「行政指導」という形で生産量を割り当て，各企業が自主的に生産量を制限するというものであった。例えば，1952年2月に通産省は綿産業に対して，年間生産量を25％削減し，6,000万ポンド以下に抑えるよう行政指導を行った。通産省繊維課は，綿生産者各社に公式文書で生産量の上限を通達した（御園生 1987，61頁）。通産省は同様の政策を，化学繊維，ゴムなどといった他の産業にも適用した。市場安定化政策のもう1つの例は，政府主導による価格調整メカニズムなどがある。これに関しては，次節において鉄鋼業界における公開販売制度（公販制度）を例に挙げて詳述する。

　このような市場安定化のしくみは，いわば政府主導によるカルテル制度であったと言えるが，この制度を維持するには，各企業にルール遵守を徹底させることが最大のカギとなる。そのためには，各企業の生産量を監視し，違反者に対して罰則を与える必要がある。こうした役割を担ったのが，行政指導を通じて各社の自主的な生産規制を促した通産省であった。しかし行政指導そのものは，法的拘束力が無く，それに従う法的義務はなかっ

---

(20)　「私的独占の禁止及び規制取引の確保に関する法律」（通称「独禁法」）1947年4月17日。

た。つまり，カルテルのルールに違反したものに対して，法的な罰則を加えることは不可能で，ルールの徹底は容易ではなかった。そこで，通産省は別の分野における権限を利用することで，行政指導に対する企業のコンプライアンスを徹底させた。例えば，通産省は1949年に制定された「外国為替及び外国貿易法（外為法）」[21]によって外貨分配の権限を付与されていた。当時貿易をするにあたって外貨を得るには，通産省の承認を得る必要があった。つまり，企業は自由に通貨を両替することができず，通産省は企業が得ることができる外貨の量をコントロールできたのである。当時の企業の多くは，原材料や燃料や機械や技術の多くを海外からの輸入に依存していたため，外貨の確保は重要な問題であった。そのため，通産省は行政指導に従わない企業に対して外貨割り当てを削減することをほのめかすことで，市場安定政策を徹底させようとしたのである。

しかし，北山（1985）やTilton（1996）が指摘するように，通産省の主導による業界団体を通じたカルテルの効果は限定的であった。Tiltonによると，「通産省の政策は，（カルテルの効果で）国内生産による安定供給の確保という目標を達成した」が，「カルテルが始まって10年以上の間，セメント産業や石油産業は，国際的に競争力のある価格を実現することはできなかった」（Tilton 1996, p.21）という。また北山（1985）も産業政策が業界団体と通産省の相互作用の中から形成されたとしつつも，業界団体のカルテル機能に関しては，個々の企業の抵抗によって政策目標が実現されないこともしばしばあったとしている。

上記のように経済安定本部と通産省は，日本経済を復興させ成長に導くpilot agencyとして機能し，それらの産業政策は満州と戦時期にもみられた長期経済計画と産業合理化政策の2つに，市場安定政策をあわせた3つから構成されていた。

(2) 業界団体

日本経済の民主化を統治政策の目標の1つとしていたGHQは，統制会

---

(21) 同法は，通産省が「対外取引に対し必要最小限の管理又は調整を行う」ことを認めていた。同法の本来の目的は，「対外取引の正常な発展並びに我が国又は国際社会の平和及び安全の維持を期し，もって国際収支の均衡及び通貨の安定を図るとともに我が国経済の健全な発展に寄与すること」とされていた。「外国為替及び外国貿易法」1949年12月1日。

制度の廃止を日本政府に指示した。GHQ の文書によると，統制会制度を廃止すべきであると考えた理由は，次の通りであった。「軍事生産を目的として組織された統制会は，平時の生産には不向きである。（中略）心理的な面からも，これら戦時統制機関の廃止を指示し，産業に対する規制を最小限にすることが好ましい」（「SCAP-IN 1108」，1946年8月8日)[22]。このように GHQ は統制会制度の即時廃止を意図していたが，戦争によって壊滅的な被害に遭い，インフレや物資不足で危機状態にあった日本経済を立て直すために，GHQ は緊急措置として同様の産業統制組織に一時的に依存せざるを得ないと考えていた。そのため，GHQ は日本政府に対して「一時的な（経済）安定措置として，必要となる同業者団体を設立すること」を認めた。しかしこの措置は，「指定された産業」にのみ適用され，「1年の期間に限定する」と明確に規定されていた[23]。1946年9月28日，政府はGHQ の指示に従って，重要産業団体令を廃止し，統制会も解散させられた。このように統制会制度は撤廃されたものの，同制度は「業界団体」と名を変えて再組織され，官民の協力関係を促進し，産業政策の立案・遂行を支援するという役割を果たし続けた。以下では，戦後日本経済において業界団体が果たした機能を，鉄鋼業界に注目しながら検証する。

　1946年2月11日，GHQ は日本政府に対して鉄鋼統制会の解散を指示した（『読売新聞』1946年2月14日）。しかし前述のように，何らかの産業統制組織の必要性を感じていた GHQ は，鉄鋼統制会の会員であった企業が「日本鉄鋼協議会」という組織を立ち上げて，一時的に自主的な業界規制を行うことを認めた（「SCAP-IN No.728」1946年2月11日）。だが当時の新聞記事によると，一旦日本経済が安定すれば，同協議会は即時解散させるというのが，GHQ の思惑であった（『読売新聞』1946年2月15日）。鉄鋼協議会の主要な機能は，政府が作成した「鉄鋼需給調整実施要綱」に基づき，「生産割当，原材料副資材の斡旋，需要者生産業者の連携業務，統計資料の作成，調査研究をなすこと」というものであった（鉄鋼連盟 1959，44頁）。

　そして1947年4月15日に日本政府は「価格調整公団法」という法律を施行した。同法は，価格調整を行う団体の解散を命じる内容であった（『読売新聞』1947年9月26日）。これに基づいて，1947年9月26日政府は日本鉄鋼

---

(22)　SCAP 1952, pp.239-40。
(23)　Ibid.

協議会と14の同様の組織を解散させた。しかし当時鉄鋼業界は深刻な不況に直面しており，企業間の意思疎通を可能にする何らかの組織が必要だというのが，業界の共通認識であった（鉄鋼連盟 1959, 44頁）。そのため，鉄鋼業界は1947年6月「日本鉄鋼連合会」という組織を設立した。しかし鉄鋼連合会も，GHQ の圧力を受けた政府によって1947年12月に解散させられてしまう。だが新たに「日本鉄鋼会」が組織され，同組織は1948年11月1日に「日本鉄鋼業経営者連盟」[24]という別の団体と合併する形で，「日本鉄鋼連盟」と名を変えた。こうした業界団体は，GHQ の目を逃れるために，表向きにはその活動目的を「統制色のまつたくない業界の調査研究と親睦を目的とする」ものであると強調していた（鉄鋼連盟 1959, 45頁）。しかし，その実は戦時期の鉄鋼統制会を再編成したものであり，全く同じ会員企業によって構成されていた。このように GHQ の圧力により組織解散を迫られ，その度に解散・再組織を繰り返したが，最終的には日本鉄鋼連盟として組織自体は生き残ったのである。

　設立当時鉄鋼連盟には，177の会員企業がいた。設立にあたって会員企業によって採択された「鉄鋼連盟定款」には，鉄鋼連盟の活動目的について，「本連盟会員相互の連絡協調のもとに，鉄鋼業の生産及び，労働問題についての調査研究を行い，鉄鋼の生産確保と，産業平和の維持を図り，鉄鋼業の公正且つ自由な事業活動を促進し，国民経済の健全な発達に寄与すること」と規定されている（鉄鋼連盟 1959, 付録64－66頁）。鉄鋼連盟の運営は，総会において会員の無記名投票によって選任された理事が構成する理事会によって行われ，連盟の会長は理事から互選されることとなっている。さらに同定款は，鉄鋼連盟の基本方針に関連した意思決定には会員総会の承認を必要とすると規定している。そして総会の決議を要する事項以外は，理事会が意思決定を行うことになっている。

　こうした意思決定制度は，戦時期の統制会と戦後の業界団体の大きな相違点の1つである。「鉄鋼業協議会の鉄鋼統制会と異るところは，統制会が指導者原理にもとづく会長の独占的機構であったのに対し，日本鉄鋼協議会は民主的，自主的統制機関で，主要メーカー10社よりなる常務委員会が最高決定機関であった」（鉄鋼連盟 1959, 44頁）。第4章で述べたように，

---

(24)　日本鉄鋼業経営者連盟は，鉄鋼関連企業の経営者らによる親睦と情報交換の場を提供することを目的として，1946年5月に設立された。

統制会の「指導者原理」はナチス・ドイツのカルテル制度にその起源があった。政府は統制会の会長に強大な権限を与え，会の意思決定を独占させていた。しかし，戦後の業界団体は「指導者原則」を放棄し，比較的平等な意思決定制度を導入していた（だが小規模な業者に比べて，大企業の影響が強かったのは事実である）。以下では，鉄鋼連盟がどのように鉄鋼業界を規制し，どのように政府を支援していたのかについて探る。

産業政策立案・遂行における鉄鋼連盟の役割

　ここでは，鉄鋼連盟が政府の産業政策（長期経済計画，産業合理化政策，市場安定政策）の立案・遂行をどのように支援したのかという点について検証する。第一に，効果的な長期経済計画の立案のカギは，生産活動の現状や成長の展望に関連した詳細かつ正確な情報を各産業において企業レベルで収集する必要があったが，こうした情報収集を可能にしたのが業界団体であった。長期経済計画は，将来の一定の期間において，各企業がどの程度成長することができるか予測を立て，各企業が毎年どの程度の資本や資源を必要とするか，どの企業にどの程度の新規投資を認めるかなどといった点について詳細な計画を立てていた。しかし達成可能かつ効果的な経済計画を作成するのに必要な膨大な量の情報を収集することは，pilot agency がいかに強力な権限を持っていたとはいえ，不可能なことであった。そのため，こうした任務を業界団体が担ったのである。業界団体は会員企業に関連した詳細な情報を集め，pilot agency に提出し，それを基に長期経済計画が作成されたのである。

　例えば，新しい長期経済計画の立案を行っていた岸信介首相は，1959年10月鉄鋼連盟に今後10年の鉄鋼業の展望に関連した情報を提供することを要請した（鉄鋼連盟 1969，789頁）。その翌年，鉄鋼連盟は，「昭和45年度におけるわが国鉄鋼業の構図」[25]と題した報告書を政府に提出した。同報告書は，向こう10年間日本経済は平均7.2%の経済成長を遂げ，工業生産額は毎年平均9.1%拡大するであろうと予測した。こうした予想に基づいて，1959年の1,300万トンであった国内の鉄鋼製品に対する需要は，1970年には4,500万トンまで増加すると算出された。同報告書によると，こうした

---

(25)　鉄鋼連盟「昭和45年度におけるわが国鉄鋼業の構図」1960年10月（鉄鋼連盟 1969，789頁に所収）。

需要の拡大に対応するために,「高炉鉄の生産は粗鋼生産における転炉鋼への重点の移行に対する比率を現状の58%から73%に高める必要があり(中略)この高炉鉄の生産を行うには,10年間に約30基の高炉(平均2,000t/d)を新設する必要があり,4,800万トンの粗鋼生産のためには,4,900万トンの輸入鉱石,2,450万トンの輸入炭の購入を必要とする」と予測された[26]。鉄鋼連盟やその他の業界団体から提出されたこのような市況予想報告を基にして,池田内閣は1960年に「国民所得倍増計画」を作成したのである。

　第二に,市場安定政策を効果的に遂行させるカギは,各企業の意見を調整し,業界内のルール遵守を徹底させることだったが,業界団体はこうした点でも政府を強力に支援した。鉄鋼連盟も通産省と緊密に連携し,市場安定に重要な役割を果たした。まず鉄鋼連盟は,鉄鋼生産者の意見を調整し,生産量と価格に関連した業界内のルールをつくった。そして鉄鋼連盟と通産省は共同で各生産者のルール遵守状況を監視し,違反者に対しては通産省が行政権限を利用して厳しい罰則を与えた。このように通産省と鉄鋼連盟が役割分担をして,効果的に市場安定を実現しようとしたのである。

　以上の市場安定政策の一例に,鉄鋼業界で1958年に採用された「公開販売制度(公販制度)」がある。公販制度は,鉄鋼製品の価格安定を目的とした制度で,そのしくみは次のようなものであった。まず,鉄鋼生産者は毎月通産省の行政指導に基づいて,月間生産・販売の計画量を通産省に通知することが義務づけられていた。そして,鉄鋼生産者は自らの製品の設定価格を通産省に報告した上で公に公表しなければならなかった。さらに各生産者は指定された場所において,同時に販売を開始することになっていた。販売にあたっては,次の月までは通産省に提出した販売計画にある量を超えたり,価格を変更したりすることは禁止されていた。公販制度は毎月の鉄鋼製品の供給量と価格を固定することで,生産者間の過剰な価格競争を防止し,市場の安定を図るものであった。

　この価格調整メカニズムは,業界団体である鉄鋼連盟が生産者間の生産量や価格設定に関するルールをつくり,そのルールに対する生産者のコンプライアンスを通産省が徹底させるという点で非常にユニークなものであった。もし生産者が割り当てられた量を超えて生産した場合,通産省は供

---

(26) 同前。

給過剰を防止するために，違反した生産者の高炉を停止させ，封印することが認められていた。そして価格調整をより確実なものにするために，通産省と鉄鋼連盟は共同で監視委員会を設置し，鉄鋼メーカーの生産・販売を厳しく管理した。同委員会の委員長は通産省重工業局局長，委員は同重工業局次長，鉄鋼業務課長，製鉄課長らによって構成されていた。さらに通産省重工業局の職員と各メーカー並びに問屋の販売業務担当者らが，監視員として監視業務を行った。通産省が1958年に作成した「鉄鋼市況対策要綱」によると，監視委員会の監視委員は「作業所，事務所に立入り検査を行い，関係書類の閲覧を求める」権限が与えられていた（鉄鋼連盟 1959, 779頁)[27]。監視機能をさらに強化するために，監視委員会は1962年に通産省重工業局の職員と鉄鋼連盟の役員で構成された「監視委員会事務局」を設立した。さらに，各メーカーは社長名による誓約書を通産省に提出し規則厳守を徹底し，自粛価格に違反したメーカーに対しては，通産省より「強力な罰則を伴う行政指導」が行われることが規定されていた[28]。

政府機関である通産省が「ルールの執行人」の機能を果たしていたという点では，公販制度は非常に特殊なものであったが，それは独禁法が禁じていたカルテル以外の何物でもなかった。しかし鉄鋼連盟は，公販制度の正当性を以下のように主張していた。公販制度は「通産省の行政指導のもとに，公取委の了解を得て生産および販売協定を行うもの」であり，こうした取り組みは「カルテルでもなく，政府統制でもなく，政府と業界の協力により事に処」するものである。その合法性の根拠として，鉄鋼連盟は「価格は各企業の自由決定に委ねられている。通産省の介入は一定限度以上に変動する場合に行われる」としている。また，他の価格調整メカニズムとは違って，「価格の固定化による非能率企業の温存を避ける」効果もあることから，資本原理に反したり，産業の発展を妨げたりするものではないとも主張していた（鉄鋼連盟 1969，48頁）。

このように市場価格の安定を目指して入念に設計された公販制度であったが，メンバー間の価格設定行動を完全にコントロールするまでには至らず，その価格調整メカニズムの効果は限定的であった（北山 1985）。しかしこのようなカルテル組織を鉄鋼連盟が，通産省と一体となって設計し，

---

(27) 通産省「監視委員会設置要綱」1958年7月8日。

(28) 通産省「鉄鋼市況対策要綱」1958年6月20日。

運営しようとしたことは注目に値する。
　第三に，鉄鋼連盟は産業合理化政策においても一定の役割を果たした。長期経済計画や市場安定政策に比べると，産業合理化政策における鉄鋼連盟の役割は比較的限定的であった。これはこの分野において，通産省がより主導的な役割を果たしたからである。しかし，鉄鋼連盟は産業合理化に関連した政策提言を行ったり，政策転換を要請したりし，そのいくつかは政府によって採用された。例えば，1953年に鉄鋼連盟が通産省の補助金計画に関連して提示した政策提言がある。通産省は1953年5月に，「今後の通商産業政策の基本方針」を発表し，250億円程度の補助金を鉄鋼業界に提供して，鉄鋼製品の価格引き下げを促進する意向を表明した。しかし，鉄鋼業界は補助金を受け取ることで，通産省の統制強化と経営介入につながることを恐れていた。そのため，鉄鋼連盟は「鉄鋼価格対策委員会」を立ち上げ，通産省の補助金計画に対する会員企業の意見を確認した。同委員会は「輸出振興策としての鉄鋼原価引き下げに関する要望書」を作成し，以下の2点を提言した。(1)鉄鋼製品の価格を決定するものは石炭の価格である。従って石炭産業への補助金が好ましく，鉄鋼産業は補助金を必要としていない。(2)政府は石炭産業へ補助金を提供し，国産石炭の価格をアメリカなどからの輸入石炭と同じレベルに引き下げるべきである（鉄鋼連盟 1959, 156頁）。政府はその後こうした鉄鋼業界の提言を受け入れ，同業界に対する規制強化を決定した。

II．戦後日本の開発型国家システムの発展過程の説明

　ここでは，戦時期から戦後にわたる制度的連続性の背景を探る。そして3つの仮説の検証を通して，次の問いに対する答えを提示することを試みる。なぜ戦後日本の政治経済システムは，満州と戦時期日本のものと似たようなものに発展したのか？　なぜ戦時経済制度の一部である pilot agency と業界団体制度は，戦後に再構築されたのか？

(1)集合行為理論の仮説

　集合行為理論によると，制度はアクターが相互利益を得ることを可能にするために構築される。各アクターは自己の利益を最大化しようとするため，ただ乗りや相互不信といった集合行為の問題を克服するのは容易では

ない。集合行為理論は，制度を集合行為問題に対する対策の1つであると考える。制度に付随した規則や取り決めによって，アクター達は不確定要素を減らし，監視・執行のメカニズムを知り，取引費用を削減するなどして，集合行為をとることで相互利益を得ることができるというのである。そして制度が長い期間にわたって維持される理由は，アクターが既存制度の枠組みに沿って行動することが，その他のオプションよりもより大きな利益を生む状態が続いているからとされる。つまり既存制度が，アクターの利益を最大化し続ける限り，その制度が維持されると考えられる。

　この理論によると，戦時期から戦後にわたる制度的連続性は以下のように説明される。アクターが相互利益を得ることを可能にするために戦時期に構築された開発型国家システムは，戦後もアクターが集合行為のディレンマを克服することを可能にさせる機能を果たし続けたために，アクターらは既存制度を維持することを選択したのである。特に終戦直後の日本経済は深刻なインフレや物資不足に悩まされ，経済復興を主導する強力な権限を持った機関と，業界を規制する組織が必要とされた。以下では，戦後日本経済において pilot agency と業界団体がどのように集合行為の問題克服を可能にしたかを探る。

終戦直後の日本経済

　第二次大戦は日本経済に甚大な損害をもたらし，終戦直後の日本経済は壊滅的な状態にあった。戦闘や空襲などによる死者は300万人を超えたとされ，これは1941年の日本の人口の約4％にも上った。また負傷者の数も，数百万に上った。こうした人的被害によって，日本の労働力は著しく疲弊した。その他にも，戦争は日本の経済基盤に深刻な被害をもたらした。空襲によって破壊された建築物は全体の約4分の1に相当し，工業機械は3分の1が，船舶はおよそ80％が失われた。産業インフラに対する被害額は，約1,340億円とも推定され，国家財算の実に41.5％が失われたことになる（小島1973，174頁）。そして失業率も急激に増加した。まず軍が解体されたことで760万の元軍人が職を追われ，産業界も400万人近い人員の削減を行った。さらに旧植民地で暮らしていた約150万の人々が，職を持たない状態で帰国した。全体の失業者はおよそ1,310万人にも上ったとされている（中村1978，148頁）。

　また多くの労働人口が失われたことと1945年の天候不良によって，食糧

生産が急激に落ち込み，深刻な食糧不足が生じた。政府は食糧配給を行っていたが，国民のほとんどは十分な食糧を得ることが困難な状態にあった。Dower (1999) によると，「1945年12月の食糧配給は（1日必要摂取量とされた2,200kcal）の半分強しかなかった。そして1946年半ばから1947年半ばにかけて，食糧配給システムは最悪の状態にあり，必要摂取量の3分の1から4分の1程度まで落ち込んだ」(Dower 1999, p.97)。さらに悪いことに，日本経済は深刻なインフレにも見舞われた。図5-1にあるように，消費者物価指数は1946年には15.97だったものが，1949年には205.4にまで上昇した。つまり，わずか3年間で物価が1186.2%も上昇したのである（日本銀行 1999，396頁）。最後に，日本のGNPも1944年から1946年の2年間で93.7%も減少し，工業生産額は96.0%，農業生産額も94.6%減少した（経企庁1964，290-92頁）。

物資不足とインフレは，終戦直後の日本経済における最も深刻な問題であった。そして，集合行為の欠如が，こうした問題をさらに悪化させていたと考えることができる。当時は産業の各分野が事業運営のために原材料・エネルギー・労働力・資本などといった資源を最大限に使用しようとし，お互いに奪い合う形になっていたために，資源が非効率的に消費されていた。前述のように，石炭と鉄鋼の品不足が日本経済復興の隘路となっていた。そのため，まずは不足する資源を石炭産業と鉄鋼産業に集中させ，他の産業における消費量を減らす必要があった。石炭と鉄鋼製品の生産が増えれば，最終的には全産業が利益を受けることになる。しかし石炭と鉄鋼

図5-1　消費者物価指数の推移（1946〜1964）

出所：日本銀行 1999，396頁。

製品の生産が回復するまで，他の産業の事業者らはさらなる物資不足に悩まされ，倒産の危機に瀕する者も出てくる。このように全体の利益のために自己犠牲を払うという行為は，利益最大化を求める個々アクターには非常に難しいものである。すなわち，長期的な相互利益のために集合行為を行うということには多くの困難があるということである。したがって，政府と産業界はこうした集合行為の問題を克服するためにいくつかの制度を設立したのである。例えば，経済安定本部は物資の流れを統制し，石炭や鉄鋼などといった重要分野に傾斜的に供給を行うことを目的につくられた。そして業界団体は，各企業の意見を調整したり，各企業のルール遵守を監視したりして集合行為を促進するためにつくられたと考えられる。このように政府と産業界は，集合行為をとることで物資不足やインフレを克服し，相互利益を得ることを可能にするために pilot agency や業界団体といった制度を構築したといえる。

経済復興のさらなる障害

　1940年代も末頃に入ると，日本経済は当初の課題であった物資不足とインフレを克服し，戦禍によって疲弊した経済をようやく回復させようとしていた。しかし日本経済の成長にあたって，別の問題が浮上してきた。このころいわゆる朝鮮特需により日本の工業製品に対する需要が急増し，日本経済の成長を後押ししていた。しかし休戦が近づくにつれて，特需も終わりを迎えた。それに伴って，日本企業の収益率も1951年以降急速に悪化し始めた（図5－2参照）。こうした好不況の波は，市場を非常に不安定なものにし，企業の経営リスクを高めていた。図5－3が示すように，この時期企業倒産数も大幅に増加した。

　こうした状況を打開する対策の1つは，不況時に過剰生産に陥ることを防ぐために，企業が協力して生産量を制限することであった。しかし取引費用，ただ乗り，信頼の欠如といった問題があるために，企業同士が協力し合うことを困難にしていた。そのため，業界内のルール，生産調整の手順，監視制度などといったメカニズムが必要であった。そして pilot agency と業界団体が再び集合行為を促進する制度として機能したのである。前述したように，通産省は勧告操短のしくみを導入し，各企業に対して年間生産量を指定し，行政指導を通じて生産量を制限した。そして業界団体は会員企業の事業計画，生産規模などに関した詳細な情報を通産省に提供し，

図5-2　日本企業の経営資本営業利益率*（1950〜1964）

＊経営資本営業利益率とは，経営資本と営業利益の割合を示したものである。
出所：日本銀行1999, 336-337頁。

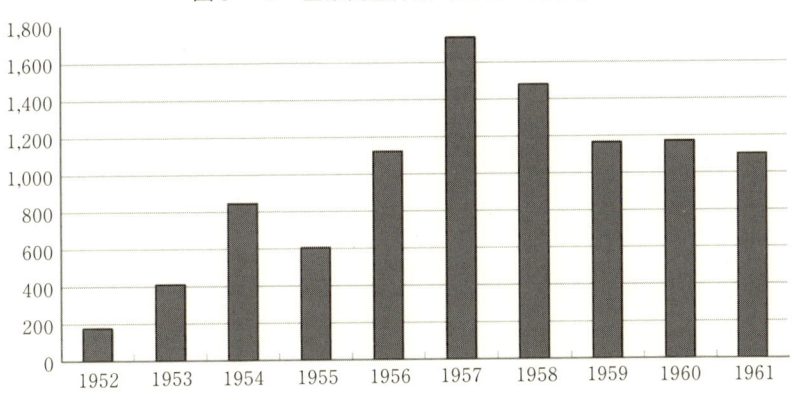

図5-3　企業倒産件数（1952〜1961）

出所：総務省HP<http://www.stat.go.jp/data/chouki/06.htm>

　加えて通産省の行政指導に対する各企業の遵守状況を監視した。そして違反した企業には，通産省が罰則を与えることで，生産量制限の徹底を図ったのである。

集合行為理論の問題点
　戦後日本の政策決定者らはpilot agencyや統制会制度といった戦時期の制度を再構築することによって，戦後日本経済に悪影響を及ぼしていた集

合行為の問題を克服しようと試みたと考えられる。戦後に再構築された制度も，戦時期と同じような制度構成や機能を持っていた。これは政策決定者と他のアクターらが，こうした制度が集合行為を可能にし，彼らの利益を最大化させる機能を果たし続けていると考えたからである。図5－1が示すように，インフレは1951年以降収束し，石炭と鉄鋼製品の生産も1947年以降急速に増加し始めた（170頁の表5－2参照）。さらに図5－3が示すように，企業倒産件数も1958年以降は減少に転じた。

しかしこの仮説にはいくつかの問題点がある。こうした戦時期の制度が良い結果をもたらしたからといって，それらの再構築を多くのアクターが望んだというわけではない。実際，こうした経済統制制度の再構築に対して反対した重要なアクターも多くいた。後述するように，GHQ は pilot agency と業界団体の再構築はあくまでも緊急事態に対応する一時的な措置であり，経済復興が軌道に乗った時点でそれらは完全に解体し，日本経済を自由化することを考えていた。こうした制度を支持するようになった企業家も戦後になって増えたが，戦前と同じように自由化を望んでいた企業家も多くいた。同様に自由化を望み，経済統制に反対した政治家や官僚もいた。集合行為の仮説では，こうした反対勢力の存在を説明することが難しい。もし制度が相互利益を得ることを可能にするために構築されたのであれば，アクターらがそれに強く抵抗する理由は少ないからである。もし制度発展過程が多くのアクターの意見を反映するものでないのならば，それを推し進めたアクターに注目して説明をすることが必要となる。次節ではアクター間の権力構造を検証し，戦後日本政治において強い権力を持っていたアクターの意向に注目して制度発展過程の説明を試みる。

(2) 権力構造の仮説

権力構造の仮説は，制度をアクター間の権力抗争の副産物であると考える。Knight (1992) は，「制度設計の選択メカニズムは，様々な選択肢をめぐるアクター間の駆け引きである」とし，制度発展は，自らにとって最も都合の良い制度を確立しようとするアクター達の抗争を反映したものであるという（Knight 1995, p.108）。そのため，権力構造に大きな変化が生じると，制度変化が起こる可能性が高くなると考えられる。逆に，長期間にわたって権力構造に変化がない場合は，既存制度が維持されていくことになる。この意味では，制度発展過程における経路依存というものは存在せず，制

度発展過程は歴史的な要因によって影響を受けるのではなく，その時々の権力構造を反映したものに過ぎないということになる。

しかし権力構造自体は，長期間変化せずにいることはよくあることであり，その結果として制度が長期間維持されることが起こりうる。実際，戦時期から戦後にかけて，日本の権力構造には重大な連続性がみられる。GHQ は軍関係者の全てと政治家の多くを公職から追放した，ところがGHQ は官僚をパージすることはほとんどなかった。そのため，戦時期の官僚の多くが，戦後も政府の重要ポストを占めることとなった。さらに，戦時期の官僚の中には，政界や財界に転身して，それらの分野でリーダー的存在になる者も多かった。

人的連続性

こうした権力構造の連続性に注目した説明は，日本政治経済に関する先行研究でもよく見られる。Johnson 1982; Lynn and McKeown 1988; 米倉 1993; 小林ほか 1995などは，戦前から戦後にわたる日本経済にみられる連続性を，政策決定過程における人的連続性に注目して説明している。実際，戦後の中央官庁，政界，財界のトップの中には，戦時中官僚として統制経済政策の企画・立案に携わった人物が多く含まれており，こうした人的連続性が戦時期につくられた制度の再構築を促したという主張が先行研究にみられる。

例えば，米倉（1993）は「戦後の産業政策を遂行した官僚たちは戦中に統制経済とその修正を実行した人々であった」（米倉 1993，195頁）と指摘し，人的連続性を物語る数多くの例を挙げている。まずその代表的なものと言えるのが，1942年に商工大臣であった岸信介と商工次官の椎名悦三郎である。この二人は戦後自由民主党の有力議員になり，20年後岸は内閣総理大臣（1957～1960年）椎名悦三郎は通産大臣（1961年）として，再び経済政策の決定に重要な影響を持つようになった。さらに1961年の通産省の主要ポストをみると，「政務次官始関伊平は1942年当時に企業局監理課長，大臣官房桶詰は1938年1月から陸軍へ出向後44年3月に軍需省総動員局に戻り，統制経済を担当していた。（中略）重工業局長佐橋（37年入省）は41年10月から工務局，43年7月金属局，11月鉄鋼局に勤務，企業局長松尾（34年入省）は企業局から総動員局において統制経済の遂行に尽力していた」（同上，195頁）．

通産省以外にも，経済安定本部（のちの経済企画庁）と企画院の間にも重要な人的連続性がみられる。戦後経済安定本部長官を務めた和田博雄は，戦時中は企画院の調査官であった。同じく企画院調査官であった稲葉秀三も経済安定本部参与となった。さらに，企画院調査官佐多忠隆は，戦後財政金融局長になった。また和田の秘書官を務めた勝間田清一も，企画院の調査官であった。また経済安定本部経済復興計画室長の佐々木義武と副室長の佐伯喜一も企画院の調査官であった。佐々木はその後通産大臣にも就任した。またこれらの人物の多くは，満州とのつながりも持っていた。例えば，岸信介は満州国実業部次長を務め，椎名悦三郎は実業部鉱工司長などを務めていた。佐々木義武や佐伯喜一らは，戦時期企画院に入る前は，満鉄調査部にいた。また統計課課長の山中四郎や吉植悟も満鉄調査部出身であった[29]。

さらに戦時中の統制会と戦後の業界団体の間にも人的連続性がみられた。戦後鉄鋼連盟会長に就任した渡辺義介は，戦時中鉄鋼統制会の理事長であった。さらに同じく鉄鋼統制会の理事兼調査部長の水津利輔は戦後鉄鋼連盟の常務理事および労働局長に，総務課長手島雄二は戦後大阪事務局長に就任した。Lynn and McKeown (1988) もこうした人的連続性について，「（経団連のような）経済団体や鉄鋼業界の組織にみられるリーダーシップには，驚くべき連続性がみられる（中略），経団連や日本鉄鋼連盟は，表向きには終戦直後に設立されたとされるが，実質的には戦前・戦時期の組織の延長なのである」という（Lynn and McKeown 1988, p.32）。

このように権力構造の仮説は，戦時期から戦後にわたる日本経済の制度の連続性に対して，シンプルながら説得力のある説明を提示する。それによると，戦後日本が戦時期の経済制度を維持し続けたのは，それらの制度を構築した官僚らが戦後日本の政策決定過程に強い影響力を持ち続けたからだとされる。軍部将校らは戦後公職から追放されたが，彼らと政治的同盟関係にあった革新官僚らはパージされることはなかった。そしてこうした戦時期の官僚らは，戦後も政府の要職や政界・財界のリーダーとなって

---

(29) 経済企画庁で所得倍増計画の立案に関与し，その後経済企画庁長官を務めた宮崎勇は，「安本（経済安定本部）の部署の中で，調査，情報収集，そしてそれらを元に分析，企画するような重要なところに，かなり満鉄出身の人がいたということです」と述べている（小林 2005, 106頁）。

政策決定に強い影響を与えた。したがって，pilot agency や業界団体が戦後再構築された理由は，このような政策決定過程にみられた人的連続性によって説明することができるといえる。

権力構造の仮説の問題点

権力構造の連続性は，確かに制度発展過程に大きな影響を与えたと考えられる。しかしこの仮説は，いくつかの重要な点について十分な説明を欠いている。第一に，なぜ戦後の政策決定者らは戦時期の経済制度を再構築し，維持しようとしたのかという根本的な問いに対する説明がない。これは第4章で示したように戦時期において同制度が，軍部や官僚が望んだような成果（生産力の拡大）を上げなかったことを考えると，より重要な点であると言える。pilot agency や統制会の設立が，軍部や官僚の利益を拡大するのであれば，戦後の官僚らはなぜそれらの制度を再構築したのだろうか？　この問いに対する答えは，権力構造をみるだけでは導き出せない。

第二に，戦時期から戦後にかけての人的連続性だけでは，戦時期の経済制度の再構築を完全には説明できない。それは政策決定過程を同じ人物・集団が支配したからといって，必ずしも制度の再構築・維持が行われるとは限らないからである。実際，戦時中に統制経済の運営に携わった官僚の中にも，戦後自由主義を標榜したり，社会主義を支持したりした者も少なくなかった。例えば，和田博雄や勝間田清一や帆足計といった企画院の官僚らは，戦後になって社会主義政策を支持するようになった。和田博雄は戦時期企画院で統制経済の運営に従事した。和田は戦時中に企画院事件で共産主義運動に関わったとして逮捕されたが，実際彼が共産主義者であった事実はなかった。戦後も経済安定本部長官（1947〜1948）を務め，傾斜生産政策の遂行に尽力した。だが，和田は1949年に社会党に入党し，炭鉱国家管理政策（これについては215-16頁で詳述する）などといった社会主義政策を支持するようになった。和田はその後も社会党で議員活動を続け，1954年には左派社会党書記長[30]に就任するなどした。また企画院の調査官であった勝間田清一も，戦後和田と共に社会党に入党し，その後社会党委員長（1967〜1968）を務めた。さらに帆足計も戦時中は企画院に所属する官僚で，その後重要産業協議会の事務局長を務め，経済統制の運営に貢献

---

(30)　日本社会党は，1951年に右派社会党と左派社会党に分裂した。

した。戦後も経済安定本部参与や経済同友会の代表理事などを務め，その後参議院議員に転じた。しかし帆足は1952年に左派社会党に入党し，同年の衆議院選挙に当選後，7期にわたって社会党議員として活動した。

　和田らとは逆に，統制経済から自由経済を支持するようになった者もいた。例えば，戦時中農商務省に入り，その後石炭統制会理事長や企画院次長を務めた植村甲午郎は，戦後経団連の会長に就任し，貿易・資本の自由化推進を強く訴えた。植村は以下のように統制経済を批判している。「役所の統制で困ることは，役所の担当が細分されていることで，ある産業は『係長産業』になったりするんですね。『係長産業』というのは，役所の係長クラスの判断で，その業界が統括されているケースのことで，何かコトがあって通産省へかけつけると，担当の課長補佐や係長のところで，むやみにひねられるような形になると困るんです。そういう意味ではやはり統制はいかんと思う」（安原1985, 74-75頁）。このように同じアクターが，主義・主張・支持政策を変えることはあり得ないことではなく，同じ権力構造が維持されたからといって同じ制度が維持されるとは限らない。したがって，戦時期・戦後を通じて日本の政策決定過程に影響を与え続けたアクターらが，なぜpilot agencyと業界団体制度を再構築し，維持するという政策を選択し続けたのかを説明する必要がある。

　第三に，この仮説は戦時期の官僚らが権力を維持し続けることができた背景についての説明を欠いている。占領期においてGHQは非常に強大な権力を持ち，どんなアクターも公職から追放する力を持っていた。そして実際にGHQは，軍関係者，政治家，財閥関係者など多数をパージした。ではなぜGHQは戦時経済を建設し運営した過去を持つ官僚をパージせずに，彼らが政府の要職を占め続けることを容認したのだろうか？　これはGHQが日本経済の自由化を推し進めることを望んでいたにもかかわらず，日本人官僚らが戦時経済体制を一部再構築させたことを考えると，非常に不可解な点である。以下では，政策アイディアに注目しながら，これらの問いに対する答えを探る。

(3) 政策アイディアの仮説

　政策アイディアの仮説によると，政策決定者は何らかの政策アイディアを自らの政策指針として持っており，重要な意思決定にあたってはその指針に基づいた決定を行う。特に不確実要素が多い状況においては，こうし

た政策アイディアが彼らの行動に非常に重要な影響を与える。一旦ある政策アイディアが政策指針として採用されると、政策決定者はその指針に基づいた政策だけを選択し、指針に反するような政策は選択肢から排除される。その意味では、政策指針は政策決定者の意思決定を容易にする反面、彼らの選択肢を狭める効果もある。つまり、政策指針としての政策アイディアは、政策決定者の選択肢を「固定 (lock in)」することで、制度変化を起こりにくくし、同じ制度が長い期間にわたって維持されるようになるのである。前述の2つの仮説とは違って、政策アイディアの仮説は制度発展過程に与える歴史的要素と経路依存について注目している。さらに同仮説は、アイディアが生み出すポジティブ・フィードバック効果の重要性を強調する。

　第1章で述べたように、政策アイディアがポジティブ・フィードバック効果を生み出す経路には2つある。1つ目は、政策決定者の政策指針が、次の世代の政策決定者らに継承されることで起こるものである。このように世代間で政策指針が継承される背景には、政策決定者らが同じ教育機関で教育を受け、同じような職場訓練を経験し、同じような職務経験を積む過程で、同様のアイディアを支持するようになることがある。新しい世代の政策決定者らも、前の世代と同じ政策指針に基づいた政策決定を行うことで、その政策指針に基づいてつくられた既存制度を再生産・維持していくことになる。2つ目には、政策決定者らの政策アイディアが、他のアクターらに普及・浸透していくことで起こるものである。政策決定者が他のアクターと交流する中で、彼らの政策アイディアが普及していくことがある。より多くのアクターが、政策決定者のアイディアを受け入れることで、既存制度を維持することに対する反発や抵抗が弱まっていく。そのため、既存制度の維持・再構築が容易になり、同時に既存制度を他の制度に置き換えることがより困難になってしまうのである。このように、政策アイディアがポジティブ・フィードバック効果を生み出すことで、制度の発展過程に経路依存が起こると考えられるのである。

　以下では、まず戦後におけるいくつかの政策アイディア間の競合について探る。戦後新しい国家体制の建設に関して様々なアイディアが存在し、お互いに競合していた。こうした競合は、GHQと日本政府の間だけではなく、日本人政策決定者らの間でも起こった。政策アイディア間の競合を検証し、戦時期の政策アイディアが戦後も政策指針として採用された理由

を探る。次に，戦時期と戦後にわたる政策アイディアの連続性が本当に存在していたのかどうかについて，戦後の政府文書や政策決定者らの言説などから具体的な論証を提示する。最後に，政策決定者らの政策アイディアが，他のアクターにも普及・浸透し，ポジティブ・フィードバック効果を生じさせ，経路依存が起こりやすくなった過程についても詳しく調べる。

GHQの日本経済自由化計画

　1945年8月に日本を占領下においた連合軍は，その後7年間の占領統治を行った。占領統治の最高司令官に任命されたのは，アメリカ陸軍のダグラス・マッカーサー元帥であった。日本の占領統治にあたって，連合国最高司令官総司令部（GHQ）は直接統治を行うのではなく，GHQの指導の下で実際の行政業務は日本政府が担当する間接的な統治方法を選択した。だが，間接的な統治方法とはいえ，重要な意思決定にはGHQの承認を必要としていたため，GHQは甚大な影響力を行使することができた。そして，GHQから日本政府に対して発せられた政策指示は，政策決定に非常に大きな影響を与えた。

　日本の占領統治におけるGHQの最重要課題は，日本の非軍事化，民主化，そして社会的・経済的自由化であった。アメリカ軍が当初抱いていた日本経済の改革案は，国務・陸軍・海軍三省調整委員会（State-War-Navy Coordinating Committee: SWNCC）[31]が作成した文書において以下のように説明されている。

　　日本が再び経済的に軍事的脅威となることを防止することを目的とした産業の非軍事化プログラムを実行するべきである。占領統治終了後も継続して機能するような統制システムが必要であり，日本経済の非軍事化も継続されるべきである。陸上戦闘の武器や軍艦や戦闘機などといったものの生産・修理につながるような特殊な設備を日本が保持

---

(31) 国務・陸軍・海軍三省調整委員会は，国務省，陸軍，海軍の意見調整を行うことを目的として，1944年12月に設立された。同委員会は，ドイツと日本の占領統治に関連した政策提言を行った。GHQは，同委員会の直接指揮下に置かれていた。同委員会は1949年6月に，国務・陸軍・海軍・空軍四省調整委員会（The State-Army-Navy-Air Force Coordinating Committee）に再編された。

することを禁止する。また平時に必要なレベル以上の重工業生産能力や軍事的重要性が高いと考えられる産業は排除されるべきである。(中略) そして労働, 産業, 農業における民主的な組織の設立を奨励するべきである[32]。

日本における政治的・経済的自由化を目指した改革は, 連合軍にとって非常に重要なものであった。それはファシスト勢力と壮絶な戦争を遂行した連合軍が, 敵国に自由民主主義を根付かせなければ戦争の真の終結は得られないと考えたからである。Takemae (2002) によると, マッカーサーは日本の占領統治を軍国主義から人々を解放し, 自発的な自由化を実現する壮大な実験であると考えていたという (Takemae 2002, p.7)。こうした目的を達成するために, GHQ は日本に存在する非民主的, 全体主義的, あるいは封建主義的な制度を解体することを目的とした数々の構造改革を断行した。こうした改革の標的となったのは, 日本軍や財閥や地主制度や戦時経済体制などであった。

まず GHQ は日本軍を解散させ, 軍関係者を公職から追放した。公職追放処分を受けた軍関係者は700万人以上に上り, 全ての軍関連機関が廃止された。次に, GHQ は財閥解体に着手した。GHQ が財閥を標的としたのは, 財閥がアジアにおける事業拡大を期待して, 軍部の領土拡張政策を支援していたと考えられていたからである。第4章で示したように, こうした見解は正確ではない。一部の新興財閥を除いて, ほとんどの財閥は軍部と敵対する立場にあったのだが, アメリカ政府と GHQ は財閥の解体は必要不可欠であると考えていた。また財閥による経済の独占的支配も財閥解体の理由の1つとされた。財閥企業は多くの市場を独占的に支配し, 市場競争を妨げることで消費者の利益を侵害していると考えられた。そのため GHQ は日本政府に対して「持株会社整理委員会令」(1946) と「独占禁止法」(1947) の導入を指示し, これらの法令に基づいて財閥解体が進められた[33]。

GHQ は農業と労働の分野でも自由化政策を推し進めた。第一に, GHQ は地方経済の自由化を目的に農地改革を実行した。農地改革は地方経済に

---

(32) 「SWNCC 150-2」1945年8月12日。
(33) これらの法令に基づいて, 各財閥の持ち株会社が清算され, それらが

おける所得格差を大幅に改善し，農村における伝統的な地主制度の撤廃を実現した。農地改革はGHQが行った改革の中でも最も効果的なものであったと言われている。第二に，GHQは労使関係の自由化を図った。GHQの指示を受けて，日本政府は労働組合法（1946年），労働関係法（1946年），労働基本法（1947年）などといった法律を立て続けに制定し，労働者の権利を拡大し，労働運動の活発化を促した。これによって，労働組合が各地で組織され，労働争議も増加し，こうした法改正の成果は即座に現れた[34]。GHQはさらに各種の経済自由化政策の導入を指示し，市場資本主義の発展を促して，戦時経済体制からの脱却を図った。

しかしGHQの当初の思惑に反して，戦時経済体制の制度の一部は，戦後名前を変えて再構築され，その後も戦時期と同じ役割を果たし続けた。強力な経済統制機関である経済安定本部の設立は，元々GHQによって主導されたものであった。日本経済の自由化と経済統制の撤廃を計画していたGHQであったが，終戦直後の深刻な物資不足とインフレに直面し，経済危機克服のために一時的に日本経済を統制下におくことが必要だと考えた（経企庁1997，38頁）。GHQが1946年5月17日に出した覚書（SCAP-IN 960）には，「現時点において，日本政府による経済安定本部の設立と，（同機関の）1年間の存続に対して異論はない」[35]とある。つまり，GHQは1年間の期間限定で，経済統制機関である経済安定本部の活動を認めていたわけである。

そして1949年ごろからGHQは経済自由化計画を再開した。同年2月，デトロイト銀行頭取のジョセフ・ドッジを経済顧問として日本に招いたGHQは，ドッジにインフレ解消政策の立案を依頼した。ドッジが立案した経済安定9原則は「ドッジ・ライン」と呼ばれ，日本政府の財政政策の大転換を促すものであった。ドッジのインフレ対策の柱は，(1)財政均衡，(2)為替レートの統一，(3)経済統制の緩和と市場競争の促進であった。財

保有していた有価証券等は持ち株会社整理委員会に移管されて，処分された。その結果財閥創業家の影響力は弱体化され，各グループ企業は自主的な経営を行うこととなった。

(34) 1946年から1950年の5年間に起きた労働争議の件数は，毎年平均764件であった。これは1940年から1945年の間の年間平均件数184.2件を大幅に上回る数字であった。

(35) SCAP 1952, p.184.

政支出を削減することでインフレの抑制を図ったドッジ・ラインに基づいて，財政支出は1949年には6,690億円だったものが，1950年には6,330億円に削減された。これは，実に9.4％の歳出削減であった[36]。またドッジは，政府補助金の大幅削減と物価統制の撤廃を実行することで，政府の産業界に対する影響力を縮小し，自由な市場競争を促すことも目標としていた。この財政支出削減策の中心となったのが，価格差給付金制度と石炭・鉄鋼業界への補助金の削減であった[37]。ドッジ・ラインに基づいた政策が導入された結果，通貨価値と物価が安定し，長く日本経済を悩ませたインフレもようやく収束した。「公定価格とヤミ物価を統合した実行物価指数は，総平均で49年度中ほぼ横ばいとなり，消費財価格では10％低下した。賃金の動きもそれまでに比べて著しく安定し，戦後インフレ期の中心的課題だった『物価と賃金の悪循環』も一応解消するに至った」（経企庁 1997，56頁）。これにともなって，経済安定本部による物資統制と価格統制も大幅に削減され，「49年度初めから50年度初めにかけて，物資統制件数は生産資材で5分の1，消費財で4分の1に減少し，価格統制件数も4分の1に減少した」（同上，56頁）。このようにドッジ・ラインをきっかけに，GHQによる経済安定本部の弱体化が進められたのである。

　GHQの経済改革計画にも，政策アイディアの影響が色濃く見られる。当時GHQが政策指針としていたアイディアは，反トラスト主義（anti-trust doctrine）であった。Takemae（2002）によると，GHQの反トラスト主義は「1890年のシャーマン反トラスト法以来のアメリカのカルテル解体の伝統であ」った。アメリカ政府の市場独占行為に対する嫌悪感は，1914年の「クレイトン・反トラスト法」をもたらした。1920年代に入ると，反トラスト主義は一旦沈静化したが，1930年代に入ってニュー・ディール政策が導入されると再び盛り上がり，1936年の「ロビンソン・パットマン法」がつくられた。こうした反トラスト主義の支持者（ニュー・ディーラー）は，GHQ内部にも多く，主に財閥解体事業に携わった。こうした人物には，民政局のチャールズ・ケーディス，トーマス・ビッソン，エレノア・ハドレーや，

---

(36)　日本銀行 1999，133頁。
(37)　価格差給付金に充てられた予算は，1949年には416億円であったが，翌1950年には188億円まで削減された。さらに石炭鉄鉱石輸入補給金は206億円（1949年）から71億円（1950年）に削減された（鉄鋼連盟 1959，64頁）。

科学局（反トラスト・カルテル課）のJ.M.ヘンダーソン，エドワード・ウィルシュなどがいた（Takemae 2002, pp.334-35）。

　GHQの反トラスト主義に対する強い信念は，財閥解体の重要な背景でもあった。そして財閥と同様に，日本経済にとって悪影響をもたらすと考えられた統制会制度に対しても，反トラスト主義のアイディアに基づいて解体を計画していた。

日本政府の反応

　GHQの経済政策に対する日本政府の反応は賛否両論であった。第一に，GHQが指示した一時的な強力な経済統制機関の設立に関して，当初日本政府はあまり前向きではなかった。GHQの指示を受けて，日本政府は1946年3月に「中央推進本部」という名前のあまり強い権限を持たない機関の設置を計画した。しかし，GHQはこうした組織では不十分であると考え，経済政策に関して各省に優越する権限を持つ強力な経済官庁の設立を日本政府に要求した（経企庁 1997, 38頁）。GHQからの強い圧力に押される形で日本政府は，強力な権限を持った経済安定本部の設置を決心した。1946年9月に発表された『改訂日本経済再建の基本問題』には，「綜合的企画調査機関の設置」の必要性が以下のように強調されている。「経済安定本部の機能を強化し，経済再建に関する基礎資料の調査と総合的企画の立案とを担当せしむべきである。（中略）かかる機関を総理大臣のブレイントラストとし，必要あらば総理大臣に各省大臣に対する命令権を付与し，組織的統一的な行政の運営を可能ならしめねばならない」（中村・大森編『日本経済再建の基本問題』1990, 224頁）。

　日本政府とGHQは経済復興のために強力な経済統制機関を設立することでは意見が一致したが，その後両者の見解には大きな隔たりが生じた。GHQにとって，こうした経済統制機関はあくまで戦後の経済危機を克服するための一時的な緊急措置と考えていた，日本政府はこうした機関を恒久的な組織として，以後も経済成長を主導させることを考えるようになった。例えば，前述の『改訂日本経済再建の基本問題』では，経済安定本部を一時的な措置とはとらえておらず，今後も経済統制が必要となるという見解が表明されている。同文書は，「自由放任を原則とする上昇期資本主義時代は既に過去のものとな」ったとし，今日の世界経済は「生産と消費との間に計画的調整が必要とせられる時代となつた」ために，「遂に国家資

本主義の時代すなはち統制され組織された資本主義時代に突入した」と述べている（同上，148頁）。

つまり政府は，GHQ が経済統制制度を一時的に維持することを指示したことを逆手にとって，その後も同制度を維持することを図ったのである。1946年3月に作成された『日本経済再建の基本問題』の草稿には，石原莞爾と宮崎正義が使っていたものと全く同じような表現で，経済安定本部の役割を説明していた。それによると，経済安定本部の制度は「軍隊に於ける参謀制度に相当するもの」であるとし，「現代社会の組織化傾向に基き政治経済の面に於ても同様な体制が要請せられるのである」とその必要性を主張している（同上，224頁）。さらに，同文書は「最大限に民間の活動を可能ならしむる統制形態を再建する要がある。之が為戦時中の統制組織の再整理を促進すべきである。統制の目的は生産の再開促進と国民生活の保障におかねばならぬ」と述べていた（同上，261頁）。しかし「当面の対策」と題されたこの部分に関しては，同文書の最終稿では削除されている。これは戦時体制の復活を危惧した GHQ の圧力がかかった結果と推測される。

また1949年5月には通産省が，商工省と貿易庁と石炭庁を統合する形で設立された。同省の設立に重要な役割を果たしたのは，吉田茂首相と白洲次郎貿易庁長官であった。通産省設立の主な目的は，ドッジ・ラインの導入によって推進されることが予測された自由化政策に備えること（『朝日新聞』，1949年2月6日）と，世界に対して日本は輸出促進を優先していくとのメッセージを発信すること（『日本経済新聞』，1949年2月6日）であったとされていた。吉田首相は，国内産業の保護・育成を優先していた商工省の官僚らに批判的であったため，国際的な視野を持った経済機関をつくることを考えていた（通産省 1991，423頁）[38]。こうした吉田や白洲の考えに近い官僚の集団は「通商派」や「国際派」と呼ばれ，通産省の内部で一派閥を形成したが，彼らはむしろ少数派で，「産業派」・「民族派」と呼ばれる戦時期からの政策アイディアを継承する統制志向の強い官僚の派閥が主流派となり，通産省も pilot agency として強力な権限を持ち，日本の高度成長を主導する役割を果たすようになったのである（通産省内の派閥争いに

---

(38) 通産省設立の過程については，Johnson (1982) や Okimoto (1989) といった先行研究において，すでに詳細な検証がなされているので，ここでは簡潔な記述に留める。

ついては Johnson 1982; 北山 1985などを参照)。

そして pilot agency と同様に, 統制会・業界団体制度も戦後再構築されることとなった。GHQ はこうした制度が戦時経済体制の一部であったとして, その解体を計画していた。GHQ の統制会解体の意図は, GHQ が1946年8月に日本政府に対して出した文書 (SCAP-IN 1108) にも明示されている。それには,「戦時期の生産統制から産業を解放し, より民主的な方法で平時経済に必要な物資の増産を行うことを目的」として,「既存の統制会を解体し, それに関連した法令や規制の全てを撤回もしくは無効にせよ」[39]とある。しかし終戦直後の経済危機に直面した GHQ は, 臨時措置としてこれらの戦時経済体制の制度に依存せざるを得なくなってしまった。

GHQ による統制会解体命令は, 産業統制は極力回避し, どうしても必要な場合は民間組織(つまりカルテル)ではなく, 政府組織によってなされるべきであるとするアメリカ政府の見解を反映していた。GHQ が1946年12月に出した覚書 (SCAP-IN 1394) には,「(アメリカ)『統合参謀本部指令 1380/15』は, 日本産業における民間統制は廃止し, 統制が必要な分野には, 政府機関を設立して統制を行うよう指示している」[40]として, 日本政府にアメリカ政府の意向を伝えている。こうした政策を推し進めるために, GHQ は日本政府に対して, 基本的な産業統制は「製品の流通を独占民間企業もしくは業界団体に統制させるのではなく, 政府が重要な原材料を生産者に分配する」ようにすべきであると指示した[41]。さらに経済安定本部の機密文書によると, GHQ は経済安定本部に対して「需給の調整は, すべて(なかんずく経済安定本部)自らが行うか, いずれにしても民有民営を排し政府機関がそれを担当すべきである」との見解を示したという(通産省 1991, 285頁)。

そして日本政府が1947年に GHQ の指示に沿って独占禁止法(独禁法)を制定すると, 統制会制度の解体は決定的であるように思われた。独禁法制定は GHQ の経済民主化計画の重要な柱の1つであり, 財閥や統制会などといった古い体制の解体に対する法的根拠となるものであった。すでに1945年11月の時点で GHQ は,「民間資本の独占, 取引の制限, 不適切な兼

---

(39) 「SCAP-IN 1108」1946年8月8日。SCAP 1952, pp.239-40.

(40) 「SCAP-IN 1394」1946年12月11日。SCAP 1952, p.343.

(41) 同上。

任重役制，不適切な株式持ち合い，銀行業の商業・工業・農業からの隔離を撤廃し，企業や個人が工業・商業・金融・農業の分野において民主的に競争することができる平等な機会をあたえるような法律」の制定を日本政府に要請していた[42]。そして1946年8月には，GHQの反トラスト・カルテル課によって法案[43]が作成され，日本政府に提出された。同法案は1947年3月22日に国会で可決され，これによって独禁法が制定されたのである。

そして独禁法の制定と同時に，同法の運営を担当する公正取引委員会（公取委）が設立された。公取委は，アメリカの連邦取引委員会をモデルにつくられ，市場における不正取引を取り締まる役割を与えられた。独禁法第8条は，以下のようにカルテル行為を禁止している。

> 第8条　事業者団体は，次の各号のいずれかに該当する行為をしてはならない。
> 1．一定の取引分野における競争を実質的に制限すること。
> 2．第6条に規定する国際的協定又は国際的契約をすること。
> 3．一定の事業分野における現在又は将来の事業者の数を制限すること。
> 4．構成事業者（事業者団体の構成員である事業者をいう。以下同じ。）の機能又は活動を不当に制限すること。
> 5．事業者に不公正な取引方法に該当する行為をさせるようにすること。

つまり業界団体内で会員企業が生産量や価格に関して意見調整を行うといった行為は，独禁法では禁止行為とみなされることとなった。そしてこうした規制は，民間企業の間に自由競争を妨げるカルテル的組織が形成されることを防止するための対策であった。したがって，もし独禁法がGHQの当初の意向に沿って厳格に遂行されていたのであれば，業界団体

---

(42)　「SCAP-IN 244」1945年11月6日。SCAP 1952, p.40.
(43)　このいわゆる「カイム試案」は，インディアナ州控訴裁判所の元判事で当時GHQ反トラスト・カルテル課に所属していたポージー・カイム（Posey T. Kime）によって作成されたものであった。カイム試案は，アメリカ政府が当時推進していた国際カルテル撲滅運動を反映したものであった（Hadley 2001, p.31と御園生1987, 18頁を参照）。

の存在は違法とみなされ，こうした制度は廃止されていたはずである。

しかしGHQの思惑に反して，独禁法の制定は業界団体の解散にはつながらなかった。GHQの文書によると，民間による産業規制は廃止すべきであるというGHQの指示は，1945年6月にはすでに日本政府に伝えられていた（SCAP 1952, p.343）。しかし日本政府はその実行を無視し，業界団体が原材料の分配，価格設定，自主統制を行うことを容認し続けた。こうした日本政府の姿勢に対して，GHQは以下のように不満を表明している。「日本政府は（統制会解体に関する）覚書の内容を完全に実行していない。そして県や地方レベルにおける統制会の解体および再組織に関しては計画すらつくられていない。民間の統制会はいまだに競争を規制し，中小企業の拡大や成長を阻害し，新規参入を妨げ，中小企業から多額の資金を吸い上げている。」[44] さらにGHQは，「日本政府が指示に従わない理由」は，日本人の政策決定者らが「産業の統制は，民間の機関を通して初めて適正に行うことができると信じているため」であると分析している[45]。

さらに日本政府は1947年ごろ「民間による独占行為」との批判に対応するため，業界団体の職員に公務員の身分を与え，形式上政府による統制であるようにみせかけるなどした。これらの業界団体の職員は，「物資調整官」という肩書きで呼ばれたが，同時に出身企業での身分も維持していた（通産省 1991, 290頁）。そうすることで，業界団体は民間企業によって運営されているのではなく，政府によって運営された官営規制組織であるという口実をつくったのである。

そして占領統治の終了後は，物資調整官制度も廃止され，業界団体は完全に民間の組織に戻り，戦時中の統制会と同様に，政府の産業政策の作成・遂行・監視を補助する役割を果たした。さらに，政府は1953年に独禁法を改正し，曖昧な位置づけにあった業界団体の法的正当性を確かなものにした（独禁法の改正に関しては，Hadley 2001, p.31 と御園生 1987, 69頁を参照）。つまり，日本政府は重要産業団体令を廃止したものの，統制会は業界団体へと名前を変えて再組織され，政府と共同で日本経済の高度成長を支える重要な役割を担ったのである。

---

(44) 「SCAP-IN 1890」1948年2月16日。

(45) SCAP 1952, p.343.

GHQの改革が失敗した背景

　戦時経済体制を解体するというGHQの計画が失敗に終わった理由は，主に2つある。第一の理由は，戦時経済体制を建設した本人である官僚達を戦後も政策決定過程にとどまることを容認したことである。もしGHQが官僚達を公職から追放し，政治家や民間人など別のアクターを経済政策の立案にあてていたならば，戦後日本経済の制度は全く違った形に発展していたと考えられる。第二の理由は，アメリカ政府が当初の占領政策を後に転換したため，GHQが自ら経済自由化政策を中途半端な形で終わらせなければならなかったことである。1940年代末になると，米ソの対立がヨーロッパやアジアにおいて緊迫化し，日本占領におけるアメリカ政府の優先事項が政治・経済改革から経済復興へと移行した。これは日本の国力を回復させ，極東地域における軍事同盟国として貢献させようという狙いがあったからである。GHQはこうした政策転換に抵抗したが，アメリカ政府からの強い圧力によって経済自由化政策を骨抜きにせざるを得なかった。それでは，こうした要素がどのようにGHQと日本政府の間の政策アイディアをめぐる競合に影響を与えたのかについてみていこう。

　GHQの経済自由化政策が成功しなかった理由の1つは，官僚をパージしなかったことである。この結果生じたのは，権力構造の仮説が指摘するような人的連続性である。しかしGHQはなぜ戦時経済体制の建設・運営を担った張本人である官僚達を公職から追放しなかったのだろうか？　制度が構築された時点の権力構造だけに注目する合理的選択論的アプローチでは，この問いに対する答えを探ることは難しい。それには，時間をさかのぼって歴史的な要素を分析する必要があるからである。

　この問いを解くカギは，占領を控えた終戦前のGHQの状況にある。アメリカ政府は日本占領にあたって，ドイツと同様に直接統治を行うことを考えていた。しかし政府機能が完全に破綻していたドイツとは違って，日本の政府機能はまだ十分機能する状態にあり，しかも当時アメリカ軍には日本を直接統治するほどの行政能力や日本に対する知識を持った人材が不足していた。そのため，GHQは戦争遂行に携わっていた日本人官僚を公職から追放せず，むしろ彼らの行政能力に依存せざるを得なかったのである。これを裏付けるように，当時GHQ経済科学局局長の顧問として来日したシャーウッド・ファインは以下のような証言をしている。「日本の占領は，われわれが予想していたよりもずっと早く始まってしまいました。わ

れわれの計画では，日本を直接統治するという予定でいたのですが間に合わなくなりました。そのために予定が狂ってしまい十分な準備も出来ませんでした。もう1つの理由としては，日本を占領するために必要な専門家，たとえば，日本語に通じている人たちなどがなかなか集められなかったのです。」[46] GHQ が戦時体制の解体を意図しながらも，それを作り上げた官僚組織にほとんど手をつけることなく，戦後への人的連続性が起こったのは，こうした理由からであった。つまり，占領統治への準備不足と人材不足によって，GHQ は日本人官僚に依存せざるを得ず，戦時経済体制の建設と運営に携わっていた日本人官僚らを公職から追放することができなかったのである。その結果，戦時経済体制を完全に解体することが難しくなってしまったのである。

　GHQ が戦時経済体制を打破できなかった第二の理由は，国際情勢の急激な変化であった。米ソ冷戦が緊迫化すると，アメリカの日本経済に対する政策も変化を余儀なくされた。当初アメリカ政府は，日本経済の非軍事化・自由化を推し進め，重工業などの再建を認めない方針であったが，この方針を撤回し，日本経済の早期復興を最優先する方針をとった。この背景には，日本経済のさらなる停滞と混乱は，共産主義勢力の台頭を招く恐れがあったことと，日本が極東地域におけるアメリカの同盟国として共産主義国との戦いに貢献させる方が得策であると考えるようになったからである。例えば，1948年10月にアメリカ国家安全保障会議（the U.S. National Security Council: NSC）が作成した政策提言書（「NSC 13/2 アメリカ政府の対日政策に関する提言」）には，日本占領政策の大幅な転換が提言されている。第一に，NSC 13/2 は日本の警察機構を強化することを提言し，日本の再軍備への道を模索している[47]。第二に，同文書は日本経済を早期に復興させる必要性を訴えている。それによると，「今後アメリカの日本占領政策において，アメリカの安全保障の次に優先されるべきは（日本の）経済復興である」とされ，日本の経済復興は「アメリカが提供する資金と物資

---

(46) GHQ 経済科学局局長顧問シャーウッド・ファインの証言。小林ほか 1995，123－5 頁に所収。

(47) さらに同文書は，日本の警察機構および海上警備などといった組織は，増員と設備拡充によって強化されるべきであるとしている。これによって，日本政府は1950年に警察予備隊を設立し，これが後に保安隊（1952年），自衛隊（1954年）として再編成されることとなったのである。

の援助プログラム」と「アメリカ政府の関連省庁の強力かつ連携した努力」によって達成されるべきであるとしている。さらに「日本が貿易するにあたっての障壁を取り除くために，（アメリカ政府は）日本の商船に対する規制を廃止し，日本製品の輸出の回復とさらなる発展を奨励する」必要があるとしている[48]。

同文書はまた，「日本における真に平和的な目的のための物資とサービスの生産と輸入は，制限を設けずに許可すべきである」[49]とし，日本における工業生産や貿易の促進を指示している。さらに重要なことに，NSC 13/2はGHQに対して，日本政府がこうした政策目標（再軍備と経済復興）を主導して達成するよう促し，GHQが日本政府に対して干渉することを可能な限り控えるよう次のように指示している。

> 日本政府が主導する改革が，占領政策の大まかな目的に沿っている場合は，連合軍司令官はこれを妨げぬようにする必要がある。また司令官は以後これ以上の改革を日本に押しつけることは控えるべきである。すでに実行が決定されたりすでに進行中の改革に関しては，司令官は日本政府に対する圧力を和らげ控えめにするべきである。司令官が介入するのは，日本当局が改革の意図を否定したり妥協したりした場合に限定されるべきである[50]。

国務・陸軍・海軍三省調整委員会（SWNCC）が終戦直後に打ち出した占領政策は，日本の非軍事化，戦時経済体制の打破，工業化に対する制限などが掲げられていたが，1948年の安全保障会議（NSC）の提言書はこうした政策を大きく転換させるものであった。アメリカ政府の見解は，1948年3月に来日したウイリアム・ドレイパー陸軍次官という同政府の訪問使節からGHQに伝えられ，GHQ内での政策転換が行われた[51]。Takemae (2002)

---

(48) アメリカ政府安全保障会議「NSC 13/2: Recommendations with Respect to United States Policy toward Japan」1948年10月7日。
(49) 同上。しかし同文書は，日本の軍事的経済力の拡大や武器・民間航空機の製造などといったいくつかの分野においては厳しい制限を設けるべきであるとしている。
(50) 同上。
(51) 占領政策に関して，当初からGHQ内でも意見の相違があり，その意

は,「アメリカ政府の優先課題が(日本の)経済復興に代わったことで,GHQ の改革プログラムは勢いを失ってしまった。1948年5月以降,反トラスト・カルテル課の集中排除政策は無視されるか,撤回される結果となった」(Takemae 2002, p.173)。さらに日本経済は,1949年から1950年にかけて深刻な不況に見舞われた。この不況を引き起こした原因の1つは,ドッジ・ラインに基づいて行われた大幅な財政支出削減であった。ドッジ・ラインが不況を引き起こしたことで,それ以上の自由化を推し進めることが困難になってしまったのである。

　さらに朝鮮戦争が1950年に勃発し,アメリカも朝鮮半島に軍隊を派遣する事態が起きた。その後戦闘が激化したことで,実質的に日本はアメリカ軍の兵站供給基地となり,様々な物資に対する需要が急激に増加した。いわゆる朝鮮特需である[52]。1951年5月17日にアメリカ国家安全保障会議は,「アジアにおけるアメリカの目的,政策,行動方針(NSC 48/5)」と題した政策提言書を政府に提出した。そこには,東アジアにおけるソ連の脅威について,「現在のソビエトの戦術は,東アジア本土そして最終的には日本と西太平洋の周辺諸島を,ソビエトの影響下におくことであると思われる」と警告している。「アジアはアメリカにとって戦術的に重要な地域である」とし,「ソビエトによる日本及び西太平洋諸島への影響拡大は,アメリカにとって決して許容することのできない脅威である」[53]と述べている。

　同文書は,アメリカ政府に対して,「(日本が)国内の安定を維持し,国

　　　味では GHQ の内部でも政策アイディアの競合があったのであるが,本研究の趣旨からは外れるので,ここではその詳細までは触れない。
 (52)　朝鮮特需の実態は以下のようなものであった。「輸出額は,1950年4～6月の平均5,970万ドルから7～9月の平均7,016万ドル,10～12月平均9,566万ドル,1951年1～3月平均9,580万ドルへと増加し,1950年4～6月から10～12月及び1951年1～3月にかけての増加率は60%に及んだ。一方,特需支払高も,1950年7～9月の月平均518万ドルから10～12月平均2,014万ドル,1951年1～3月平均2,966万ドルへと増加し,1950年7月1日から1951年3月末までの支払高類型は1億6,492万ドルを数えて,同じ時期の輸出額合計7億8,485万ドルの21%に及んでいた」(通産省1989, 457頁)。この特需により,日本経済は短期間に深刻な不況から景気拡大へと転じたのである。
 (53)　アメリカ政府安全保障会議「NSC 48/5 United States Objectives, Policies and Courses of Actions in Asia」1951年5月17日。

外の脅威に立ち向かい，極東地域の安全保障に貢献することができる自立した親米国家になるように支援すべきである」と訴えている。さらにこうした目的を達成するために，アメリカ政府は「二国間の安全保障条約」と「平和条約の提携を速やかに行い」，「占領状態から主権回復への移行を促進させ」，「日本が経済的に自立し，アメリカとアジアの非共産地域の安全保障に重要な物資とサービスを生産できるようになるよう支援する」[54]必要があるとしている。平和条約の締結後には，「日本が適切な軍事力を保持すること」および「日本が自国とアジアの非共産諸国のために安価な軍事物資を生産すること」をアメリカ政府が支援する必要があるとしている。

こうしたアメリカ政府からの指示は，GHQ がさらなる自由化改革を進めることを困難にした。いまだに多くの戦時経済体制の制度が解体されていないにもかかわらず，GHQ は日本の工業化と再軍備を支援せざるを得なくなった。三和（2002）によると，GHQ は NSC による占領政策転換の指示に強く反対していたが，陸軍省と国務省からの強大な圧力に屈する形で政策転換を受け入れることとなった（三和 2002, 66頁）。NSC の指示に従って，GHQ は1950年に警察予備隊（自衛隊の前身）の設立を承認し，さらに戦時経済体制の解体を中断することとなったのである。

つまり GHQ は，終戦直後の経済危機を乗り切るために，日本政府が pilot agency や業界団体などといった戦時経済体制の制度を一時的に再構築することを認めた。GHQ はこれをあくまでも危機に対応する臨時的な措置と考え，日本経済が回復した暁には同制度を解体するつもりであった。しかし GHQ が行政担当能力を欠いていたため，戦時経済体制を運営してきた日本人官僚をパージすることができず，むしろ彼らに依存せざるを得なかったこと，極東地域における冷戦の緊迫化によって，占領政策が転換されたことで，経済自由化政策を推し進めることが困難な状態になってしまったのである。

アイディアの連続性と経路依存

(54) NSC の文書には，「日本の重工業の将来性は，今日のソ連の生産力の50％程度に匹敵する」と評価されていた。そのため，同文書は「アメリカの軍事・経済援助プログラムを使うことで，アメリカ及び同盟国がアジア地域の資源を最大限に利用することは，アメリカの安全保障にとって重要である」としている（同上）。

権力構造の仮説が指摘するように，満州，戦時期日本，戦後日本にわたる人的連続性は確かに日本の開発型国家システムの発展過程に大きな影響を与えた。しかし同じ人々が政策決定過程に影響を持っていたからといって，彼らが長期間にわたって同じような政策決定を行うとは限らない。同じ人物が，時を経て違う政策を支持するようになり，政策転換を行うことはよくあることである。実際，日本においても前述のように，戦後になって社会主義や自由主義を標榜するようになった元革新官僚もいた。つまりアクターの政策スタンスが時として変化するのは当然のことであり，特に戦争や占領統治や経済危機などといった出来事によって，政治環境が劇的に変化した場合においては，同じ政策を支持し続ける方が稀であるとも言える。すでに第4章で議論したように，戦時経済体制は軍部将校と革新官僚の目標であった生産力拡大に成果を上げることができなかった。戦況悪化という要因もあったが，国内産業の生産力は拡大するどころか，かえって縮小してしまった。にもかかわらず，戦後同じような制度が再構築されたのはなぜなのだろうか。

満州・戦時期日本・戦後日本の政策決定過程を比較して分析すると，これらのケースにおいて政策決定者らが同じ政策アイディアを彼らの政策指針として持っていたことがわかる。この政策アイディアが，日本の開発型国家システムの思想的基盤になったのである。この政策アイディアは，戦前に「統制経済論」とよばれたもので，より具体的には次の3つの点に要約できる。それは「自由主義・市場原理に対する不信感」，「経済計画の必要性」，「過当競争の防止」の3点である。こうした政策アイディアを体現するためにつくられた制度に，pilot agency と統制会・業界団体の制度があった。pilot agency は，自由主義市場経済の「弊害」を取り除き，国家経済に計画性を与えて，より効率的な経済運営を実現するためにつくられた。統制会・業界団体制度は pilot agency の政策立案・遂行を支援し，官民の協力体制を確立させ，市場競争の規制を可能にさせることを目的につくられた制度であった。

こうした政策アイディアは，満州と戦時期日本の軍部将校・革新官僚や戦後の政策決定者らの著作，発言，公文書，報告書，回顧録などといったものに如実に反映されている。この資料の詳細な検証を行うことで，戦時期の政策アイディアが政策決定者の間に広がり，長い期間維持されてきた背景を探ることができる。それからわかることは，終戦と占領期を経て，

日本の政治・経済状況は劇的な変化を遂げたが，日本の政策決定者らは戦時期と同じ政策アイディアを政策指針として維持してきたということである。そのため，彼らは戦時経済体制の制度であった pilot agency と統制会制度を戦後に再構築し，その後長い期間維持させてきたのである。以下では，この主張に対する具体的な論証を挙げる。

　まず，自由主義・市場原理に対する不信感と経済計画の必要性の2つの概念からみていこう。終戦直後吉田茂によって外務省に設置された諮問機関である外務省特別調査委員会が1945年12月27日に出した中間報告『日本経済再建の方途』は，「経済再建の主体の確立」が急務であると述べ，自由主義経済の弊害と経済計画の必要性を以下のように述べている。「自由市場ノ消滅及ビ生産規模ノ飛躍的増大ニ伴ヒ利潤追求ヲ原動力トスル自由競争ハ経済発展ヲ停滞セシムルニ到リ生産ト消費ノ間ニオケル計画的調整ヲ必要トスルニ到ル。」[55]さらに「経済再建の主体の確立」の方策として，「貿易を基点とする経済計画化の要請」「『パブリックコントロール』の強化，資本の公的性格の濃化」「重要産業部門における公的性格を有する『カルテル』の組織」，「企業内部に於ける経営者中心主義の確立，資本と経営の分離」[56]をあげている。また，同委員会による『日本経済再建の基本問題』も，「窮乏のどん底から日本経済を再建するためには，総合的具体的な再建年次計画が樹立されねばならない。残存する乏しき経済力を挙げて拡大再生産の方向に集中投下し，再建の日程を速やかならしめるためには，自由経済による経済力の浪費は許されないであろう」[57]としている。

　しかし，こうした自由主義経済への不信感は市場原理や市場競争を完全に否定するものではなく，あくまでそれらを調整し，なんらかの制約を加えた上で，自由主義経済の弊害を防ぐというものであった。実際に，前述の中間報告書の中では，「国家による基本的計画の把握と最大限の公正なる自由競争の許容」や「少数大企業の競争の奨励」の必要性が指摘されている。こうした点から，戦後の政策アイディアが，自由主義市場経済と社会主義経済の融合を目指した戦時期の政策決定者らの政策アイディアを色濃く反映していることが明確に示される。

---

(55)　中村・大森編 1990, 94頁に所収。
(56)　同上，106－107頁。
(57)　同上，201頁。

この3つの概念は，戦前自由主義を標榜し，軍部将校と革新官僚の政策に強く抵抗した財界と保守政党の間にもみられた。政党の例をみると，重光葵や三木武夫らによって1952年に設立された改進党[58]の綱領は，「我党は協同主義の理念に基づき，資本主義を是正し国民大衆の福祉を増進す」としている。宮本（1962）は，この「協同主義」という概念を，「資本主義の長所と社会主義の長所をとり，かつ両者の弊害を除去した第三の理念として国民共同体の建設を意図したもの」（宮本1962，179頁）としている。これは，第4章で触れた戦時中の革新官僚らの統制経済論が目指したものと，志を同じくするものである。

　1955年の保守合同によって日本民主党と自由党が統一されて生まれた自由民主党の政策も，こうした統制経済論の概念を受け継ぐものであった。自民党発足にあたって発表された「新党の政綱」は，「通貨価値の安定と国際収支の均衡の上に立つ経済の自立繁栄と完全雇用の達成をはかる。これがため，年次計画による経済自立総合政策を樹立し，資本の調整，生産の合理化，貿易の増進，失業対策，労働生産性の向上などにわたり必要な措置を講じ」るとしている（宮本1962，422頁）。この政綱が意図していたものは，「過去におけるような優勝劣敗，弱肉強食の自由放任主義には寄らないが，個人の創意と責任を重んじ，自由企業を原則とし，これに総合的計画性を与えて，まず生産の増加をはかり，これを通じて各個人の所得を増加し，完全雇用を実現し，国民の生活を豊かにしようとすること」であった（同上，420頁）。これらの政策要綱には，自由主義経済への不信感と経済計画の必要性が色濃く現れているのがわかる。

　さらに「過当競争の防止」についても，戦後経済政策の重要課題として，政策決定者の間で継承されていた。例えば，1960年5月13日の参議院本会議において，輸出品の生産・販売業者に対する政府規制を目的とした輸出入取引法の改正にあたって，当時の通産大臣池田勇人はその趣旨を以下のように説明している。「今後わが国の貿易の自由化が進捗して参るのに伴いまして，一部商品については輸入の過当競争の激化が予想され，その対

---

(58) 改進党は，1952年旧国民民主党が改称してできた。1954年に鳩山一郎率いる自由党の反主流派と日本民主党を結成した。日本民主党が1954年に発表した「新政策大綱」も，経済自立を実現するために「経済自立に関する産業計画を樹立し，国民の努力目標を明示する」（宮本1962，368頁）とある。

策を整備する必要に迫られますとともに，後進諸国との貿易促進のためには，これらの物資の買付を民間の協調体制のもとに進める必要性も増大して参っております。」過当競争を防ぐ方策として，「過当競争の原因が国内の生産または販売の分野に存する場合には，必要に応じ生産業者または販売業者の協定につきましてもアウトサイダー規制を行なうことができるように改正し」，「輸入業者による共同行為によって過当競争等による弊害を除去することが著しく困難である場合には，……需要者または販売業者が輸入貨物を購入する場合の国内取引について協定を締結することができるようにする」ことを認め，「連合して貿易取引を行なう貿易業者に，貿易連合という名のもとに新たに法人格を付与」することとした。この輸入組合とは，貿易業者の業界団体であり，業界団体が過当競争を防止するための制度であることを示すものである。

さらに，こうした法改正が，独禁法を骨抜きにするのではという野党側の批判に対して，当時の岸信介総理大臣は，「言うまでもなく，独禁法が日本の産業経済のいわば悪法ともいうべき基本法制であることは，これは言うを待たないのであります」と独禁法の正当性を疑問視する発言をし，「今回提案をいたしました輸出入取引法の改正は，これに対して，実際日本の海外における貿易の実情，輸出入の状況を見まするというと，従来も過当競争の弊害がある。……貿易自由化に伴って，この過当競争がさらに弊害を生ずるおそれがあるという見地に立って，民間の業者が共同行為によってこの弊害を除去しよう，もちろんそれを無制限に許すものではございませんで，その場合において，消費者や，あるいは農林水産業や，あるいは中小企業等の立場を十分に顧慮して，私どもはこれを認めよう，そうして弊害を除去しよう，こういうことでございます」と述べた。

「過当競争の防止」のアイディアは，官僚の間にも広く浸透していた。例えば，1959年度版の『通商白書』には，前述の輸出入取引法改正に触れて「輸出における過当競争の防止」と題して次の文章が載っている。「輸出における過当競争の弊害は，国内の業者同志が互に価格，取引条件で底なしの引下げ競争を行い，品質の悪化，相手側の信用の喪失を招き，取得する外貨を減少させ，輸出の長期的発展を阻害するところにある。この問題は，わが国輸出につきまとう困難な問題であり，その根は深く，わが国経済の構造やその背後にある人口問題にまで及んでいるが，その病害はあらゆる努力を払って除去しなければならない。このためには，製造業者，商社がま

ず自ら過当競争の不利を認識し，その防止に努めることが必要であつて，中小企業者の組織化，輸出に関する共同行為を効果的に行うことによって，国内の生産，販売，輸出の各段階で，安値取引を生じる圧力をとり除くような仕組をつくらなければならない。」[59]

戦時期と異なる点は，こうした概念が企業経営者の間にも浸透し，制度再建を容易にする地盤ができたということである。この意味で，戦時期から戦後にわたって，思想は継続的に保持されていただけではなく，より多くのアクターに浸透し普及していたと言える。例えば，初代経団連会長（1948～1956）を務めた石川一郎は，独禁法制定に反対して，次のように語っている。「アメリカのように資本が多く，マーケットも広く，技術が進歩して資源があるところでトラストをやったら，えらいことになる。しかし日本みたいに全部行政で，資本はないし，資源は少ないし，技術の進歩は遅いし，マーケットは狭いところでは，弱いもの同志が集まって，弱い羊が群れを成していく。ライオンなんて群れをなして歩いてはいやしない。日本の産業は群れを組んでやらなければ，立ちいかない。」さらに，「完全に健康な経済を作るという経済理論が実現されていない現実においては，過熱すれば抑え，不況になればその対策を講じなければならないのは，経済活動の常道である」（安原 1985, 33-4頁）。

また，第五代経団連会長（1980～1986）や日本鉄鋼連盟会長などの要職を務め，戦後の鉄鋼業界・財界において多大な影響力を誇った稲山嘉寛は，以下のように自由主義経済がもたらす問題点について指摘している[60]。「これまでしばしば競争の弊害が指摘されながら，その解決策が講じられてこなかった。一部には価格競争こそが自由主義経済の根幹であるという意見があるが，それでその産業や企業が崩壊し，日本全体がおかしくなってしまっては何もならない。いま鉄鋼業が直面しているのはそういう状況である」（稲山 1986, 123頁）。したがって，「自由主義経済の発展は，大企業，中小企業を問わず，つまり市場を形成しているみなさんで自由を基礎とした秩序をつくり，価格の安定を図っていく以外にない，という考えに

---

(59) 通産省 URL：<http://www.meti.go.jp/hakusho/tsusyo/soron/S34/00-03-01.html>

(60) 「第一回公開販売制度協議会における挨拶」1958年6月26日（稲山 1986, 230頁に所収）。

達したのであります。しかし今日，カルテル禁止法（独占禁止法）という法律がありまして，協定を禁じております。これこそ，かえって自由主義経済の行き詰まりをもたらすものと確信しております」（同230頁）と主張する。さらに，過当競争を防止するため，政府主導による市場調整と業界の協調体制の必要性について，「現実の問題としての競争の弊害は，われわれの身の回りに枚挙にいとまがないほどであります……幸いにも鉄鋼業界には崩壊の寸前に，その時期が来たのであります。先日来，通産省或いはメーカーが相寄りまして，『ここで何か手を打たないと，お互いのみならず日本経済全体の不幸になるのじゃないか』という話し合いを行ったのであります。その結果，一応の成案を得，通産省の指導と行政のもとに需給の調整を図り，不当な価格を排除して，市場の安定を図ることになったのであります」と述べている（稲山 1986，230-232頁）。

　もちろん，全ての経営者がこうした考えに同調したわけではない。経団連の歴代会長をみても，第二代会長石坂泰三や第四代会長土光敏夫は，経済自由化に積極的で，政府の行政指導や干渉に否定的であったが，こうした人々の間でもある程度の資本主義の修正は必要であると考えられていた。例えば，「自由化の旗手」と称された石坂泰三は「開放経済下において最も重要なことは，企業経営に携わるわれわれ自身が，企業の自己責任に徹して，体質改善，国際競争力の強化，過当競争の防止，輸出秩序の確立に率先して自主的努力を傾注し，これを推進することである」（安原 1985，52頁）と語っており，過当競争の防止と輸出秩序の確立のために「民間の自主的な努力を成果あらしめるよう独禁法の改正など」を求めた。つまり，石坂も何らかの市場安定メカニズムが必要であると考えていたと言える。土光敏夫も，公取委を強化する独禁法の改正には強く反対している。

　このように官僚らの政策アイディアが普及・浸透した背景には，官僚から政界へ，官僚から経済界へ，さらには両者における重要ポストを行き来した人物がいたことがある。こうした人物の存在は，官僚の間で強く支持されていた政策への理解と支持を政界と財界に広めたと考えられるだろう。つまり，人的連続性とアイディアの連続性には相乗効果があったといえる。戦前の革新官僚から政治家になったケースでは，戦時中商工官僚であった岸信介や椎名悦三郎。大蔵官僚からは池田勇人や宮沢喜一。企画院官僚出身には，和田博雄や佐々木義武らがいる。官僚から経済界へ転進したケースも多い。経団連の第三代目会長植村甲午郎は，企画院調査部長として国

家総動員法制定をすすめ，その後石炭統制会の理事長になり，戦後ニッポン放送社長・日本航空会長を務めた[61]。逆に，財界から官僚ポストに出向した例は，経済安定本部で多くみられた。副長官の永野重雄は日本製鉄常務取締役，政務次官の藤井丙午も同じく日本製鉄，貿易局長藤沢次郎（商社）生産局長菅谷重平（住友金属工業），交通局長平井好一（大阪商船）（小林ほか1995, 34頁）。彼らは，経済安定本部で政府の経済安定政策に協力し，その後出身企業に戻っていった。官僚・政治家・財界の間のこうした人的な交流は思想の広がりに重要な影響を与えたといえるだろう。

政策決定者らのアイディアが，新しい世代の政策決定者らに継承され，また政治家や財界リーダーの一部に普及・浸透したことで，開発型国家システムの再構築・維持に対する抵抗が弱まり，新しい制度を構築することがより困難になっていったと考えられる。つまりアイディアがポジティブ

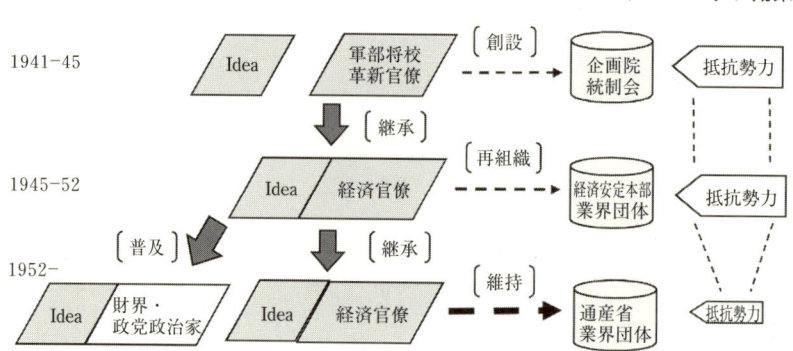

図5-4　日本の開発型国家システムにおけるポジティブ・フィードバック効果

1941-45　Idea　軍部将校 革新官僚　〔創設〕→　企画院 統制会　←抵抗勢力

1945-52　Idea　経済官僚　〔再組織〕→　経済安定本部 業界団体　←抵抗勢力

1952-　〔普及〕Idea　財界・政党政治家　〔継承〕Idea　経済官僚　〔維持〕→　通産省 業界団体　←抵抗勢力

(61) 農商務省に入省。大臣秘書官，資源局調査課長を務めた後，企画院調査部長となり，国家総動員法策定の指揮を執る。1940年企画院次長。1941年には「石炭統制会」の理事長となる。戦後も，1946年に経団連が発足すると引き続き事務局長に就任した。翌1947年に公職追放。1951年追放が解除されると経団連に復帰し，相談役を経て副会長に就任する。1955年には植村が中心となって「経済再建懇談会」を立ち上げ，戦前から岸信介ら商工省・企画院人脈との深い繋がりから，これまでの個々の企業による献金に代えて，経済界・財界から政界・自由民主党への今に至る画期的な献金システムを整備した。俗にいう「経団連方式」である。またニッポン放送社長・会長，日本航空会長等も務めた。

・フィードバック効果を生じたことで，開発型国家システムが戦後再構築され，その後長期間にわたって維持される結果となったといえる。このように，日本における開発型国家システムの発展過程にみられる経路依存は，満州・戦時期日本・戦後日本にわたる人的連続性とアイディアの連続性（そしてそのポジティブ・フィードバック効果）によって説明される。こうした pilot agency と統制会・業界団体制度の発展過程にみられるパターンは，第1章の図1-1で示したパターンにも当てはまる（図5-4参照）。

政策アイディアの競合

　戦後の政策決定者らの多くが戦時期の政策アイディアを政策指針として受け継いでいたことはこれまで示した通りであるが，このことは当然の帰結であったわけではない。戦争が終結し，全く新しい国家体制が模索される中で，戦前にもあったようにいくつかの政策アイディアの間で激しい競合が起こったのである。こうした競合は，戦時期の政策アイディア，産業の国営化などといった政策を支持する社会主義，市場の自由化を標榜する自由主義の3つの政策アイディアの間で繰り広げられた。日本人政策決定者らと GHQ の間で政策上の駆け引きが起きたのと同時に，日本人の間でもいろいろな駆け引きがあったのである。以下では，戦時期の政策アイディアが社会主義や自由主義を抑えて，再び政策指針として採用されるようになった背景について述べてみたい。

　第一に，戦時経済体制の支持者らは，1940年代後半に社会主義体制を支持する勢力から深刻な挑戦を受けた。戦後になって左翼思想に対する弾圧もなくなり，社会主義思想は労働者，学生，都市部住民などから幅広い支持を集めた。社会党や共産党などの左翼政党も国会内に一定の議席を占めるようになった。こうした社会主義思想への傾倒は，一部の政策決定に関わる者たちの間にもみられた。そうした者の中には，政府の経済政策を立案する立場にある人物もいて，産業国有化というような社会主義的政策も選択肢から排除されるべきではないと考えていた。彼らは，国有化によって政府がより直接的に産業をコントロールすることが可能になり，戦後の経済危機からの脱出を容易にするのではないかと考えたのである。例えば，外務省の特別調査委員会が1945年12月に作成した「今後ノ我国ノ基本的経済政策ニ関スル考察」[62]には，日本産業の経営体制について以下のような考察が記されている。国家経済には「計画的調整ヲ必要トスル」としなが

らも，日本がとるべき選択は，「計画経済カ，自由経済カ」そして「民営カ，国営カ」とし，自由主義から社会主義まで様々な経済体制が選択肢として考えられていたことが窺える（中村・大森編 1990，94頁)[63]。

さらに吉田首相の私的諮問機関であった石炭小委員会[64]の委員長を務め，傾斜生産方式の考案者の一人であったとされる有沢広巳も，同委員会における議論の中で石炭産業の国営化について可能性の1つとして以下のように言及している。「石炭鉱業は必ず資本主義的経営の原則の上におかれるものと初めから定めてかからず，私企業であることに制約条件がある場合には更に公的経営にかへた場合はどうなるかといふ点まで考へを進めてみる必要があろう。」[65]しかし吉田内閣と与党自由党は，国有化計画には否定的な姿勢をとっていた。GHQは日本政府に対し，石炭不足を解決するために一時的な国有化措置をとることを促した。1946年9月4日GHQは「炭鉱の所有権並に補助金支出の方法に関する覚書」と題する文書を日本政府に送り，以下のように炭鉱国有化を促した。「石炭生産に重要な意味を持つ所有権および金融関係の若干の政策問題があり，これは今日考慮に値する。すなわち，(A) 第一に日本の炭鉱業は凡ゆる経済活動と極めて密接に関連しており，したがって国有化の提案を検討する十分な理由がある。(中略)もしも公共事業として炭鉱業が国有化さるべきであるとしたならば炭鉱の大所有者たる財閥の解体が行われ，日本の全般的金融再編が実施されているこの機を逃さず，近き将来において実行すべきである。」[66]

そして社会党が1947年3月の衆議院選挙で大勝し，政権を取ると炭鉱国有化が重要議題として取り上げられるようになった。社会党は民主党およ

---

(62) 外務省調査部，1945年12月7日（中村・大森編 1990，94頁に所収）。

(63) 『資料戦後経済の経済政策構想　第一巻　日本経済再建の基本問題』

(64) 石炭小委員会は1946年11月に組織された，吉田茂の私的諮問機関であった。同委員会は大学教授や官僚らから構成され，吉田の要請に応じて，数多くの政策提言書を作成した。傾斜生産方式もここで考案されたと言われている。有沢広巳はその委員長を務めていた。

(65) 「石炭小委員会第1回議事録」1946年11月5日（中村・宮崎編『資料戦後経済の経済政策構想　第二巻　傾斜生産方式と石炭小委員会』1990，161頁に所収）。

(66) 「石炭の所有権並びに補助金支出の方法に関する覚書」（通産省 1991，326頁に所収）。

びと国民協同党と連立を組み，社会党委員長の片山哲を首班とした片山内閣が発足した。片山内閣は炭鉱国有化に強い意欲をみせ，その早期実現に尽力した。しかし民主党と国民協同党の合意を得るために，計画を修正し，社会主義色を薄める必要があった。その結果として，片山内閣は国有化ではなく「炭鉱国家管理」という表現に変更し，さらに3年間の期限立法にするという措置をとった。

　商工大臣水谷長三郎（社会党）は1947年7月3日の衆議院本会議において，炭鉱国管の意義と必要性を説明し，以下の4点をあげた。(1)新炭鉱を開発するにあたっての金銭負担が大きすぎること，(2)石炭生産に充てられた公的資金の使い途に関する透明性の確保，(3)石炭生産における資源の効率的な利用の促進，(4)生産と経営における効率性の向上[67]。与党は1947年9月に「臨時石炭鉱業管理法案」を国会に提出した。同法案は，3年の期限付きで国内の全ての炭鉱を国家管理下におき，炭鉱所有者に対して政府の指導に従うことを義務づけるものであった。また石炭生産の増加が必要とされた場合には，政府が炭鉱所有者に対して直接命令を下す権限を認めた。同法案は炭鉱の国有化にまでは触れていないものの，炭鉱所有者から全ての経営権を奪うものであった。自由党などの保守勢力からの激しい抵抗にもかかわらず，同法案は1947年12月9日に国会で可決された。

　こうしてようやく導入が決まった炭鉱国管であったが，保守勢力であった自由党が1948年に政権に返り咲くと，自由党は炭鉱国管の廃止を盛り込んだ「臨時石炭鉱業管理廃止に関する法律」を国会に提出し，同法案は1950年5月2日には国会で可決され，臨時石炭鉱業管理法は3年の期限切れを待たずに廃止された。炭鉱国管に対する拒否反応は，政府の介入に一定の歯止めをかける結果となり，これによって経済統制の許容範囲が明確になったといえる。以後特定の産業を国有化もしくは国家管理するといった政策は議論されなくなった。しかしこのように戦後の政策決定者の中に，戦時期の統制経済とは違った，社会主義政策を志向した者もいたということは重要な事実である。

　第二に，日本経済の自由化を求めた人々は，戦時期につくられた制度が維持されることを批判し，政府に対して経済統制や市場規制を緩和するこ

---

(67)　1947年7月3日衆議院本会議における商工大臣水谷長三郎の答弁。国会図書館HP 国会会議録検索システム <http://kokkai.ndl.go.jp/>

とを要求した。自由化を求める声が特に強かったのは，やはり産業界であった。稲山嘉寛のようにこうした制度を支持した企業家もいた反面，政府の介入を嫌い，経済の自由化を訴えた企業家もいた。このように自由化を訴えた財界のリーダーには，経団連会長を務めた石坂泰三や土光敏夫などがいる。例えば，経団連第二代会長石坂泰三は，1959年の経団連第20回総会での，「自由化の趨勢と経済界の基本方向」と題した講演を行った。この中で石坂は自由化と規制緩和を訴えた。石坂は「国際的な資本，技術ならびに商品の自由な交流は，自由諸国における経済発展の究極の目標である」とし，他の先進諸国はすでに自由化政策を進めていると指摘した。さらに，「わが国もこの世界経済の趨勢に対応して，現在のような安易な産業の保護管理体制からできるだけ早く脱皮するように心掛けねばならぬ」と述べた。ところが，「政府は行政の末端に至るまで指導干渉をあえてし，かえって経済の正常な運営を妨げている」と政府の現状を強く批判した。そして，「極めて狭い見地からの産業保護政策や国際収支の問題にとらわれて機械的な運用を行っている。政府としては，もっと長期的かつ総合的視野にたって大局を見失うことのないようにとくに強調する」と訴えた。(安原 1985, 49頁)。

さらに重要なことに，こうした自由化を求める勢力は政府や官僚の中にも存在した。例えば，公正取引委員会は政府による経済統制に対して反対し，その早期撤廃を強く求めた。公取委は独禁法の運用を任務として1947年に設立された。その背景には，経済自由化の促進を図っていたGHQの意向があった。その発足以来，公取委は自由市場の番人として，市場独占などを防止し違法行為を取り締まってきた。そして，そうした過程で，他の省庁と激しい抗争を繰り広げることもあった。

例えば，通産省と鉄鋼連盟が1958年に鉄鋼製品の価格調整を目的に公販制度を導入した際，これが独禁法に違反すると判断した公取委は，鉄鋼連盟に対して同制度の廃止を要求し，解散しない場合は告発も辞さないと強く迫った。鉄鋼連盟はこれに対して，彼らの消費者である（自動車生産者，造船業者，建設会社など）が価格安定のシステムの維持を求めていることから，公販制度を廃止する必要はないと反論した（鉄鋼連盟 1969, 46頁）。通産省も鉄鋼連盟を擁護し，公販制度は国家経済にとって重要な鉄鋼製品の価格の急激な上昇を防ぐための予防措置に過ぎないとして，その合法性を主張した。さらに深刻な不況下において一時的に認められる不況カルテ

ルとも性質が異なるため，同制度を長期間維持することにも法的問題はないとした。

さらに通産省は，政府主導のカルテル的なしくみである公販制度が独禁法に違反するものではないと主張した。その理由は，これが政府の決定に基づいた行政行為であり，民間によるカルテル行為ではないからというものであった。通産省はまた，このような行政行為は通産省設置法でも認められていると主張した。同法の第3条第2項には，通産省の任務の1つとして「鉱産物及び工業品の生産，流通及び消費の増進，改善及び調整並びに検査」[68]があげられているが，公販制度の運営はこの範疇であるというわけである。結局，公取委は通産省と鉄鋼業界からの強い政治的圧力に屈し，公販制度はその後も維持された。公取委はこの他前述の trade industry などの件でも，何度か通産省の政策に異論を唱えたが，通産省は自らの政治的影響力と岸信介や池田勇人といった有力政治家の後押しによって公取委の介入を防いだ（御園生 1987；Johnson 1982）。

最後に，終戦直後の日本政治において非常に大きな影響力を持っていた吉田茂首相も，実は統制経済には反対の立場であった。吉田首相は1948年12月13日に開かれた衆議院本会議における答弁で，日本経済の将来について自らの展望を次のように述べた。「ともかく日本の経済が世界の経済の一環をなし，世界経済の潮流に乗るということによつて，初めて日本の経済再建なり復興ができるのであつて，私はこのためにも，戦争時代に採用されたこの統制経済はなるべく少くして必要の範囲にとどめ，自由経済に移行せしめて，世界の経済の一環をなすように持つて行くことが，われわれとして努むべき経済政策であると考えるのであります。」[69]さらに吉田首相は，「私はなるべくすみやかに統制は全面的に撤廃いたして，自由経済に移行するようにいたしたいと考えるのであります。しかしながら，現在のごとく資源の枯渇いたしている日本の現状においては，その統制のやむを得ざるものもあるので，不必要な統制は漸次これを廃止したい，撤廃いたしたい，こういう考えを持つております」[70]とし，自らの自由主義志向を表

---

(68)　「通商産業省設置法」1949年5月24日。
(69)　1948年12月13日衆議院本会議における吉田茂首相の答弁より。国会図書館 HP 国会会議録検索システム <http://kokkai.ndl.go.jp/>
(70)　1948年11月18日衆議院本会議における吉田茂首相の答弁より。同前。

明している。残念ながら，吉田首相在任中は，日本経済は復興を達成し，経済統制を撤廃する段階には至らなかった。吉田の後任である鳩山，岸，池田といったリーダー達は，日本経済が完全に復興した後も，開発型国家システムを撤廃することは望まなかったため，日本経済が自由化されることはなかった。

III．結論

本章では，戦後日本における開発型国家システムの発展過程を検証した。本章における筆者の主張は，次のようなものである。開発型国家システムの根幹的制度である pilot agency と業界団体は，戦後再構築され日本経済の高度成長において重要な役割を果たした。この背景には，権力構造と政策アイディアの連続性があった。GHQ は日本経済の復興を推し進めるにあたって，戦時期に統制経済を運営していた経済官僚らの行政能力を必要としたため，彼らを公職から追放することはなかった。こうした官僚らは，戦前の政策アイディアである統制経済論を戦後も自らの政策指針として維持していたため，このアイディアに基づいて作られた制度である pilot agency と業界団体の制度を再構築したのである。またこのアイディアが新しい世代の官僚に受け継がれ，企業経営者や政党政治家といったアクターにも普及・浸透したことで，制度の維持に対する反対が弱まり，制度変化が起きにくくなった。つまりポジティブ・フィードバック効果が生じたのである。pilot agency と業界団体の制度の発展過程にみられる経路依存は，こう説明することができる。

このような政治経済制度における連続性は，日本の安全保障体制にみられる断続性とは非常に対照的である。占領期は，日本の安全保障体制における重大局面でもあった。戦時期の軍事体制と領土拡大政策（先行状況）の正当性は，第二次世界大戦における敗戦によって完全に否定されることとなった（断絶）。その結果，戦後の政策決定者らは軍事力を拡大せず，国力を経済成長に集中し，アメリカに基地を提供し軍事的に依存する政策をとり，こうした政策が戦後の長い期間にわたって日本の安全保障体制の基盤となった（過去の遺産）。終戦後日本を武装解除したアメリカが，その後米ソの対立が緊迫化すると日本に対して軍事的な面も含めてより積極的な役割を果たすよう要求した際にも，日本はこれを拒否した。こうした断続

性も，権力構造と政策アイディアに注目することで説明ができる。大戦における徹底的な軍事的敗北によって，戦後の政策決定者らは，戦時期の軍事体制の正当性を完全に否定し，新しい政策アイディアを政策指針として採用した。この新しい政策指針では，アメリカに依存することで，本格的な再軍備を回避し，経済成長に国力を集中させることを日本外交・安全保障政策の基本とした。Pyle (1992) はこの外交戦略を「吉田ドクトリン」と呼んでいる。さらに経済分野においてみられた人的連続性は，安全保障の分野においてはみられなかった。これは GHQ が戦後全ての軍関係者を公職から追放したからである。つまり，帝国陸・海軍と自衛隊の間には人的なつながりはほとんどなく，全く違った権力構造が作られたというわけである。戦時期の経済制度は戦後再構築されたものの，安全保障体制は大きな制度変化をした理由はこのように説明することができる。

第 6 章
結　論

　ここまで本研究では，pilot agency と業界団体という戦後日本開発型国家システムの根幹的制度の起源とその発展過程について検証してきた。そして，満州と戦時期日本における政策と経験が，戦後の政治経済制度構築に重大な影響を与えたということを明らかにした。pilot agency は，満州において「経済参謀本部」建設の理想を実現するために設立された企画処という機関が，その起源であると言える。その後満州モデルは日本にも導入されたが，日本の産業構造などに対応するべく多少の修正が加えられた。戦時期日本において産業統制の要として導入された制度が，統制会制度であった。これは満州の特殊会社制度よりは統制の度合いを緩和し，民間企業の自主性と活力を生かしつつ，公益優先の経営を奨励するしくみであった。戦後の業界団体制度の起源は，この統制会制度であった。満州と戦時期日本において構築されたこれらの制度は，戦後日本において再構築され，高度成長を支える重要な役割を果たしたのである。戦時期（1937〜1945年）は日本経済にとっての歴史的重大局面であった。軍部将校と革新官僚らは，新しい政策指針として統制経済論という政策アイディアを採用し，1920年代に発達した自由主義市場経済を，満州における政策実験においてすでにその有効性が立証されていた開発型国家システムへと変化させたのである。統制経済論を基に，pilot agency と統制会制度を作り上げた。戦後も政策決定過程に大きな影響をもっていた官僚達は，満州と戦時期日本の開発型国家システムの制度を再構築した。彼らの政策アイディアが他のアクターにも普及・浸透したことで，ポジティブ・フィードバック効果が生じ，制度の再構築と維持がより容易になり，他の制度への移行が起こりにくくなった。こうしたアイディアによるポジティブ・フィードバック効果は，日本

の開発型国家システムの制度発展過程にみられた経路依存の重要な要素であったと言える。

　最終章では，満州・戦時期日本・戦後日本における3つの開発型国家システムを比較分析し，共通点と相違点を探る。まず満州から始まった制度発展の過程をさらに詳しく検証していく。次に，本研究から得られた知見が，日本政治経済および政治制度の研究に対して示唆する含意について議論する。最後に，今後の研究課題についても簡潔に触れて本研究を締めくくる。

I. 満州・戦時期日本・戦後日本における開発型国家システムの進化過程

　本節では，満州・戦時期日本・戦後日本における開発型国家システムの根幹的制度を比較分析し，どのような進化過程を経て戦後日本の開発型国家システムが生まれたのかを検証する。3つのケースにおけるpilot agencyの制度構造，機能，権限，産業政策などについて探る。そして，産業統制のためにつくられた特殊会社制度（満州），統制会制度（戦時期日本），業界団体制度（戦後日本）を，政府と産業界の関係に注目して検証する。

(1) pilot agency

　満州において「経済参謀本部」の実現を目的に設立された企画処は，日本の政策決定者が作り上げた最初のpilot agencyと呼べる機関だったと言える。戦時期日本はこの満州モデルを導入し，自らのpilot agencyである内閣企画院を設立した。そして，戦後日本には，経済安定本部およびその後通商産業省がつくられた（表6－1を参照）。

　これらのpilot agencyには重要な共通点があった。第一に，これらの機関は経済成長と産業開発を目的とした長期計画の立案・遂行の任務を担っていた。pilot agencyは，国家経済の現状に関する詳細な情報を集め，国内産業の成長可能性を算出した。こうした情報に基づいて，各産業に対して，達成可能な成長目標を設定した。例えば，満州国政府の企画処は1936年に「満州産業開発5カ年計画」，

表6－1　満州・戦時期日本・戦後日本のpilot agency

	満州	戦時期日本	戦後日本
pilot agency	企画処	企画院	経済安定本部 (1945〜1957)
	実業部	商工省	通産省 (1949〜)

さらに1941年に「第二次満州産業開発5カ年計画」を発表した。戦時期日本では，企画院が中心となって「生産力拡充4カ年計画」を1938年に作成した。これと同様に，戦後日本でも傾斜生産政策 (1946～1948)，経済自立計画 (1956～1960)，国民所得倍増計画 (1961～1970) などといった多くの経済長期計画が打ち出された (第5章167頁の表5－1を参照)。

　限られた資源 (物資・資本・労働力など) の効率的な分配も，長期経済計画の重要な一面であった。pilot agency は，長期経済計画の目標値を達成するにあたって，必要となる資源量を算出し，強力な権限を行使して各産業に必要な物資等が効率的に分配されるよう徹底した。効率的な資源の分配とは，国家経済の成長に重要な産業をいくつか選出し，それらへの資源供給を最優先させ，重要産業の成長が国家経済全体の成長を先導するような状況を作り出すことを目的としていた。例えば，戦後日本経済の復興を加速化させるために，経済安定本部は石炭産業と鉄鋼産業を最重要分野と定め，税金優遇策や補助金といった支援策を優先的に与え，十分な資源を傾斜的に供給した。その後1950年代に入って日本経済が回復し，成長を始めると，政策の焦点は繊維や電気製品などといった輸出産業に移された。満州のケースでは，鉄道，鉄鋼，飛行機，石油など国防に関連した22の分野が重要産業に指定された。同様に，戦時期日本では，国防関連の分野を重要産業と指定し，資源が優先的に供給され，様々な優遇措置も与えられた。これは軍需拡大に対応するため，こうした分野の生産力拡充が最重要課題であると考えられたからである。

　満州・戦時期日本・戦後日本の長期経済計画を比べると，戦後の成果に比べて，満州と戦時期日本はさほど大きな成果あげられなかったことがわかる。特に戦時期日本の長期経済計画は効果が限定的であった。こうした長期経済計画の成果の違いの原因の1つは，官僚達の計画立案・執行の違いにある。官僚達が経済統制の運営に関する経験を積むにつれて，彼らの長期経済計画もより効果的なものへと進化していったのである。戦後日本の官僚らが，より現実的かつ効果的な産業政策を立案することができるようになった理由の1つは，満州と戦時期日本における成功と失敗から学んだ経験の蓄積である。また，戦後になって普及した天下りによって，企業経営陣の中に元官僚のネットワークが広がったことで，情報収集能力が向上したという理由もある (Johnson 1982 を参照)。さらに戦後の官僚は最新の経済・統計理論や分析手法を導入したことで，政策立案・遂行能力が大

幅に向上したことも重要である。

満州産業開発5カ年計画の立案者らは，そうした政策立案に関する能力や政策ツールを欠いていた。そのため彼らの長期経済計画は，産業開発の非常に複雑なプロセスを統括的に指導するには不十分なものであった。関東軍と満州国政府から同計画遂行に支援を求められた，日産コンツェルンの鮎川義介は，「この計画は資源のたらいまわしで，各品目別の生産力拡充の問題に横の連携に乏しく，かつ実施上のタイミングが不備」であると問題点を指摘していた（鮎川 1965，324頁）。戦時期日本の官僚らは，満州における経済統制運営の経験と，政府の政策遂行を強力に支援する統制会制度を持っていた。その意味で，彼らの統制能力は満州の時よりも進化していたといえる。しかしながら，彼らは生産拡充目標を達成することができなかった。これは戦況悪化にともなう物資・燃料不足も大きな理由の1つであるが，彼らの政策自体にも問題があった。戦後経済企画庁長官を務めた宮崎勇[1]は，戦時期・終戦直後の経済政策の問題点について，「日本の経済政策というのは，戦中・戦後（終戦直後）は統制経済的であって，方法論的にもかなり単純な政府主導の物動方式であった。あまり経済理論に裏打ちされたものでもなかった」と述べている（宮崎 2005，104頁）。

こうした問題を克服するために，戦後の pilot agency は，海外の最新経済理論や統計手法などを吸収し，より効果的な産業政策（特に長期経済計画）をつくることに力を注いだ。例えば，商工省調査課の官僚らは，海外の学術論文を多数翻訳し知識導入に貪欲に取り組んだ。1948年当時商工省調査統計局で調査官として働いていた金森久雄は，当時の経済官僚が海外から経済学や統計学などの最新知識を精力的に取り入れていた状況を証言する。彼らは「レオンチェフの産業連関表，ハーベルモーの均衡予算に関する乗数効果，ダグラスの生産関数等に関する論文」などを翻訳し，新しい知識を政策立案の道具として積極的に吸収した。金森によると，「戦時中こうした知識の輸入は断絶して」おり，調査官であった金森らの役目は，「アメリカの知識を取り入れることであって，理論の他，政策や，アメリカの調査，統計の制度や内容」をまとめた調査報告を作成していた。金森はこう

（1）　宮崎は1947年に経済安定本部に入省し，その後経済企画庁で33年間勤務した。彼は国民所得倍増計画などの立案にも関与し，その後経済企画庁長官（1995～1996）も務めた。

した海外の最新学術論文に触れた感想を,「どれも,戦後の日本の現実を考える上に有益な論文で,私たちがまったく知らない新しい学問が,太平洋のかなたで発展していることに驚いた」と述べている（金森 1985, 30頁）。さらに,所得倍増計画の立案にあたって「経済計画や経済政策はもう少し長期的な視点で,理論的で,そして特に国際的な視点を入れなければいけないということにな」り,「政府からも海外に留学生を出してそういう新しい方向付け,あるいは必要な計量的な作業をする知識を身につけ」るという方針が打ち出され,政府から若手の官僚を海外の大学に留学させるプロジェクトも始まった[2]。そして,1957年に経済企画庁からは宮崎勇がMITへ派遣され,1958年に金森久雄はオックスフォード大学への留学を命じられた。宮崎はエベレット・ヘーゲンの下でケインズ理論を学び,金森はロイ・ハロッドの指導を受け国際経済学を学んだ。こうして導入された最新の経済理論や分析手法は,戦後の pilot agency の産業政策をより効果的かつ洗練されたものにしたのである。

満州・戦時期日本・戦後日本における pilot agency の2つ目の共通点は,企業の生産性向上を目的とした産業合理化政策である。本研究ではこれら3つのケースの産業合理化政策を検証した。例えば,満州政府はパルプ製造者に補助金等を与え,製品運送コストを下げることで,生産性向上を助けた。戦時期の日本政府は1941年に鉄鋼業界に対する合理化政策を導入し,生産性が一定のレベルに満たない21の鉄鋼製造を統廃合させた。戦後は,補助金,税金優遇策,加速償却などといった手段を用いて,企業の研究開発,新技術・設備への投資,エネルギー消費削減などを促進し,生産性向上を図った。

しかし,戦時期日本の産業合理化政策は,戦後のものとは少し違っていた。戦前の産業合理化政策の特徴としては,主に生産能率の低い中小業者の統廃合,国内業者の連携強化などが中心で,戦後の合理化政策にみられるような海外からの技術導入促進や最新技術・施設への投資の促進はほとんどみられない。つまり戦時中の合理化政策は産業の効率性をさらに向上させることよりはむしろ,非生産的な企業や工場を統廃合することにより非効率性を排除することを目的としていたといえる。これは戦争激化の影響で海外との交流が途絶えたことや,深刻な資本不足によって,技術開発

---

(2) 宮崎 2005, 103頁。

を促進する政策が現実的ではなくなったことが理由であると考えられる。

満州・戦時期日本・戦後日本のケースにみられる3つ目の共通点は，pilot agency は民間実業家の活力と経営能力を経済成長の原動力だと考え，産業国有・国営化といった政策には手をつけなかったことである。pilot agency は，価格統制などを通じて市場の機能を規制したり，企業の利益追求行動を抑制したり[3]，行政指導を通じて企業の経営に干渉したりした。しかしながら，民間企業を国有もしくは国営化したり，私的所有権・経営権を制限したりするようなことはほとんどなかった。例えば，満州政府は国防と公益に直結した重要産業では，特殊会社以外の参入を認めなかった。しかし，「(重要産業) 以外の産業及び資源等各般の経済事項は民間の自由経営に委す」[4]としていた。また，戦時期の日本政府は産業に対する統制の性質を以下のように規定していた。「企業ハ民営ヲ本位トシ国営及国策会社ニ依ル経営ハ特別ノ必要アル場合ニ限ル。」[5]主要産業の国営化という政策は，社会主義国家や南米などの発展途上国では頻繁にみられたが，イギリスやフランスなどの先進国でも労働党・社会党政権下でしばしばみられたものである。

日本においても1930年代以降，産業国有・国営化が検討されたことが全くないわけではない。1920年代から1930年代中頃まで，電力産業の国営化がしばしば国会などで議論されたことがある。戦後も，1947年に社会党が政権を奪取すると，石炭産業の国有化の意向を表明した。社会党はその後連立相手の民主党などに配慮して，「国家管理」にトーンダウンした。その計画では，民間の企業所有権は認めるものの，重要な経営決定には政府の承認を義務づけていた。1947年12月国会は，社会党の「臨時石炭鉱業管理法案」を可決したが，1948年10月に政権に返り咲いた自由党によって同法は廃止され，実際に石炭産業の国家管理が行われることはなかった。その後，日本政府が産業国有・国営化を検討することはなかった。

このように満州・戦時期日本・戦後日本のpilot agency はいくつかの重要な共通点があったが，戦後日本のpilot agency はその前身とは2つの点

---

(3) こうした例には，「暴利行為など取締規則」(1939年) や「価格統制法」(1946年) などがある。

(4) 満州国政府「満州国経済建設綱要」1933年，2月。

(5) 「経済新体制確立要綱」，1940年12月7日閣議決定。

で大きく違っていた。第一の相違点は，戦後日本の pilot agency が市場の安定に積極的な役割を果たしたことである。戦時中は軍需が常に拡大していたため，不況による需要低迷や生産過剰の問題はなかった。そのため戦時期の pilot agency は，生産力の拡大にのみ集中していればよかった。しかし戦後は，市場変化による企業倒産（特に大企業の倒産）の防止は，成長政策と同じくらい重要な課題となった。

これは日本経済を取り囲む状況が，戦後大きく変化したことが原因であった。満州経済と戦時期日本経済は，世界経済から孤立していたため，大東亜共栄圏の枠組みの中で自給自足体制を作り上げた。しかし戦後は世界経済とのつながりが再び深化した。経済安定本部の文書には，日本を取り囲む新しい経済環境とその中で日本がとるべき対応が以下のように記述されている。「わが国の経済は国際経済と離れては存在し得ないのであつて，その再建も国際経済の基準において行わなければならない。当面の苦難に幻惑され，安易に政策転換を試みることによつて国内的には一時経済が活況を呈するかもしれないが，それでは国際経済との繋がりに基礎をおいたわが国経済の真の安定復興は望むべくもないのである。」[6] 戦後日本経済は海外市場への輸出に大きく依存していた，そのため企業は市場変化の影響を受けた。また貿易相手国からの圧力と GATT 体制による貿易自由化への国際的な流れにともなって，日本は将来的な自由化を視野に入れておくことを余儀なくされた[7]。そうするために，不安定な世界市場の中でも国内企業が生き残ることができるしくみを確立することが重要課題であった。例えば，通産省は公販制度と呼ばれる政府主導のカルテル制度をつくり，通産相自身が法的権限を使って違反者を罰するなどしてカルテルの運営に携わった。

第二の相違点は，産業政策の最終目標である。生産力の拡大と効率性の向上は，3つのケースの産業政策において共通した課題であった。しかし，満州と戦時期日本の pilot agency が生産力の拡大と効率性の向上を目指したのは，自給自足経済と国防経済の確立という最終目標があったからであ

---

(6) 経済安定本部「今後採るべき経済政策について」1949年3月3日（『戦後経済政策資料第2巻』1994，日本経済評論社，38頁）。

(7) 日本は1955年に GATT に加盟し，ジュネーブ・ラウンド（1956年）やケネディ・ラウンド（1967年）などに参加し，1979年の東京・ラウンドでは議長国を務めた。

る。例えば，戦時期の政府文書には，生産力拡充計画の目標が次のように明記されていた。「本計画は重要資源に付我勢力圏内に於ける自給自足の確立に努め以つて有事の場合においても可及的第三国資源に依存することなからしむることを目標とするものとす。」[8]これは石原莞爾が唱えたように，全面戦争においては軍事面だけではなく，経済面での競争も重要であると考えられ，生産力を拡大し，他国に依存しない自給自足的な経済体制を築くことが急務であるとされたのである。

　一方，戦後の産業政策の目標は，経済復興，市場競争力の向上，輸出促進などといったものであった。東アジアにおける自給自足経済体制の確立といった戦前の政策目標は，戦後になって大きく転換され，日本は世界経済の一員となることを決意した。そのため，日本政府はまず経済復興に力を注ぎ，その後は競争力のある産業を育成し，輸出を促進することを最優先するようになった。例えば，外務省特別調査委員会が1946年に作成した『日本経済再建の基本問題』[9]には，将来の経済政策の重要課題として，「経済民営化と技術の高度化」，「経済の工業化と貿易の振興」，「国土の開発および消費の合理化」などがあげられている。同じく1946年作成の「経済安定本部令」は，経済安定本部の任務を以下のように説明している。「経済安定本部は，内閣総理大臣の管理に属し，物資の生産，配給および消費，貿易，労務，物価，財政，金融，輸送，建設等に関する経済安定の緊急施策について，企画立案の基本に関するもの，各庁事務の総合調整及び推進並びに施策の実施に関連する経済統制の励行に関する事務を掌る。」[10]このように終戦直後のpilot agencyは，復興のための経済統制が最重要課題であった。だが，日本経済が着実に復興の道を歩み始めると，政策の焦点は産業育成と輸出促進へと移っていった。これを物語るように，1949年に設立された通産省に課せられた任務は，「通商の振興及び調整並びに通商に伴う外国為替の管理及び調整」，「通商経済上の国際協力の推進」，「鉱産物及び工業品の生産，流通及び消費の増進，改善及び調整並びに検査」，「商鉱工業の合理化及び適正化に関する事務」などといった点が上げられている

　　（8）　企画院「生産力拡充計画要綱」1939年1月14日閣議決定（『国家総動員関連資料』，244頁に所収）。
　　（9）　外務省特別調査委員会『日本経済再建の基本問題』1946年9月。
　　（10）　「経済安定本部令」第1条。1946年8月12日。

11。

　要するに，戦後日本の pilot agency は満州と戦時期日本の pilot agency から発展したものであり，時を経るにつれて徐々に進化を遂げていったのである。満州と戦時期日本の産業政策であった長期経済計画と産業合理化政策は，戦後にも受け継がれた。またこれらの pilot agency は，経済統制を行うものの，産業を国営化することはせず，民間企業家が政府の規制の範囲内で自由に経営権を発揮することを認めた。こうした共通点はあるものの，いくつかの重要な相違点もあった。それは pilot agency が環境の変化に対応しつつ，制度構造を進化させていった結果でもあった。第一に，戦後の pilot agency は海外から高度な学術理論や分析手法などを吸収して，より効果的な政策を立案できるようになった。これは，戦後の産業政策の成果が，以前のものと比べて格段に高かった理由の1つである。第二に，戦後の pilot agency は産業政策に市場安定という新しい課題を導入した。戦後日本が世界経済に組み込まれていったことで，pilot agency は市場競争を規制し，不況時の企業倒産を最小限に抑える必要性に迫られた。そのため市場安定政策は，産業政策の重要な柱の1つとなったのである。最後に，pilot agency の産業政策の目標は，戦時期の自給自足・国防経済の確立から，市場競争力の向上と輸出促進へと変化していった。

(2) 統制会・業界団体制度

　満州・戦時期日本・戦後日本の産業統制のしくみにも，いろいろな共通点と相違点がみられる。特に満州の産業統制のしくみであった特殊会社制度は，戦時期日本と戦後日本でつくられた統制会・業界団体制度とはかなり違ったものであった。満州の特殊会社制度は，政府が直接的に企業の経営に干渉することを可能にしていたが，統制会・業界団体制度はより間接的な産業統制のしくみであった。満州の政策プロモーターであった石原莞爾や宮崎正義らは，特殊会社制度を推していたが，岸や吉野といった日本の革新官僚らは財閥の影響が強い日本では，別の制度を導入する必要があると考えていた。岸らは企業の自発的なコンプライアンスを促す自主統治のしくみを確立しようと考えた。その結果，統制会制度がつくられたのだった。統制会制度は，官民の意思疎通を容易にし，政策立案に必要な業界

---

(11)　「通商産業省設置法」第3条。1949年5月24日。

の情報を収集し，会員企業を監視し，違反行為を罰するなどして，政府による間接的な産業統制を可能にした。戦後日本の官僚らはこの制度を受け継ぎ，業界団体制度として再構築したのである。

　しかし，戦時期の統制会と戦後の業界団体には大きな違いもある。第一に，業界団体の意思決定過程は統制会のものよりも民主的になったということである。業界団体において，会員企業は（少なくとも大企業の間では）比較的平等な関係にあり，意思決定も会員企業間の協議に基づいたものであった。しかし統制会制度は，会長に絶大な意思決定権および人事権を与えていた。1941年の重要産業団体令は，統制会会長に会員の承認なしに意思決定を行う権限と役員の任命・罷免権を与えた。さらに，会員企業が行政指導を無視したり，「公益を害した」りした場合には，該当企業の役員を罷免することが認められていた。また統制会会長は主務大臣に対して政策提言をしたり，定款に違反した企業に罰金を課すこともできた[12]。しかしこうした権力の集中は，戦後の業界団体では修正が加えられた。例えば，鉄鋼連盟によって出版された『戦後鉄鋼史』によると「鉄鋼協議会（のちに鉄鋼連盟に改名）の鉄鋼統制会と異なるところは，統制会が指導者原理にもとづく会長の独裁的機構であったのに対し，日本鉄鋼協議会は民主的，自主的統制機関で主要メーカー約10社よりなる常務委員会が最高決定機関であった」（鉄鋼連盟 1959，44頁）。

　もう1つの相違点は，戦後の業界団体では「市場安定」が重要な任務の1つとなったが，統制会にはこうした任務はなく，会員企業に「公益」を優先させることに集中していたことである。例えば，「新経済体制確立要綱」には戦時期の国家統制の重要課題が以下のように規定されている。「⑴ 企業体制ヲ確立シ資本，経営，労務ノ有機的一体タル企業ヲシテ国家総合計画ノ下ニ国民経済ノ構成部分トシテ企業担当者ノ創意ト責任トニ於テ自主的経営ニ任ゼシメ其ノ最高能率ノ発揮ニ依ツテ生産力ヲ増強セシメ ⑵ 公益優先，職分奉公ノ趣旨ニ従ツテ国民経済ヲ指導スルト共ニ経済団体ノ編成ニ依リ国民経済ヲシテ有機的一体トシテ国家総力ヲ発揮シ高度国防ノ国家目的ヲ達成セシムルヲ要ス。」さらに企業経営に対する国家統制に関しても，次のように公益（＝国力増強）に貢献することを奨励している。「国民経済ノ秩序保持ニ障害アル投機的利潤及独占的利潤ノ発生ヲ防止ス

---

(12)　末川 1942，124頁．

ルト共ニ適正ナル企業利潤ヲ認メ特ニ国家生産ノ増強ニ寄与シタル者ニ対シテハ其ノ利潤ノ増加ヲ認ム」とし，さらに「企業ノ国家的生産増強ニ対スル寄与ニ応ジ重点的ニ其ノ拡充発展ヲ助成ス。」[13]

こうした課題は，すなわち統制会に課せられたものでもあった。重要産業団体令は統制会の設立目的について，「国民経済ノ総力ヲ最モ有効ニ発揮セシムル為当該産業ノ綜合的統制運営ヲ図リ且当該産業ニ関スル国策ノ立案及遂行ニ協力スルコト」と定めていた[14]。さらに同令は，統制会の機能について，以下のように規定している。「(1)当該産業ニ於ケル生産及配給並ニ当該産業ニ要スル資材，資金，労務等ノ受給ニ関スル政府ノ計量其ノ他当該産業ニ関スル政府ノ計画ニ対スル参画，(2)当該産業ニ於ケル生産及配給ニ関スル統制指導其ノ他会員及ビ会員タル団体ヲ組織スル者ノ当該産業ニ属スル事業ニ関スル統制指導，(3)当該産業ノ設備確立，(4)技術ノ向上，能率ノ増進，規格ノ統一，経理ノ改善其ノ他会員及会員タル団体ヲ組織スル者ノ当該産業ニ属スル事業ノ発達ニ関スル施設，(5)当該産業ニ関スル調査及研究，(6)会員及ビ会員タル団体ヲ組織スル者ノ当該産業ニ属スル事業ニ関スル検査」。このように統制会の主要任務は民間企業の利益追求活動を規制・監視して，民間企業を公益に貢献させることであった。

戦後の業界団体も産業コントロールのツールとして機能し，政府の政策立案・遂行を支援した。業界団体は，会員企業の事業計画，経営状況，市況などといった政策立案に不可欠な情報を政府に提供したり，法律や行政指導に対する会員企業のコンプライアンスを徹底したりすることで，日本経済において重要な役割を果たした。こうした機能に加えて，戦後の業界団体は市場安定化にも取り組むようになった。戦時期の日本経済は世界経済から孤立していたが，戦後は国際化を進めたため，世界市場の好不況に大きな影響を受けるようになった。そのため，業界団体は pilot agency と協力して，市場を安定させるしくみの構築を図った。市場安定化の主目的は，企業間の競争を規制し，(特に不況時の)企業倒産を最小限に抑えることであった。企業倒産が好ましくないとされたのは，産業全体の生産力が減少してしまうこと，倒産した企業に投資された資源が無駄になってしまうこと，さらに失業率の上昇につながることが理由である (Calder 1988,

---

(13) 「経済新体制確立要綱」1940年12月7日，閣議決定。
(14) 「重要産業団体令」1940年8月28日（末川 1942年，135頁に所収）。

p.72)[15]。そのため，政府は業界団体を使って，企業間の激烈な競争を抑制した。第5章で触れた鉄鋼業界の「公販制度」は，こうした市場安定策の一例である。公販制度の運営にあたっては鉄鋼連盟と通産省が協力して，生産者が不況時に鉄鋼製品の価格を不当に引き下げたり，好況時に値段を不当につり上げたりすることを防止しようとした。これは価格の大幅な変動によって，競争力の低い企業が倒産してしまうことを防ぐ狙いがあった。

統制会は戦争終結後に業界団体として再構築され，その後も日本経済の根幹的制度として機能したが，その制度構造や機能はより進化したものであった。統制会の運営は強大な権力を持った会長によって支配されていたが，業界団体はより民主的な意思決定過程を持った制度であった。また，統制会は民間企業に公益優先を徹底させることを目的としていたが，業界団体には市場安定という新たな任務を担っていた。

II．含意

ここでは本研究から得られた知見が示唆する含意について議論を進める。第一の含意は，制度発展に関連したものである。合理的選択論は，制度発展過程における歴史的要素の重要性についてほとんど考慮に入れていないが，本研究が示したように歴史的要素は制度発展過程に極めて重要な影響を与えるものである。以下ではその重要性について詳しく議論する。第二の含意は，日本における国家の影響力についてである。戦後日本政治の研究（特に海外の研究）では，日本政治における国家の影響力や官僚の権力が過大評価されることがしばしばみられる。しかし本研究が示したように，官僚は統制会・業界団体制度などを使うことで他のアクターの協力を得て初めて，自らの政策を効果的に立案・遂行することができたのである。つまり統制会・業界団体が，業界を自主的に規制し，会員企業による行政指導の遵守を促したことで，官僚は効果的に国内産業をコントロールできたのである。その意味で，日本の産業コントロールは間接的なものであったといえる。

---

(15) Calderは戦後日本の政治家と企業経営者らにみられる「特異な性質」として，「政治的リスクと不確実性に対する異常なほどの不寛容性」があると主張している（Calder 1988, p.72）。

(1) 制度の発展過程における歴史的要素の重要性

　本研究が明らかにしたように，制度発展過程は様々な歴史的要素を反映している。こうした歴史的要素を考慮することなく制度発展過程を満足に説明することはできない。集合行為理論の仮説と権力構造の仮説は，制度が設立された前後の非常に短い期間の要素（集合行為問題あるいは権力構造）にのみ焦点をあてており，歴史的要素に着目した長いスパンでの説明をしていない。そのため第3章〜第5章で述べたように，前者には実証上の問題があり，後者も多くの重要な問いに対して答えを欠いている。第一に，集合行為理論の仮説では，アクターは集合行為の問題を解決し，相互利益を得ることを可能にするために制度を構築するとされる。しかし制度構築は，必ずしも相互利益をもたらすわけではない。満州と戦後の開発型国家システムは，生産力拡大や産業開発といった目的を達成し，一定の成功を収めた。しかし戦時期の開発型国家システムは，そうした目的を達成することに失敗した。それにもかかわらず，戦後の政策決定者らは同システムを再構築させることを選択した。これは集合行為理論の仮説では説明がつかないことである。さらに，各ケースにおける政策決定過程は少数のアクターによって支配されており，これらのアクターが，わざわざ他のアクターの利益につながる制度構築を望んだというのは，考えにくい。

　そして集合行為理論の仮説の最も深刻な問題は，制度構築に関してアクター間に激しい政治抗争が起きたということである。戦時期日本と戦後日本では，開発型国家システムに反対する勢力が激しい抵抗をみせた。もし制度が相互利益を得ることを目的として構築されるのであれば，全てのアクターが何らかの利益を得られるはずであり，こうしたアクター間の衝突が起こる理由は考えられない。これはつまり開発型国家システムが相互利益実現のためではなく，別の理由で作られたということを示唆する。こうした理由を探るためには，制度構築の歴史的背景に注目して，より広い視野で分析する必要がある。

　第二に，権力構造の仮説が示すように，アクター間の権力構造が制度発展過程にある一定の影響を与えるのは確かである。しかし制度発展過程に影響を与える要素は，アクター間の権力構造だけではない。戦時期から戦後につながる人的連続性は，開発型国家システムが再構築・維持されたことをある程度説明する。しかし権力構造の仮説は，制度発展過程のその他

の重要な要素を見落としている。例えば，戦時期の官僚の多くは確かに戦後も政府内外の重要な役職を占めていたが，その中には戦後になって政策スタンスを変え，自由主義や社会主義など別の政策を支持するようなった者も多くいた。したがって，単に同じ人物・集団が権力の中心にいたからと言って，既存制度が再構築され，長期間維持されるとは限らない。アクターの政策スタンスは不変ではない。特に戦争や他国による占領や経済危機などによって環境が急激に変化した場合，アクターが新しい環境に合わせて政策スタンスを変えることは珍しいことではない。つまり，戦時期の開発型国家システムが戦後に再構築されたのは，官僚（および元官僚）が権力を維持し続けたからだけではない。こうした権力保持者が同じ政策を支持し続けたのは，彼らが同じ政策アイディアを政策指針として維持していたからである。

そして開発型国家システムが戦時期においてほとんど成果を上げなかったにもかかわらず，政策決定者らがそれを再構築させたことは，このアイディアにおける連続性によって説明される。戦時期の開発型国家システムは，産業の生産性拡大という最重要目的を果たすことができず，軍部将校と革新官僚らが同システムから得た利益は限定的だった。それにもかかわらず，戦後の官僚らが開発型国家システムを再構築させる選択をしたのは，戦時期と同じアイディアを政策指針として維持し，その妥当性に確信を持っていたからである。彼らが強い確信を持っていた理由の1つは，満州における成功体験である。また彼らの政策アイディアが次の世代の政策決定者らに受け継がれ，さらに企業家や政党政治家など他のアクターに普及・浸透したことで，ポジティブ・フィードバック効果が生じたこともう1つの理由と言えるだろう。より多くのアクターが政策指針としてのアイディアを支持するようになると，既存システムの維持に対する抵抗も弱まり，新しい制度を設立して制度転換を行うことがより困難になった。このようにアイディアによって生じるポジティブ・フィードバック効果によって開発型国家システムの発展過程に経路依存が起こったといえる。

制度の発展過程は，様々な歴史的要素に影響を受けている。その中には，時間の隔たりから一見すると無関係に思われるようなものもある。戦争終結後の急速な環境変化を考えると，満州と戦時期の制度や産業政策と戦後日本の政治経済制度とはあまり関係がないように思われる。しかし，本研究で示したように満州と戦時期日本の開発型国家システムの根幹的制度は，

戦後日本にも受け継がれた。そしてそれらの多くは終戦から60年以上経った今日でも存在している。制度が発展した過程を説明するにあたって，歴史的要素を無視することはできない。制度はそれが構築された時点で存在した要素のみを反映したものではなく，様々な過去の要素にも大いに影響されている。歴史的要素に注目した制度研究が重要であるのは，こうした理由からである。

(2) 国家統制

本研究から，日本経済における国家統制の性質についても重要な含意を導き出すことができる。日本政治の研究者の中には（特に海外において），官僚の政治的影響力を過大評価しがちな研究者が多い。こうした研究者らは，官僚と自民党と大企業で構成するいわゆる「鉄の三角形」が戦後日本政治を支配してきたという (Hayao 1993; Johnson 1982, 1995)。そうした権力構造の中にあって，官僚は政策分野の専門知識を独占し，政策立案を担ってきたと考えられている。例えば，Hayao (1993) は鉄の三角形内の相互依存関係を以下のように説明する。

> 自民党は官僚の政策に関する専門知識に依存し，官僚は彼らの法案を国会で通過させることを自民党に依存していた。自民党は大企業から政治献金受け取る代わりに，大企業は資本主義の維持，良好なビジネス環境，政治的安定などの点で自民党に依存した。最後に，官僚は大企業に退官後の就職先（日本で「天下り」と呼ばれる行為）を求め，大企業は政策立案と執行の面で官僚に優遇してくれるよう要請した (Hayao 1993, p.8)。

Johnson (1982) もまた，このような鉄の三角形が日本に存在することを指摘し，国会が立法機関としては機能しておらず，法案作成の機能は官僚が果たしていると主張している。彼は，「日本のエリート官僚らが，圧力団体や政治情勢の影響を受けることはあるが，ほとんどの重要な政策を決定し，ほとんど全ての法案を作成し，国家予算を支配し，ほとんど全ての政策革新をおこなう」とし，日本の官僚が政策決定過程を独占していると考えている (Johnson 1982, pp.20-1)。

このようないわゆるエリーティスト的な見方は，官僚が政策立案・遂行

において，企業（つまり業界団体）に依存しているという点を見逃している。官僚が大企業に依存するのは，天下り先だけではない。業界団体は政策立案に必要な情報を提供したり，企業の法令コンプライアンスを監視・奨励したりする。1960年に通産省には12,398人[16]の職員がいたが，当時通産省が管轄する製造業には165,896の企業があり，流通・小売り産業には226,110の企業が，鉱業には2,558企業が存在した[17]。したがって，通産省が全ての民間企業を監視し，指導することは不可能であり，法律や行政指導の徹底には，業界団体の支援が不可欠であった。

また第二次大戦の戦時経済の下でも，官僚が産業を直接コントロールしたことはなかった。官僚の産業統制は，統制会・業界団体制度を通じた間接的な統制であった。そしてこの間接的なアプローチは，政策立案，政策遂行，企業のコンプライアンス状況の監視などといった点で企業が政府に協力することを促した。Samuels (1987) は，「日本政治経済を分析したもののほとんどは，国家の権力を過大評価し，民間企業を過小評価している。まるで両者が互いに相反するものであるかのように」考えられていると指摘する (Samuels 1987, p.21)。そして Samuels は日本政治における産業界の重要性を以下のように説明する。「国会における委員会や与党自民党が（政策に関する）専門知識と専門職員を持たないため，政策立案にあたって官僚に大きく依存していたことはよく知られていることであるが，（政策立案能力で）名高い日本の官僚が，同様に業界団体とその会員企業に依存していたことはあまり知られていない」(Samuels 1983, p.499)。官僚の権力は高度成長期（1955〜73年）に比べると，その後は格段に弱体化したが，業界団体が果たす重要な役割は今日でもさほど変わってはいない（Vogel 2006; Schaede 2000）。日本における間接的な産業統制のあり方と業界団体の機能は，政府と民間企業の関係を理解する上で非常に重要な点であると言える。

III．今後の研究課題

最後に，今後の研究課題について2点簡潔に述べたい。第一に，本研究

---

(16) 総務省 HP：<http://www.stat.go.jp/data/chouki/27.htm>
(17) 日本銀行 1999年，332-33頁。

は戦後日本の開発型国家システムの2つの根幹的制度（pilot agency と業界団体制度）の発展過程について分析した。戦後日本の開発型国家システムを構成したものの中には，この他にもメインバンク・システムや系列・システムなどといった制度がある。pilot agency や業界団体制度と同じように，こうした制度も戦時下において生まれたものであるということが指摘されている（岡崎・奥野 1993；小林ほか 1995；野口 1995）。

戦時期の日本政府は，メインバンク・システムの普及を促進することで，産業間の資本の流れを統制し，さらには民間企業の経営にも影響を与えることができると考えた。このシステムの下では，民間企業は経営資金の多くをメインバンクからの融資に依存する。そのため，メインバンクは融資先の企業の経営に大きな影響力を持つ。メインバンクとなる銀行は，政府（特に大蔵省）の厳しい統制下に置かれていたため，政府はメインバンク・システムを通じて間接的に民間企業の経営に影響を与えることができたのである（例えば，民間企業の設備投資計画や新事業参入計画などに銀行を通じて干渉するなどといったものである）。統制会制度と同じような，間接統制のしくみがここにもみられるのである。さらに重要産業に対する融資を他の産業に優先させたりすることで，資本の流れをコントロールすることが可能であった。

系列システムの起源も戦時経済に求められる。戦時期の官僚らは，新しい企業連携のしくみを作り，統制の対象を中小企業にも広げようと考えた。すでに大企業は統制会やメインバンク・システムを通じての統制が可能であったので，官僚は中小企業を大企業の影響下に置くことで，中小企業の経営にも影響を与えることができると考えたのである。メインバンク・システムと系列システムはまた戦後日本経済においても，重要な役割を果たした。だが pilot agency や統制会と同様に，その制度発展過程は十分に研究されてこなかった。本研究のアプローチを使って，こうした制度の発展過程を分析することには大きな意義があると考えられる。

第二に，韓国や台湾といった東アジア諸国の経済システムと，戦後日本の経済システムに多くの共通点があることは，よく指摘されていることである（Wade 1990; Gereffi and Donald Wyman ed. 1990; Woo 1991; Evans 1995; Waldner 1999 などを参照）。日本経済の成功，植民地時代の経験，日本経済との緊密な関係などといった理由から，これらの国々が日本と似たような制度を構築したことは想像に難くない。韓国の朴正煕大統領（1963

〜1979）のケースは特に興味深い。朴大統領は韓国において開発型国家システムの構築に大きく貢献した人物だとされているが，彼は戦時期満州関東軍の中尉であった。朴は，岸信介や椎名悦三郎らといった満州にいた日本人官僚と深いパイプを持っていて，戦後も交流を重ねていたことはよく知られている。満州における経験や満州人脈が，彼の経済政策に影響を与えていた可能性は十分に考えられる。満州に誕生した開発型国家システムが，日本で導入された経緯は，本研究で明らかにしたが，こうした制度の波及が日本以外にも及んだ可能性についても研究する価値は大きいと思われる。

　さらに，東アジア経済には前述したように多くの共通点があるが，同時にいくつかの重要な相違点もある。例えば，戦後韓国政府は銀行やその他の金融機関を国有化し，日本よりもはるかに厳しい金融統制を行った。また韓国の財閥は，戦後日本の系列システムよりも，戦前の財閥制度によく似ている（Woo 1995 を参照）。日本と韓国では大企業が経済の中心であるが，台湾は主に中小企業が中心である。こうした違いはどのような背景から生まれたのか，なぜ開発型国家システムが違った形で発展したのかといった点は非常に興味深い点である。近年，歴史的制度論のアプローチをとる研究者らによる多国間比較を含んだ経路依存に関する優れた研究が多くみられる（例えば，Pierson 1994; Thelen and Kume 1999; Mahoney 2002; Thelen 2004）。しかしながら，東アジアの開発型国家システムの制度発展過程を各国比較した研究は管見の限り存在しない。したがって，そうした研究は東アジア経済の研究に多大な貢献をするものと考えられる。

　第三に，日本経済は主に世界経済のグローバル化，長引く不況などによって，近年大きな変化を遂げた（Vogel 2006; Anchordoguy 2005）。開発型国家システムの根幹的制度である pilot agency や護送船団方式やメインバンク・システムなどにも，様々な変化が起こった。経済産業省や財務省の権限や機能も，高度成長期後の法律改正や1990年代末の行政改革などによって大幅に削減された。経産省は今では長期経済計画を作成することはなくなったし，財務省もメインバンクを通じて企業の経営に影響を与えることはほとんどできなくなった。

　しかしいくつかの制度は，現在も重要な役割を果たしている。業界団体は，業界内の意見集約，情報収集，法令・行政指導へのコンプライアンスの徹底，自主規制などを通じて，政府を助けている（Schaede 2000）。また

系列システムは，経済グローバル化によって，生産ラインが国外に移転されたり，下請け企業も海外進出したりして，国際化した系列システムに進化したが，系列間の企業のつながりは以前より緩やかなものになった (Hatch and Yamamura 1996)。今後はこうした近年における制度の変化と継続に焦点をあてる必要がある。また近年の制度発展と戦時期・戦後の制度発展の過程を比較分析することにも，大きな意義があると考えられる。このような比較歴史分析は，日本政治経済制度の発展過程の理解をより深めるものになるだろう。

引用・参考文献

鮎川義介　「私の履歴書」『私の履歴書　第24巻』,日本経済新聞社,1965年,pp. 7 – 82。
秋吉貴雄　「政策変容の様態とアイディア――わが国の航空輸送産業における規制改革を事例として」『年報行政研究』41, pp. 110 – 130, 2006年。
秋吉貴雄　「政策移転の政治過程――アイディアの受容と変容」『公共政策研究』4, pp. 59 – 70, 2004年。
安藤良雄　『ブルジョワジーの群像』小学館,1990年。
安藤良雄　『大正時代』講談社,1975年。
有澤広巳　『学問と思想と人間と』東京大学出版会,1989年。
池田純久　『日本の曲がり角』千城出版,1968年。
石原莞爾　「戦争史大観」1941年,石原莞爾全集刊行会編『石原莞爾全集　第1巻』,石原莞爾全集刊行会,1976年。
石原莞爾　「最終戦争論」1941年,石原莞爾全集刊行会編『石原莞爾全集　第1巻』,石原莞爾全集刊行会,1976年。
石原莞爾　『石原莞爾選集3　最終戦争論』たまいらぼ,1986a年。
石原莞爾　『石原莞爾選集4　昭和維新論』たまいらぼ,1986b年。
泉山三六　『トラ大臣になるまで――余が半生の想ひ出』東方書院,1953年。
伊藤隆　『大正期「革新派」の成立』塙書房,1978年。
伊藤隆　『近衛新体制　大政翼賛会への道』中央公論社,1983年。
稲山嘉寛　『私の鉄鋼昭和史』東洋経済新報社,1986年。
稲山嘉寛　「私の履歴書」『私の履歴書　第24巻』,日本経済新聞社,1965年,pp. 7 – 82。
今井賢一　『現代産業組織』岩波書店,1976年。
宇田川勝　『昭和史と新興財閥』教育社,1982年。
内山融　『現代日本の国家と市場』東京大学出版会,1998年。
大来佐武郎　『経済計画』至誠堂,1963年。
大阪毎日・東京日日新聞社エコノミスト部　『統制経済読本』一元社,1938年。
大竹啓介　『幻の花――和田博雄の生涯』上下,楽游書房,1981年。
岡崎哲二・奥野正寛編　『現代日本経済システムの源流』日本経済新聞社,1993年。
角田順　『石原莞爾資料　国防論策　明治百年史叢書』原書房,1967年。
加藤俊彦　「軍部の経済統制思想」東京大学社会科学研究所「ファシズムと民主主義」研究会編『戦時日本経済』東京大学出版会,1979年。
金森久雄　『体験　戦後経済』東洋経済新報社,1985年。

関東局官房文書課編　『関東局統計三十年史』満州日日新聞社，1937年。
菊池主計　『満州重要産業の構成──満州特殊会社の研究』東洋経済出版部，
　　　　　1939年。
岸信介　　『日本政治経済の進む途』研進社，1942年。
岸信介ほか　『岸信介の回想』文藝春秋，1981年。
北一輝　　『日本改造法案大綱』改造社，1923年。
北山俊哉　「日本における産業政策の執行過程（一），（二）」，『法学論叢』，Vol.
　　　　　117, No. 5, Vol. 118, No. 2, 1985年，1986年。
経済学史学会編　『日本の経済学　日本人の経済的思惟の軌跡』東洋経済新報社，
　　　　　1984年。
経済企画庁　『戦後経済復興と経済安定本部』経済企画庁，1988年。
経済企画庁編　『戦後日本経済の軌跡──経済企画庁50年史』経済企画庁，1997
　　　　　年。
経済企画庁調査局統計課　『日本の経済統計』至誠堂，1964年。経済審議会総合
　　　　　部会編　『日本の経済計画　経済計画基本問題研究員会報告書』大蔵
　　　　　省印刷局，1969年。
小島恒久　『戦後日本経済の流れ』河出書房新社，1973年。
国策研究会編　『戦時政治経済資料　第 2 巻』原書房，1982年。
小林龍夫・島田俊彦編　『現代史資料（7）満州事変』みすず書房，1964年。
小林英夫　『大東亜共栄圏の形成と崩壊』御茶の水書房，1983年。
小林英夫　『満州と自民党』新潮社，2005年。
小林英夫　『満鉄調査部』平凡社，2005年。
小林英夫　『日本株式会社を創った男　宮崎正義の生涯』小学館，1995年。
小林英夫ほか　『日本株式会社の昭和史』創元社，1995年。
小峰柳多　『統制会運営論』科学主義工業社，1943年。
小宮隆太郎ほか編　『日本の産業政策』東京大学出版会，1984年。
清水唯一朗　『政党と官僚の近代　日本に於ける立憲統治構造の相克』藤原書店，
　　　　　2007年。
末川博　　『国防経済法体制』有斐閣，1942年。
杉原四郎ほか編著　『日本の経済思想四百年』日本経済新聞社，1990年。
鈴木隆史　『日本帝国主義と満州　1900〜1945』上下巻，塙書房，1992年。
総合研究開発機構（NIRA）編『経済安定本部　戦後経済政策資料』第 1 〜 2 巻，
　　　　　日本経済評論社，1994年。
高田保馬　『統制経済論』日本評論社，1944年。
高橋亀吉　『株式会社亡国論』萬里閣書房，1930年。
建林正彦ほか　『比較政治制度論』有斐閣，2008年。
田村貞雄　『殖産興業』教育社，1977年。
長幸雄ほか編　『近代日本経済思想史Ⅰ』有斐閣，1969年。

通商産業省編　『通商産業政策史　第1巻　総論』通商産業調査会，1989年。
通商産業省編　『通商産業政策史　第2巻　第Ⅰ期　戦後復興期（1）』通商産業調査会，1991年。
通商産業省編　『通商産業政策史　第3巻　第Ⅰ期　戦後復興期（2）』通商産業調査会，1992年。
鶴田俊正　『戦後日本の産業政策』日本経済新聞社，1982年。
東京大学社会科学研究所「ファシズムと民主主義」研究会編『戦時日本経済』東京大学出版会，1979年。
統制会年鑑刊行会編　『統制会年鑑』伊藤書店，1943年。
戸川猪佐武　『近衛文麿と重臣たち』講談社，1985年。
中村隆英　『日本経済　その成長と構造』東京大学出版会，1978年。
中村隆英　『昭和経済史』岩波書店，1986年。
中村隆英・宮崎正康　『岸信介政権と高度成長』東洋経済新報社，2003年。
中村隆英ほか編　『現代史資料（43）国家総動員』みすず書房，1970年。
中村隆英・大森とく子編　『日本経済再建の基本問題　資料・戦後日本の経済政策構想　第1巻』東京大学出版会，1990年。
中村隆英・原朗編　『経済復興計画　資料・戦後日本の経済政策構想　第3巻』東京大学出版会，1990年。
中村隆英・宮崎正康編　『傾斜生産方式と石炭委員会　資料・戦後日本の経済政策構想　第2巻』東京大学出版会，1990年。
中野正剛　『国家改造計画綱領』千倉書房，1933年。
鍋山貞親　『私は共産党をすてた――自由と祖国を求めて』大東出版，1949年。
日本近代史料研究会（編）『日満財政経済研究会資料　第一巻――泉山三六氏旧蔵』日本近代史料叢書　A－2，1970年。
日本鉄鋼連盟編　『戦後鉄鋼史』日本鉄鋼連盟，1959年。
日本鉄鋼連盟編　『鉄鋼10年史――昭和33年～42年』日本鉄鋼連盟，1969年。
日本統計研究所　『日本経済統計集――明治・大正・昭和』日本評論新社，1958年。
日本銀行統計局編　『復刻版　明治以降本邦主要経済統計』並木書房，1999年。
野口悠紀雄　『1940年体制――さらば戦時経済』東洋経済新報社，1995年。
野村乙二郎　『石原莞爾――軍事イデオロギストの功罪』同成社，1992年。
萩原啓一　『自由経済と統制経済――企業管理時代の始まり』日本実業出版社，1974年。
橋本寿朗・武田晴人編　『両大戦間期　日本のカルテル』御茶の水書房，1985年。
秦郁彦　『軍ファシズム運動史』原書房，1962年。
服部民夫・佐藤幸人編　『韓国・台湾の発展メカニズム』アジア経済出版会，1996年。
早坂忠　「戦時期の経済学」，経済学史学会編『日本の経済学――日本人の経

済的思惟の軌跡』東洋経済新報社，1984年。
原彬久　　『岸信介証言録』毎日新聞社，2003年。
原朗・山崎志郎編　『生産力拡充計画資料第9巻』現代史料出版，1996年。
古田光ほか編　『近代日本社会思想史Ⅱ』有斐閣，1971年。
ペッカネン，ロバート　『日本における市民社会の二重構造：政策提言なきメンバー達』佐々田博訳，木鐸社，2008年。
帆足計　　『統制会の理論と実際』新経済社，1941年。
星野直樹　『見果てぬ夢——満州外史』ダイヤモンド社，1963年。
細川嘉六　『現代日本文明史　10　植民史』東洋経済新報社，1941年。
細川隆一郎　『岸信介』時事通信社，1986年。
満州国史編纂刊行会編　『満州国史　総論』満蒙同胞援護会，1970年。
満州国史編纂刊行会編　『満州国史　各論』満蒙同胞援護会，1970年。
御園生等　『日本の独占禁止政策と産業組織』河出書房新社，1987年。
美濃口武雄・早坂忠編　『近代経済学と日本』日本経済新聞社，1978年。
三和良一　『日本占領の経済政策史的研究』日本経済評論社，2002年。
宮崎勇　　『証言　戦後日本経済』岩波書店，2005年。
宮本吉夫　『新保守党史』時事通信社，1962年。
武藤富男　『私と満州国』文藝春秋，1988年。
森川英正　『日本財閥史』教育社，1978年。
安原和雄　『経団連会長の戦後史』ビジネス社，1985年。
吉田茂　　『回想十年　第三巻』東京白川書院，1982年。
吉本重義　『岸信介伝』東洋書館，1957年。
米倉誠一郎　「業界団体の機能」，岡崎・奥野編　『現代日本経済システムの源流』日本経済新聞社，1993年。
米倉誠一郎　「鉄鋼」，米川ほか編著　『戦後日本経営史』東洋経済新報社，1991年。
笠信太郎　『準戦時体制経済』1937年。『笠信太郎全集第2巻　戦時インフレーション』朝日新聞社，1969年に所収。
笠信太郎　『日本経済の再編成』1938年。『笠信太郎全集第2巻　戦時インフレーション』朝日新聞社，1969年に所収。
渡辺恒雄　『大臣』弘文堂，1959年。

Allen, Franklin and Douglas Gale. (2000). *Comparing Financial Systems*, Cambridge: MIT Press.
Anchordoguy, Marie. (1988). "Mastering the Market: Japanese Government Targeting of the Computer Industry" *International Organization*, Vol. 42, No. 3, pp. 509-543.
——. (2005). *Reprogramming Japan: The High Tech Crisis Under Communitarian*

Capitalism, Itaca: Cornell University Press.
Arthur, W. Brian. (1994). *Increasing Returns and Path Dependence in the Economy*, Ann Arbor: The University of Michigan Press.
Baldwin, David. (1985). *Economic Statecraft*, NJ: Princeton University Press.
Bianco, William T. and Robert H. Bates. (1990). "Cooperation by Design: Leadership, Structure, and Collective Dilemmas," in *American Political Science Review* Vol. 84, No. 1, pp. 133-147.
Calder, Kent. (1988). *Crisis and Compensation: Public Policy and Political Stability in Japan*, NJ: Princeton University Press.
Collier, Ruth B. and Collier, David. (1991). *Shaping the Political Arena: Critical Junctures, the Labor Movement, and Regime Dynamics in Latin America*, N.J.: Princeton University Press.
David, Paul. (1985). "Clio and the Economics of QWERTY," in *American Economic Review* Vol. 75, pp. 332-7.
Dower, John. (1999). *Embracing Defeat: Japan in the Wake of World War II*, NY: Norton & Company Inc.
Evans, Peter. (1995). *Embedded Autonomy: States & Industrial Transformation*. Princeton, NJ: Princeton University Press.
Evans, Peter et al. (1985). *Bringing the State Back In*, Cambridge: Cambridge University Press.
Fiorina, Morris. (1995). "Rational Choice and the New (?) Institutionalism," in *Polity* Vol. 28, No. 1, pp. 107-115.
Fulcher, James. (1988). "The Bureaucratization of the State and the Rise of Japan," *British Journal of Sociology*, Vol. 39, No. 2. (Jun., 1988), pp. 228-254.
Gao, Bai. (1997). *Economic Ideology and Japanese Industrial Policy: Developmentalism from 1931 to 1965*, NY: Cambridge University Press.
General Headquarters Supreme Commander for the Allied Powers. (1952). *Supreme Commander for the Allied Powers' Instructions to the Japanese Government (SCAPINs) from 4 September 1945 to 8 March 1952*, Tokyo: SCAP.
Gereffi, Gary. (1990). "Path of Industrialization: An Overview," in *Manufacturing Miracles: Path of Industrialization in Latin America and East Asia*, Gary Gereffi and Donald Wyman (eds.) Princeton: Princeton University Press.
Gerschenkron, Alexander. (1962). *Economic Backwardness in Historical Perspective*, Cambridge: Harvard University Press.
Gilpin, Robert. (1987). *The Political Economy of International Relations*. Princeton: Princeton University Press.

Goldstein, Judith. (1993). *Ideas, Interests, and American Trade Policy*, Ithaca: Cornell University Press.
Goldstein, Judith and Robert Keohane eds. (1993). *Ideas & Foreign Policy: Beliefs, Institutions, and Political Change*, Ithaca: Cornell University Press.
Haas, Peter. (1992). "Introduction: Epistemic Communities and International Policy Coordination," in *International Organization*, Vol. 46, pp. 1-35.
Hadley, Eleanor M. (1989). "The Diffusion of Keynesian Idea in Japan," in Peter A. Hall (ed.) *The Political Power of Economic Ideas*, Princeton: Princeton University Press.
Hadley, John O. (2001). *Antitrust in Germany and Japan: The First Fifty Years, 1947-1998*, Seattle, WA: University of Washington Press.
Hall, John Whitney. (1968). *Japan: From Prehistory to Modern Times*, Ann Arbor, MI: Center for Japanese Studies, The University of Michigan.
Hall, Peter A. ed. (1989). *The Political Power of Economic Ideas: Keynesianism across Nations*, Princeton: Princeton University Press.
Hall, Peter A. (1992). "The movement from Keynesianism to monetarism: Institutional analysis and British economic policy," in *Structuring Politics*. Kathleen Thelen, Sven Steinmo, and Frank Longstreth, (eds.), NY: Cambridge University Press.
———. (2009). "Path Dependence," in *The Future of Political Science*, King Gary et al. (eds.), New York: Routledge, pp. 246-47.
Halpern, Nina. (1993). "Creating Socialist Economies: Stalinist Political Economy and the Impact of Ideas," in *Ideas and Foreign Policy: Beliefs, Institution and Political Change*, Judith Goldstein and Robert Keohane (eds.), Ithaca: Cornell University Press, pp. 87-110.
Hatch, Walter and Kozo Yamamura. (1996). *Asia in Japan's Embrace: Building a Regional Production Alliance*, NY: Cambridge University Press.
Hayao, Kenji. (1993). *The Japanese Prime Minister and Public Policy*, Pittsburgh: University of Pittsburgh Press.
Hayes, Louis. (2004). *Introduction to Japanese Politics*. Armonk, NY: M.E. Sharpe.
Hoshi, Takeo and Anil Kashyap. (2001). *Corporate Financing and Governance in Japan*, Cambridge: MIT Press.
Johnson, Chalmers. (1995). *Japan: Who Governs?* NY: W. W. Norton & Co.
———. (1982). *MITI and the Japanese Miracle: The Growth of Industrial Policy, 1925-1975*. Stanford: Stanford University Press.
Keohane, Robert. (1984). *After Hegemony: Cooperation and Discord in the World Political Economy*, NJ: Princeton University Press.
Keck, Margaret, and Kathryn Sikkink. (1998). *Activists beyond Borders: Advocacy*

Networks in International Politics, Ithaca: Cornell University Press.

Kier, Elizabeth. (1995). *Imagining War: French and British Military Doctrine Between the Wars*, NJ: Princeton University Press.

Kindleberger, Charles. (1973). *The World in Depression 1929-1939*. London: The Penguin Press.

Knight, Jack. (1992). *Institutions and Social Conflict: Political Economy of Institutions and Decisions*. Cambridge: Cambridge University Press.

——. (1995). "Models, Interpretations, and Theories: Constructing Explanations of Institutional Emergence and Change," in *Explaining Social Institutions*. Jack Knight (ed.) MI: The University of Michigan Press.

Krasner, Stephen. (1991). "Global Communications and National Power: Life on the Pareto Frontier," in *World Politics* 43 (3), pp. 336-366.

Krauss, Ellis S. and Robert Pekkanen. (2011). *The Rise and Fall of Japan's LDP: Political Party Organizations as Historical Institutions*, Ithaca: Cornell University Press.

Kurzman, Dan. (1960). *Kishi and Japan: The Search for the Sun*, NY: I. Oblensky.

Lipset, Seymour M. and Rokkan, Stein. ed. (1967). *Party Systems and Voter Alignments: Cross-national Perspectives*, NY: New York, Free Press.

Lu, David. (1997). *Japan: A Documentary History*, NY: M.E. Sharpe.

Lynn, Leonard H. and Timothy J. Mckeown. (1988). *Organizing Business: Trade Associations in America and Japan*, Washington D.C.: AEI.

Mahoney, James. (2000a). "Strategies of Causal Inference in Small-N Analysis," in *Sociological Method and Research*, Vol. 28, No. 4, pp. 387-424.

——. (2000b). "Path Dependency in Historical Sociology," in *Theory and Society*, Vol. 29, pp. 507-548.

——. (2002). *The Legacies of Liberalism: Path Dependence and Political Regimes in Central America*, Baltimore: The Johns Hopkins University Press.

Mahoney, James and Dietrich Rueschemeyer eds. (2003). *Comparative Historical Analysis in the Social Sciences*. Cambridge, UK: Cambridge University Press.

Maki, John M. (1947). "The Role of the Bureaucracy in Japan," *Pacific Affairs*, Vol. 20, No. 4, pp. 391-406.

Matthews, Herbert L. (1943). *The Fruit of Fascism*, NY: Harcourt, Brace and Company.

McNamara, Kathleen. (1998). *The Currency of Ideas: Monetary Politics in the European Union*, Ithaca: Cornell University Press.

Miwa, Yoshiro and J. Mark Ramseyer (2002) "Banks and Economic Growth: Implications from Japanese History," *The Journal of Law and Economics*,

Vol. 45, pp. 127-64.

Moe, Terry. (1990). "Political Institutions: The Neglected Side of the Story," in *Journal of Law, Economics, and Organizations*, Vol. 6, pp. 215-253.

North, Douglas. (1981). *Structure and Change in Economic History*, NY: Norton.

———. (1990). *Institutions, Institutional Change, and Economic Performance*, NY: Cambridge University Press.

North, Douglass and Barry Weingast. (1989). "Constitutions and Commitment: The Evolution of Institutional Governing Public Choice in Seventeenth Century England," in *The Journal of Economic History*, Vol. 49, No. 4, p. 803-832.

Okazaki, Tetsuji and Okuno Masahiko. eds. (1999). *Japanese Economic System and its Historical Origins*, Oxford, UK: Oxford University Press.

Okimoto, Daniel. (1989). *Between MITI and the Market: Japanese Industrial Policy for High Technology*. Stanford: Stanford University Press.

Olson, Mancur. (1965). *The Logic of Collective Action: Public Goods and the Theory of Groups*, MA: Harvard University Press.

Peattie, Mark R. (1975). *Ishiwara Kanji and Japan's Confrontation with the West*. Princeton NJ: Princeton University Press.

Pekkanen, Robert. (2006). *Japan's Dual Civil Society: Members Without Advocates*, California: Stanford University Press, 2006.

Pekkanen, Saadia. (2003). *Picking Winners? From Technology Catch-up to the Space Race in Japan*, California: Stanford University Press, 2003.

Pempel, T.J. (1992). "The Bureaucratization of Policymaking in Postwar Japan," *American Journal of Political Science*, Vol. 18, No. 4. (Nov., 1992), pp. 647-664.

———. (1998). *Regime Shift: Comparative Dynamics of the Japanese Political Economy*, Ithaca: Cornell University Press.

Peters, B. Guy. (1999). *Institutional Theory in Political Science: The 'New Institutionalism,'* NY: Continuum.

Pierson, Paul. (1994). *Dismantling The Welfare State? Regan, Thatcher, and The Politics of Retrenchment*, NY: Cambridge University Press.

———. (2004). *Politics in Time: History, Institutions, and Social Analysis*. Princeton: Princeton University Press.

Pierson, Paul and Theda Skocpol. (2002). "Historical Institutionalism in Contemporary Political Science" in *Political Science: State of the Discipline.*, Ira Katznelson and Helen V. Milner (eds.), New. York: W.W. Norton & Company, pp. 693-721.

Pyle, Kenneth. (1996). *The Japanese Question: Power and Purpose in A New Era*,

Washington D.C.: The AEI Press.

Ramseyer, J. Mark, and Frances M. Rosenbluth. (1993). *Japan's Political Marketplace*, MA: Harvard University Press.

——. (1995). *The Politics of Oligarchy: Institutional Choice in Imperial Japan*, NY: Cambridge University Press.

Rosovsky, Henry. (1961). *Capital Formation in Japan 1868-1940*, NY: Free Press of Glencoe.

Samuels, Richard. (1983). "The Industrial Destructuring of the Japanese Aluminum Industry," *Pacific Affairs*, Vol. 56, No. 3 (Autumn 1983), pp. 495-509.

——. (1987). *The Business of the Japanese State: Energy Markets in Comparative and Historical Perspective*, Ithaca: Cornell University Press.

——. (1994). *Rich Nation, Strong Army: National Security and Technological Transformation in Japan*. Ithaca: Cornell University Press.

Sasada, Hironori. (2008). "Institutions, Interests, and Ideas: The Evolution of Developmental State Systems in Manchuria, Wartime Japan, and Postwar Japan," Ph.D. Dissertation. University of Washington.

Schaede, Ulrike. (2000). *Cooperative Capitalism*, NY: Oxford University Press.

Schonberger, Haoward B. (1989). *Aftermath of War: Americans and the Remaking of Japan, 1945-1952*, Ohio, The Kent University Press.

Setinmo, Sven, Katheleen Thelen, and Frank Longstreth. eds. (1992). *Structuring Politics: Historical Institutionalism in Comparative Analysis*, NY: Cambridge University Press.

The Special Survey Committee, Ministry of Foreign Affairs, Japan ed. (1990). *Postwar Reconstruction of the Japanese Economy*, Tokyo: University of Tokyo Press.

Sikkink, Kathryn. (1991). *Ideas and institutions: Developmentalism in Brazil and Argentina*, Ithaca: Cornell University Press.

——. (1993). "The Power of Principled Ideas: Human Rights Policies in the United States and Western Europe," in *Ideas and Foreign Policy: Beliefs, Institution and Political Change*, Judith Goldstein and Robert Keohane (eds.), Ithaca: Cornell University Press, pp. 139-172.

Silberman, Bernard S. (1965). "The Bureaucracy and Economic Development in Japan," *Asian Survey*, Vol. 5, No. 11, pp. 529-537.

——. (1993). *Cages of Reason: The Rise of the Rational State in France, Japan, the United States, and Great Britain*, Chicago: University of Chicago Press.

Skocpol, Theda. (1985). "Bringing the State Back In: Strategies of Analysis in Current Research," in Peter Evans et al. (1985) *Bringing the State Back In*, Cambridge: Cambridge University Press.

Stinchcombe, Arthur L. (1968). *Constructing Social Theories*, NY: Harcout, Brace & World, Inc.

Streeck, Wolfgang and Kozo Yamamura. eds. (2001). *The Origins of Nonliberal Capitalism: Germany and Japan in Comparison*, Ithaca: Cornell University Press.

Streeck, Wolfgang and Kozo Yamamura. eds. (2003). *The End of Diversity? Prospects for German and Japanese Capitalism*, Ithaca: Cornell University Press.

Takemae, Eiji. (2002). *Inside GHQ: The Allied Occupation of Japan and its Legacy*, NY, Continuum.

Thelen, Kathleen. (1999). "Historical Institutionalism and Comparative Politics," in *Annual Review of Political Science*, Vol. 2, pp. 369-404.

―――. (2003). "How Institutions Evolve," in *Comparative Historical Analysis in the Social Sciences*. James Mahoney and Dietrich Rueschemeyer (eds.), Cambridge, UK: Cambridge University Press.

―――. (2004). *How Institutions Evolve: The Political Economy of Skills in Germany, Britain, the United States, and Japan*. New York : Cambridge University Press.

Thelen, Kathleen and Ikuo Kume. (1999). "The Rise of Nonmarket Training Regimes: Germany and Japan Compared" in *Journal of Japanese Studies*, Vol. 25, No. 1 (Winter, 1999), pp. 33-64.

Tilton, Mark. (1996). *Restrained Trade: Cartels in Japan's Basic Materials Industries*, Ithaca: Cornell University Press.

Uriu, Robert M. (1996). *Trobled Industries: Confronting Economic Change in Japan*, Ithaca: Cornell University Press.

Vogal, Steven. (2006). *Japan Remodeled: How Government and Industry are Reforming Japanese Capitalism*, Ithaca: Cornell University Press.

Wade, Robert. (1990). *Governing the Market: Economic Theory and the Role of Government in East Asian Industrialization*. NJ: Princeton University Press.

Waldner, David. (1999). *State Building and Late Development*. Ithaca: Cornell University Press.

Weingast, Barry R. (2002). "Rational Choice Institutionalism," in *Political Science: State of the Discipline*. Ira Katznelson and Helen V. Milner (eds.), New. York: W.W. Norton & Company, pp. 660-692.

Weir, Margaret. (1989). "Ideas and Politics: The Acceptance of Keynesianism in Britain and the United States" in *The Political Power of Economic Ideas: Keynesianism across Nations*, Peter Hall (ed.), NJ: Princeton University Press, pp. 53-87.

――. (1992). "Ideas and the Politics of Bounded Innovation," in *Structuring Politics: Historical Institutionalism in Comparative Analysis*, Kathleen Thelen, Sven Steinmo, and Frank Longstreth, (eds.), NY: Cambridge University Press, pp. 188-216.

Werner, Richard A. (2003). *Princes of the Yen: Japan's Central Bankers and the Transformation of the Economy*. NY: M E Sharpe Inc.

Woo, Jung-en. (1991). *Race to the Swift: State and Finance in Korean Industrialization*. NY: Columbia University Press.

Woo-Cumings, Meredith. ed. (1999). *The Developmental State*, Ithaca: Cornell University Press.

Yamazaki, Hiroaki et al. eds. (1987). *Trade Associations in Business History*, Tokyo: University of Tokyo Press.

あとがき

　本書は，2008年にワシントン大学大学院政治学研究科に提出した博士論文を基として，加筆修正を施したものである。筆者がこの分野の研究に取り組み始めたのは，博士課程の2年目であった。それからすでに10年近い年月が経つが，この間たくさんの方々のご指導・ご協力をいただき，何とかその集大成として本書の出版を実現することができた。この場を借りて，感謝の言葉を申し上げたい。

　筆者は熊本県の高校を卒業後，単身で渡米し，以来15年間アメリカで暮らした。当初は国際関係学に関心を持っていたのだが，アメリカの大学で政治学の授業を受けるうちに，海外における日本政治研究に強い関心を持つようになった。とりわけ，Chalmers Johnson や Richard Samuels などの日本政治経済システムの分析に興味をそそられた。海外の研究者が客観的に日本をみつめ，鋭い観点から分析を行っている優れた研究に知的な刺激を受けた。戦後の日本政治経済システムについては，国内外の多くの研究者によって，すでに研究し尽くされた感もあるが，本書で指摘したようにいまなお解明されていない重要な問いもある。そうした先行研究の盲点に気付いたことで，自分なりの日本政治研究を進め，海外における日本理解の深化に貢献したいと思うようになり，本書の基になる研究を始めた。

　ワシントン大学大学院政治学研究学科の博士課程では，Robert Pekkanen 先生，Marie Anchordoguy 先生，Beth Kier 先生，辻中豊先生，Aseem Prakash 先生の合計5名の先生方に博士論文の審査委員会のメンバーに加わっていただき，各先生方の熱心なご指導を受けて博士論文を書き上げることができた。

　Robert Pekkanen 先生には，公私にわたって様々なアドバイスをいただいた。研究面では，主に歴史的制度論を用いて制度発展をどのように分析すべきかといった面で助言をいただいた。先生との思い出はたくさんある

が，特に印象に残っていることは，筆者が博士論文執筆に行き詰まってくじけそうになっていた時に，キャンパスのベンチでコーヒーを飲みながら励ましていただいたことだ。あの時めげずにやってみるかと思えたのは，先生のお気遣いに依るところが大きい。2008年には Pekkanen 先生のご著書を日本語訳するという大役をいただき，何とか無事に出版までやりおおせることができた。その時の経験は，今回の著書出版にも大いに役に立った。

Marie Anchordoguy 先生は，Chalmers Johnson の弟子で，日本における官僚システムと産業政策に関する研究の専門家である。先生は経営学がご専門で，地域研究的な研究スタイルをもっておられる。しかし，政治学研究学科に所属する立場上，一般化可能性や理論構築にこだわる政治学的アプローチをとらざるをえない筆者に違和感を覚えつつも，中立な立場から多くの有益なアドバイスをくださった。

Beth Kier 先生は，国際関係論と安全保障問題の専門家であるが，同時にアメリカにおける質的研究推進運動の旗振り役の1人でもある。先生には，質的研究のデザインの方法や理論的考察を徹底的に鍛えられた。

辻中豊先生には，博士課程の終盤になって，他大学から審査委員会のメンバーに加わってもらうという無理なお願いを快く引き受けていただいた。先生のご専門である利益団体研究の観点から，貴重なコメントを多数いただき感謝している。また，辻中先生と Pekkanen 先生がアメリカで行われた市民社会の研究プロジェクトにも参加させていただき，大型研究プロジェクトの運営の仕方や国際比較研究の進め方などいろいろな勉強をさせていただいた。

そして，博士論文の主査を務めていただいた Aseem Prakash 先生には非常に忍耐強くご指導をいただいた。先生は政策とガバナンスの研究をご専門にされていて，政府と民間アクターとの関係の分析について示唆に富んだアドバイスを多数いただいた。筆者の研究・論文執筆が遅れる度に，ご心配とご迷惑をおかけしたが，最後まで面倒をみていただいた。

また審査委員会のメンバーではないが，Saadia Pekkanen 先生にも貴重なコメントを多数いただいた。

カリフォルニア大学サンディエゴ校の修士課程での指導教員であった Ellis Krauss 先生には，日本政治研究の基礎を学んだ。先生の研究者としてのバイタリティと着眼点の鋭さにはいつも驚かされた。また，在学中に先

生の研究助手を務める機会を得たのだが，研究の手伝いをする中で資料収集やデータ分析の効果的な進め方を学ぶことが出来たのは，幸運であった。

ワシントン大学大学院政治学研究学科で共に学んだ Mary Alice Haddad, Michael Strausz, 川戸優子，Jason Lambacher, Ying Lin, Ki-young Shin, Taedong Lee, Xun Cao, Min-hyung Kim, Hsiao-Chi Hsu, Turan Kayaoglu, Byoung-inn Bai, Terrence Lee 各氏には，論文執筆段階で何度か研究報告をし，有益なコメントをもらった。大学院ではお互いに切磋琢磨し，励まし合う素晴らしい仲間に会えて本当に幸せだったと思う。

ワシントン大学でお世話になったもう一人の人物に，藤村直史氏がいる。修士課程に留学中の彼に出合ったのは，筆者の博士課程が終わりに近づき，就職先を日本にするかアメリカにするか悩んでいた頃だった。当時日本の政治学界の事情に疎かった筆者に，日本での政治学研究に関する情報を与えてくれ，日本の研究者の方々とのネットワーク構築を助けてくれた。

日本帰国後には，待鳥聡史先生，北山俊哉先生，徳久恭子先生，鹿毛利枝子先生，中逵啓示先生，秋吉貴雄先生などから，研究内容や著書出版に関して様々なアドバイスをいただいた。紙幅の関係上ここではお名前をあげていないが，他にもお世話になった先生方がたくさんおられる。特に関西の研究者の方々には，アメリカ帰りで日本に何のツテもない筆者を，自由闊達で談論風発な討論が行われる関西の研究者コミュニティに温かく迎え入れていただいた。重ねてお礼を申し上げたい。

木鐸社の坂口節子氏には，以前 Pekkanen 先生の著書翻訳を手がけた時にもお世話になったが，今回の著書出版にあたってご相談させていただいた際も，協力を快諾してくださり，多大なご支援をいただいた。そして著者の稚拙な文章に，懇切丁寧な校正をしていただき，出版可能な原稿に仕上げることができた。深く感謝申し上げたい。ただし文中に誤りや不明瞭な点などがあれば，それは全て筆者の責任である。

本書の出版にあたっては，日本学術振興会の平成23年度科学研究費補助金（研究成果公開促進費）から助成を受けた。ここに記して謝意を表したい。

最後にこれまで筆者を支えてくれた家族に感謝の意を表したい。妻の智恵子には，アメリカ滞在中には不安定な大学院生の生活で苦労をかけてきたが，いつも精神面でのアシストをしてくれた。その意味で，彼女は長い留学生活を共に闘った戦友のような存在でもある。妻の援助なしには，博

士号取得はできなかっただろう。そして留学中に生まれた息子の日護は，仕事に対する筆者のモチベーションを高めてくれる。彼の日々の成長を見守ることが，今の一番の喜びである。

　突然アメリカへの留学希望を口にして，父・良親と母・勝子を驚かせたのは，筆者が高校2年生の時だった。日本の大学を出てからでも遅くないからと当初は反対した両親であったが，最後には理解してくれ，筆者の向こう見ずな挑戦を全面的にサポートしてくれた。18歳の一人息子を海外に送り出した時の両親の心境は，子を持った今となってやっと少し理解できるような気がする。著書出版を心待ちにしていた両親の期待に，この度やっと応えることができたことをうれしく思っている。感謝の気持ちを込めて，本書を両親に捧げたい。

佐々田博教

Institutional Evolution and Policy Ideas: The Evolution of the Developmental State Systems in Manchuria, Wartime Japan, and Postwar Japan

Hironori SASADA

This book analyzes institutional origin and evolutional process of the postwar Japanese developmental state system from a historical institutionalist point of view. I argue that the Japanese postwar developmental state system has its roots in the crucial decisions about industrial structure made by the Japanese policymakers in Manchuria and wartime Japan in the context of preparing for a total war with the United States. The decisions made during the critical juncture continued to affect the evolutional process of Japan's economic system for several decades.

It also aims at explaining the context behind the path dependent evolutional process of the Japanese developmental state system. I argue that there are two factors that induced reemergence of a developmental state system in postwar Japan. First, there was an important personal linkage among the governments of Manchuria, wartime Japan, and postwar Japan. Those bureaucrats who built developmental systems in Manchuria and wartime Japan continued to occupy important positions in the postwar Japanese government. Second, in addition to the personal linkage, there was an important linkage in the policymakers' idea during these periods. The wartime developmental state system reemerged in the postwar period, not just because the same individuals were in power, but because these individuals maintained the same ideational guidance during and after the war. This ideational continuity explains the reason why the postwar policymakers reproduced a developmental state system.

索引

ア行

鮎川義介　81-2, 92, 127, 224
アイディア　12, 23-5, 27, 29-31, 60-1, 85, 88-90, 96, 102, 106, 135-48, 162, 191-201, 206-19, 222, 234
　――の競合　106-7, 136-48, 192-201, 213-8
　――の連続性　27, 162, 206-12, 234
　――のポジティブ・フィードバック効果　13, 23-5, 27, 162, 191-2, 212-3, 218-9, 222, 234
アメリカ　11, 14, 23-4, 35, 42, 88-9, 92, 99, 118, 123, 137, 149-50, 161, 170, 181, 190, 192-206, 210, 214, 219, 224
　――による占領政策　161, 190, 192-206, 214, 219
石原莞爾　62, 76, 81, 84-93, 96-103, 105, 109, 126-9, 144-151, 159, 197, 228-9
板垣征四郎　75, 78-9, 90, 127,
一業一社原則　80-3, 100-2
小川郷太郎　131-2, 155

カ行

開発型国家システム　9-10, 19, 25-7, 30-1, 37-8, 41-2, 48, 57-60, 62, 69, 74, 77, 80, 84-5, 91, 96, 102, 105-7, 117, 122, 126, 128, 134, 148-9, 158-9, 161, 181-2, 206, 212, 218, 221-2, 233-4, 237-8
　満州の――　59-60, 62, 69, 74, 77, 80, 84-5, 91, 96, 102
　戦時期の――　105-7, 117, 122, 126, 128, 134, 148-9, 158-9
　戦後の――　161, 181-2, 206, 212, 218
　――の起源　9-11, 14, 27-8, 37-8, 42-8, 58-9, 221
過程追跡（process tracing）　38, 149
過当競争の防止　162, 166, 206, 208-9
カルテル　18, 48, 114, 120, 153-4, 174-5, 178-81, 195-200, 207, 209, 217
勧告操短　174, 184
関東軍　26, 37, 59-103, 122, 129, 146-7, 224, 238
官僚（官僚制度）　14-16, 27, 31, 44, 50-3, 62-66, 106-113, 122-3, 125-36, 151, 156-60, 162-175, 187-8, 206-8, 212, 221-229, 234
　明治期の――　50-3
　主導的――機構　→ pilot agency の項を参照
　革新――　27, 31, 106-8, 122-3, 125-36, 151, 156-60, 187-8, 206-8, 212, 221, 229, 234
企画院　16, 20, 105, 107-114, 117, 120-122, 128-129, 132-134, 148, 151, 156, 159, 161, 188-190, 212, 222-223
企画処　16, 60, 62-66, 83, 100, 102, 107, 113, 128, 149-150, 221-223
岸信介　30, 77, 79-81, 126, 131-4, 136, 141, 151-5, 157, 178, 187-8, 208, 212, 217-8, 229, 238
北一輝　143-146, 152

業界団体　13, 16-20, 26, 47-8, 161-2, 175-81, 184-5, 188, 198-201, 211, 218-9, 221-2, 229-32, 236
組み込まれた自律性（embedded autonomy）　17
計画経済の必要性　76, 89-90, 97, 141, 162, 206-8
経済安定本部　16, 161-70, 184, 188-90, 194-8, 212, 222-3, 227-8
経済新体制確立要綱　108, 129-31, 133-4, 230-1
経済参謀本部　98-103, 149-151, 159, 221-222
経路依存　20-5, 27, 29, 38-9, 162, 187, 191-2, 206, 212, 218, 222, 234, 238
傾斜生産方式　65, 167-70, 189, 214, 223
権力構造の仮説　33-7, 74-84, 122-35, 186-90
皇道派　132, 146-7
公販制度　174, 179-81, 216-7, 227, 232
合理的選択理論　31-37
国家社会主義　12, 49, 106, 143-8, 152
国家総動員法　108, 128, 212
近衛文麿　92, 127, 130, 132-34
　　──内閣　132-34
小林一三　57, 132-4, 155

サ行

最終戦争論　86-93, 99
財閥　25, 42-3, 48-59, 81, 106, 121-5, 131-5, 146, 154-5, 158, 190, 193-6, 199, 215, 229, 238
　　新興──　81-2, 193
　　──解体　193-6, 199, 215
産業合理化政策　63-6, 103, 105, 108, 112-3, 153, 166, 170-3, 175, 178, 181, 225-6, 229
GHQ　→アメリカによる占領政策の項を参照
市場安定政策　166, 173-5, 178-81, 229-32
集合行為理論による仮説　31-3, 69-74, 117-22, 181-6
重要産業5カ年計画　109, 129, 150-1
重要産業統制法　67-8, 100, 131, 153-5
　　──（満州国政府）　67-8, 100
　　──（日本政府）　131, 153-5
重要産業団体令　20, 114-5, 155, 176, 230-1
自由主義経済　9-11, 14-5, 26, 37-8, 42, 44-8, 51, 54, 57-60, 63, 74, 89-90, 94-99, 102, 106, 123, 129, 131, 137-9, 147-8, 152, 154, 156, 158-9, 162, 173, 189-90, 192-8, 206-8, 212-4, 217-8, 221, 234
　　──理論　9-10, 24, 137-9, 147-8, 173
　　──の弊害　97-9, 210-11
　　──への不信感　137-39, 141, 162, 206-8
商工省　20, 56, 77, 79, 105, 108, 114, 126, 129-33, 135, 141, 151-7, 161, 165, 222, 224
人的連続性　26-9, 187-9,201-2, 206, 211-2, 219, 233-4
生産力拡充4カ年計画　65, 108-12, 167, 223, 228
政党政治家　12-3, 26-7, 31, 35-6, 42, 48-9, 52-8, 106, 121-6, 131-5, 146, 158-60, 162, 212, 218-9
政策アイディア　→アイディアの項を参照

政策プロモーター（policy entrepreneur）　84, 103, 136, 229
世界恐慌　11, 24, 26, 81, 106, 117-21, 124, 137-9, 159
ソ連　15, 89, 93-5, 99, 138-42, 148, 150, 204
　　──経済5カ年計画　95, 106, 138-41, 148, 150

タ行

大正デモクラシー　49, 52
炭鉱国家管理政策　189, 214-6
長期経済計画　15, 64-5, 98-100, 108-12, 164-70, 178-80, 223-5
統制会　16-20, 26, 39, 44, 67, 105, 110, 112-7, 122, 130, 135, 151-8, 161, 176-8, 188-90, 196-200, 206, 212, 221-2, 229-32, 236
統制派　129, 132, 146-7
統制経済論　12, 27, 60, 85, 88-90, 96, 102, 106, 135-6, 146-51, 155-9, 206-13, 218, 221
通商産業省　15-6, 161-2, 164-6, 170-5, 178-81, 184-9, 196-9, 209-11, 217, 222, 227-9, 232, 236
鉄鋼連盟　17, 19-20, 177-81, 188, 210, 216-17, 230, 232
鉄鋼統制会　20, 112, 115-7, 157, 176-7, 188, 230
ドイツ　20, 86-7, 91, 107, 114, 136-7, 153-4, 178, 201
東條英機　82, 90, 128-9, 132-4, 155
　　──内閣　132-4, 155
特殊会社制度　39, 60, 65-8, 78, 80-4, 100-3, 113, 117, 129, 131, 221-2, 226, 229
独占禁止法　174-5, 198-200, 209-11, 216-17

ナ行

日産　81-2, 92, 113, 127, 224
日満財政経済研究会　109, 127, 149-51

ハ行

pilot agency（主導的官僚機構）　14-16, 44, 62-66, 107-113, 162-175, 222-229
ポジティブ・フィードバック効果　13, 22-5, 27, 162, 191-2, 212-3, 218-9, 222, 234
星野直樹　73-4, 77-8, 81, 108, 126-7, 132

マ行

マルクス主義　12, 49, 106, 136-7, 141-8
満州国　16, 37, 59-103, 123-4, 129, 150-1, 155, 188, 223-4
満州事変　62, 69, 75, 85, 126, 128, 147
満州派　126-9
満州重工業株式会社（満業）　82
満州先行主義　150-1
満州産業開発5カ年計画　16, 64-5, 79-80, 151, 166
満州国経済建設綱要　63, 67, 71, 76, 80, 96-102
南満州鉄道株式会社（満鉄）　61, 81, 85, 91 93-6, 127, 188
　　──調査部　91, 93, 95-6, 188
宮崎正義　85, 93-6, 98-9, 101-2, 109, 127-8, 149-51, 197, 229

明治政府　42-4, 49-57
　——の産業政策　42-4, 56-7

ヤ行

吉野信次　126, 131, 152-5, 229

ラ行

歴史的制度論　10, 20, 27-8, 31, 238
歴史的重大局面（critical juncture）　10-1, 20-2, 25-6, 105, 219
笠信太郎　147-48

ワ行

和田博雄　133, 188-90, 212

佐々田博教（ささだ　ひろのり）

1974年　熊本県生まれ
2008年　ワシントン大学大学院政治学研究科修了
2008年　Ph.D.（政治学）取得
現　在　立命館大学国際インスティテュート准教授
論　文　「統制会・業界団体制度の発展過程──経路依存とアイディア」『レヴァイアサン』48号，2011年，131-149頁； "The Electoral Origin of Japan's Nationalistic Leadership: Primaries in the LDP Presidential Election and the 'Pull-Effect'" in *Journal of East Asian Studies*, Vol. 10, No. 1, January, 2010, pp. 1-30; "Japan's New Agricultural Trade Policy and Electoral Reform: 'Agricultural Policy in an Offensive Posture [seme no nosei],'" in *Japanese Journal of Political Science*, Vol. 9, No. 2, August 2008, pp. 121-144.

制度発展と政策アイディア：満州国・戦時期日本・戦後日本にみる開発型国家システムの展開

2011年10月15日第1版第1刷　印刷発行　Ⓒ

著者との
了解により
検印省略

著　者　佐々田　博　教
発行者　坂　口　節　子
発行所　㈲　木　鐸　社
　　　　　　ぼく　たく　しゃ
印刷　アテネ社　製本　高地製本所

〒112-0002 東京都文京区小石川 5-11-15-302
電話（03）3814-4195番　FAX（03）3814-4196番
振替 00100-5-126746　http://www.bokutakusha.com

（乱丁・落丁本はお取替致します）

ISBN978-4-8332-2448-2　C3031

日本型教育システムの誕生
徳久恭子著（立命館大学法学部）
A5判・352頁・4500円（2008年）ISBN978-4-8332-2403-1 C3031
　敗戦による体制の転換において，教育改革は最優先課題であった。それは米国型の「国民の教育権」を推し進めようとするGHQと旧来の伝統的自由主義にもとづく教育を取り戻したい文部省との対立と妥協の政治過程であった。教育基本法という日本型教育システムの誕生にいたるそのプロセスを，従来の保革対立アプローチの呪縛を脱し，アイディアアプローチを用いて論証する政治学的考察。

企業家の論理と体制の構図
渡部　純著（明治学院大学）
A5判・356頁・5000円（2000年）ISBN4-8332-2289-2
■税制過程に見る組織と動員
　売上税の失敗と消費税の成功という対照で知られる政治過程の比較分析と，この政策決定に大きな影響を与えたとされる中小企業の動員力や自民党政治家との関係性について，綿密な追跡調査を行うことで，日本の政治経済体制の特徴を理論的に明らかにする。

昭和戦前期の予算編成と政治
大前信也著
A5判・300頁・4000円（2006年）ISBN4-8332-2373-2 C3021
　昭和戦前期の恐慌による経済的混迷やワシントン体制の崩壊といった国際秩序の変容に直面した時代の我が国の予算編成をめぐる様々な相克を実証的に考察し，同時期の政策決定過程の特徴を析出する。またそれによってこの時期の日本資本主義体制の歴史的特質を明らかにする。

制度の政治経済学
長尾伸一・長岡延孝編監訳
A5判・320頁・3000円（2000年）ISBN4-8332-2288-4
　制度論的アプローチとして政治経済学の分野に新しい動向を生み出して注目を集めている欧米の基本文献を独自に編集・訳出する。80年代のはじめ欧米政治学会で「国家論の復権」によって開始された政治学・経済学の研究者による制度分析。
ロジャー・ホリングスワース，ロベール・ボワイエ，ピーター・ホール，カッツェンスタイン，ジェフリー・ハート，A・コーソン他

自由民主党の誕生
小宮　京著（桃山学院大学）
A5判・400頁・4500円（2010年）ISBN978-4-8332-2427-7 C3031
　戦後保守党における党組織の形成を，戦後の政党復活から自由民主党の成立過程までを対象に論じたもの。その際，総裁選出方法と党中央組織の制度的基盤に注目しながら分析する。また党内外の権力闘争とも深く関連した政党間競争や新たな政党の誕生の意味について考察する。

日本社会党の研究
森　裕城著（同志社大学法学部）
A5判・260頁・4500円（2001年）ISBN4-8332-2315-5
■路線転換の政治過程
　自民党政治への批判勢力として運動を組織してきた日本社会党の特質を「路線転換」に焦点をあててまとめたもの。
　「社会主義への道」をめぐる日本社会党内の穏健派と過激派による政党内競争・政党間競争の確執を路線転換と有権者の投票行動と対応させつつ追跡。政策転換に失敗し，衰退の道を歩んだと指摘。

政党間移動と政党システム
山本健太郎著
A5判・260頁・3500円（2010年）ISBN978-4-8332-2437-6
■日本における「政界再編」の研究
　本書は，連合理論を政治家の政党間移動研究に応用した分析。新しい理論的視座による政党間移動の実証分析として，かつてないほどの大規模のデータを包括的に分析し，「政界再編」の実態を解明したものである。

戦前日本における民主化の挫折
竹中治堅著（政策研究大学院大学）
A5判・304頁・3500円（2002年）ISBN4-8332-2316-3
■民主化途上体制崩壊の分析
　1918年に成立した我が国の政党内閣の政治体制を民主体制でも権威主義体制でもない民主化途上体制と規定し，ハンティントン等の手法を批判的に用いた比較政治学による民主化論・体制変動論の枠組で捉え，その崩壊原因を分析する政治理論史的考察。

フィンランド福祉国家の形成

山田眞知子著
A5判・300頁・5000円（2006年）ISBN4-8332-2377-5 C3036
■社会サービスと地方分権改革
　本邦初のフィンランド福祉国家研究。高齢者ケアを中心とする普遍的サービスの開発と福祉国家形成により行われた地方分権改革の結果を検証する。

現代韓国の政治変動

崔　章集著　中村福治訳
A5判・264頁・2500円（1997年）ISBN4-8332-2249-3
■近代化と民主主義の歴史的条件
　韓国における政治体制の特質をトラスフォルミズモと規定する。即ち変形主義＝「大衆参加のない革命を具体化する政治の代表レヴェルのメカニズム」であるという。従ってそこにあるのは「社会の騒擾と反体制勢力を統制する上で，充分に強大な権力を有するアメリカの全面的支援を受け」て存立できた体制であったと批判する。

通貨金融危機の歴史的起源

岡部恭宜著（アジア経済研究所）
A5判・320頁・4500円（2009年）ISBN978-4-8332-2423-9
■韓国・タイ・メキシコにおける金融システムの経路依存性
　本書は，金融に関する政府と企業と金融機関の関係を歴史的に分析することによって，韓国，タイ，メキシコにおける通貨金融危機および金融再建の違いを説明する。すなわち，通貨金融危機には開発主義時代に採用された金融システムに原因がある。そして，各国で選択された異なる金融システムが独自の経路を辿って発展した結果，国毎に異なった過程で危機が発生した。